Nr	Artikel Verb-Nr	Deutsch Bedeutungen, Beispiele	Wortart Worttrenung, Grammatik	Persisch Englisch

DEUTSCH ALS ZWEITSPRACHE   NIVEAU A1

L E R N W O R T S C H A T Z

Wörterbuch
Deutsch – PERSISCH - Englisch
Niveau A1
bearbeitet von
Marlene Schachner,
Edouard Akom
Umschlagberechnung *Hülya Akgün*

Autorin und Übersetzer danken allen Kursteilnehmern, die das Wörterbuch erprobt, begutachtet und mit wertvollen Ergänzungen zur Entwicklung des Wörterbuches beigetragen haben.
Besonderer Dank gebührt Hülya Akgün für die ehrenamtliche Arbeit.

PERSISCHE Übersetzung
MAXIM (Ali Asghan)   HALLAJ aus Neishabur, Iran
Mehdi   KHASTABEH   aus Shiraz, Iran
Mohsen   MOHSENIZADEH   aus Shiraz, Iran

Herstellung und Verlag:
BoD - Books on Demand, Norderstedt
ISBN 978-3-7386-4762-4

Nr	Artikel	Deutsch	Wortart	Persisch
	Verb-Nr	Bedeutungen, Beispiele	Worttrennung, Grammatik	Englisch

Bibliografische Information der Deutschen Nationalbibliothek:
Die Deutsche Nationalbibliothek verzeichnet diese Publikation in der Deutschen Nationalbibliografie;
detaillierte bibliografische Daten sind im Internet über http://dnb.dnb.de abrufbar.

© 2015 Name des Herausgeber / Rechteinhabers: *Edouard Martial Akom*

weitere Mitwirkende: Hülya Akgün, Umschlagberechnung

Herstellung und Verlag: BoD – Books on Demand, Norderstedt
ISBN 978-3-7386-4762-4

        0180 57 37 37 67 67 / 14 Cent/Min aus dem deutsch. Festnetz,
    abweich. Mobilfunktarif
    Mobil 0173 40 73 702
    ab 20 Uhr 0900 11 22 911 /1,99 € / Min. aus dem deutsch. Festnetz,
    abweich. Mobilfunktarif

© 2016 grammatikkurs.de, Darmstadt, Germany

Nr	Artikel Verb-Nr	Deutsch	Wortart	Persisch Englisch
0001		Hallo! umgangssprachlich, informell - lautes [freudiges] Rufen; allgemeine freudige	Substantiv / Nomen *Rechtschreibung* *Worttrennung:*	سلام / درود Hello!

Nr Artikel Verb-Nr	Deutsch Bedeutungen, Beispiele	Wortart Worttrennung, Grammatik	Persisch Englisch
	Aufregung, Geschrei	Hal|lo	
0002 die	Anmeld*ung*, *Plural:* - en die Meldung*EN* 1. Raum, in dem man sich anmeldet *Wortverbindungen:* *Adjektive:* telefonisch, verbindlich, persönlich, *Verben:* erbeten, erfolgen, vorliegen *Substantiv:* Rückfrage, Information, Uhr, Datum	Substantiv / Nomen Nom Gen Dat Akk *die der der die* *Rechtschreibung* *Worttrennung:* An | mel | dung	پذیرش reception
0003 das	Sekretariat, *Plural:* - e die Sekretariat*E* - der Leitung einer Organisation, Institution, eines Unternehmens beigeordnete, für Verwaltung und organisatorische Aufgaben zuständige Abteilung; - Raum, Räume eines Sekretariats	Substantiv / Nomen Nom Gen Dat Akk *das des dem das* *Worttrennung:* Se|kre|ta|ri|at	منشی دفتر secretary´s office
0004 der	Seminar*raum*, *Plural:* "-e die Räum*E*, *Umlaut im Plural* Raum, in dem Seminare stattfinden	Substantiv / Nomen Nom Gen Dat Akk *der des dem den* *Worttrennung:* Se|mi|nar|raum	اتاق کنفرانس conference room
0005 die	Bibliothek, *Plural:* -en die Bibliothek*EN* 1a. Einrichtung zur systematischen Erfassung, Erhaltung, Betreuung und Zugänglichmachung von Büchern; Bücherei 1b. [geordnete] Büchersammlung; 1c. Raum, Gebäude für eine Bibliothek	Substantiv / Nomen Nom Gen Dat Akk *die der der die* *Rechtschreibung* *Worttrennung:* Bi|b|lio|thek	کتابخانه عمومی public library
0006 die	Cafeteria, *Plural:* - s die Cafeteria*S* *Herkunft:* amerikanisch cafeteria < spanisch cafetería = Kaffeegeschäft	Substantiv / Nomen Nom Gen Dat Akk *die der der die* *Worttrennung:* Ca|fe|te|ria	کافه تریا cafeteria
0007 der	*Plural:* – die Hausmeister jemand, der vom Hausbesitzer angestellt ist, um in einem größeren Gebäude für die Instandhaltung, die Reinigung, Einhaltung der Ordnung u. Ä. zu sorgen	Substantiv / Nomen Nom Gen Dat Akk *der des dem den* *Worttrennung:* Haus|meis|ter	سرایدار caretaker
0007 die	Haus*meisterin* *Plural:* - nen die Hausmeisterin*NEN* *n-Verdoppelung im Plural bei Singularendung „in"* weibliche Form zu Haus*meister*	Substantiv / Nomen Nom Gen Dat Akk *die der der die* *Worttrennung:* Haus|meis|te|rin	فراش janitor
0008 die	Toilett*e*, *Plural:* - n die Toilette*N* - meist kleinerer Raum mit einem Toilettenbecken [und Waschgelegenheit] - Klosettbecken in einer Toilette	Substantiv / Nomen Nom Gen Dat Akk *die der der die* *Rechtschreibung* *Worttrennung:* Toi|let|te, To|i|let|te	توالت toilet
0009 Regel	gut, besser, am besten *unregelmäßige* Steigerung Regel 58: ein gut aussehender *oder* gutaussehender Mann	Adjektiv unregelmäßige Steigerung *Worttrennung:* gut, bes | ser, bes | te *Antonyme:* schlecht	خوب good
0010 der	Tag, *Plural:* - e die Tag*E* 1. Zeitraum etwa zwischen Sonnenaufgang und Sonnenuntergang, zwischen Beginn der Morgendämmerung und Einbruch der Dunkelheit *Gleichlautendes Wort:* der Tag: (angehängter kurzer Schlussteil bei Jazzstücken); das Tag (EDV - HTML)	Substantiv / Nomen Nom Gen Dat Akk *der des dem den*	روز day
0011	Guten Tag!	Gruß	صبح بخیر / روز بخیر Good morning! /

Nr	Artikel Verb-Nr	Deutsch Bedeutungen, Beispiele	Wortart Worttrenung, Grammatik	Persisch Englisch
				Good afternoon!
0012	45 ei-ie-ei	heißen, heißE, hieß, habe geheißEN Ich heiße Frau Schachner. Und Sie?	Verb Worttrennung: hei|ßen Stammvokalwechsel	نام داشتن/ گفتن to be called or named
0013	2 sein	sein, bin, war, bin gewesn Ich bin verheiratet; Ich war glücklich;	Verb LERNEN!!!	بودن to be
0014		Wie? Wie heißen Sie?	Interrogativ eine Frage	چیست؟ what (What is your name?)
0015	das	Lernziel, Plural: - e die ZielE - angestrebtes Ziel des Lernens	Substantiv / Nomen Nom Gen Dat Akk das des dem das Worttrennung: Lern|ziel	هدف یادگیری study aim
0016	die	Kursliste, Plural: - n die ListeN schriftliche Zusammenstellung, Aufstellung nacheinander, besonders untereinander unter einem bestimmten Gesichtspunkt aufgeführter Personen	Substantiv / Nomen Nom Gen Dat Akk die der der die Worttrennung: Kurs|lis|te	لیست/ فهرست roster, list of participants
0017	55 e-a-e	lesen ich lesE, las, habe gelesEN; er liest, gelesen Verb lesen auswendig* lernen * das Lernen eines Textes o. Ä. zur Wiedergabe aus dem Gedächtnis: lesen Sie bitte das Buch	Verb Worttrennung: le|sen Grammatik: Stammvokalwechsel	خواندن to read
0018		und verbindet nebenordnend einzelne Wörter, Satzteile und Sätze; kennzeichnet eine Aufzählung, Anreihung, Beiordnung oder eine Anknüpfung	Konjunktion	و and
0019	4 e, te, t WRS	hören, hörE, hörTE, habe gehörT Wortverbindungen: Substantive: Stimme, Schrei, Schritt, Schuss, Adjektive: aufmerksam, geduldig, deutlich	Verb Rechtschreibung Worttrennung: hö|ren	شنیدن to hear
0020		bitte - um Hilfe bitten - jemanden um Geld bitten - ich muss Sie bitten, sich noch etwas zu gedulden - er lässt sich gerne bitten (er tut erst etwas, wenn er mehrmals darum gebeten wurde) - ich muss doch [sehr] bitten! - wenn ich bitten darf (nachdrückliche Höflichkeitsformel; bitte) Gebrauch: gehoben - er hat [bei den Vorgesetzten] für seinen Kollegen gebeten - jemanden zum Essen bitten - jemanden zum Tanz bitten (auffordern) - zu Tisch bitten (bitten, zum Essen am Tisch Platz zu nehmen) - jemanden zu sich bitten - der Herr Direktor lässt bitten	Adverb	لطفا please
0021	WRS	Wer? Wer ist das?	Pronomen Grammatik Interrogativpronomen Maskulinum und Femininum (Neutrum was)	چه کسی؟ Who? Who is that?
0022	4 e, te, t	an.kreuzen kreuzE an, kreuzTE an, habe angekreuzT - kreuzen Sie alle Verben an; in einem Text, in einer Liste zur Hervorhebung mit einem Kreuz markieren	Verb trennbar Rechtschreibung Worttrennung: an|kreu|zen	تیک زدن to tick, to mark with a cross
0023	die WRS	Frage, Plural: - n die FrageN - eine Antwort, Auskunft, Erklärung Synonyme:	Substantiv / Nomen Nom Gen Dat Akk die der der die	سوال question

Nr	Artikel Verb-Nr	Deutsch Bedeutungen, Beispiele	Wortart Worttrennung, Grammatik	Persisch Englisch
		Anfrage, Erkundigung; Nachfrage, Fall, Problem Fragestellung, Problematik, Punkt, Sache, Thema	*Worttrennung:* Fra|ge	
0024		im in dem	Präposition + Artikel = in dem + *D.*	در in, in the
0025	der	Kurs, *Plural:* - e die Kurs*E*	Substantiv / Nomen Nom Gen Dat Akk *der des dem den*	course
0026	4 e, te, t	*machen, machE, machTE, habe gemachT* - eine Liste *machen; Was* machst *du nach dem Deutschkurs?;* Eiskaffee, Wasser, Tee macht *(kostet)* sieben Euro zehn; - ich mache Mittagspause - ich mache einen Salat - das Zimmermädchen macht die Betten	*Verb Rechtschreibung Worttrennung:* ma|chen	درست کردن/تهیه کردن to make - to make a list - *What are you doing in Germany?* - *coffee, water...,it´s one eight* - *to have a lunch break* - *I´ll make the salad.* to do, to make
0027		Woher? Grammatik: interrogativ: Woher kommen Sie? Grammatik: relativisch: geh hin, woher du gekommen bist	*Adverb Worttrennung:* wo|her	از کجا؟ Where ...from?
0028	48 o-a-o	*kommen, kommE, kam, bin gekommEN* - zu spät kommen - woher kommen Sie? - Mehdi kommt aus Iran	*Verb Worttrennung:* kom|men Stammvokalwechsel	$ to come (Where do you come from?) to come
0029		aus Das Spiel ist aus. - aus der Badewanne steigen - aus dem Haus gehen - ein Buch aus dem Schrank nehmen - sie kommt, stammt, ist gebürtig aus Shiraz - aus der Nähe - aus 100 m Entfernung - sie liest aus ihrem Roman - die Waage aus dem Gleichgewicht bringen - jemanden aus seinen Träumen herausreißen - aus tiefem Schlaf erwachen - aus Angst; er handelte aus einer Laune, aus einer Notlage heraus	Dativ Präposition *Rechtschreibung Worttrennung:* aus	از from
0030	der	Deutsch*kurs, Plural:* - e die Kurs*E* Kurs, durch den jemand befähigt werden soll, Deutsch zu sprechen und zu verstehen	Substantiv / Nomen Nom Gen Dat Akk *der des dem den Worttrennung:* Deutsch | kurs	کلاس آلمانی German course
0031	der	Kurs*leiter,* *Plural:* - die Leiter	Substantiv / Nomen Nom Gen Dat Akk *der des dem den Worttrennung:* Kurs|lei|ter	معلم کلاس course instructor
0031	die	Kurs*leiterin, Plural:* - nen die Leiterin*NEN* *n-Verdoppelung im Plural bei Singularendung „in"* weibliche Form zu Kurs*leiter*	Substantiv / Nomen Nom Gen Dat Akk *die der der die Worttrennung:* Kurs|lei|te|rin	معلم های کلاس course instructor
0032	der	Familien*name, Plural:* - n die Name*N* Synonyme: Nachname, Personenname,	Substantiv / Nomen Nom Gen Dat Akk	نام خانوادگی last name

Nr	Artikel Verb-Nr	Deutsch Bedeutungen, Beispiele	Wortart Worttrennung, Grammatik	Persisch Englisch
		Zuname; Geschlechtsname; Vatername; (Amtssprache) Ehename	*der des dem den* Achtung *-e der* *Worttrennung:* Fa|mi|li|en|na|me	
0033	der	Vor*name*, _Plural:_ - n die Name*N* Name, Rufname - von den Eltern bestimmter [und amtlich eingetragener] Name, der die Individualität einer Person kennzeichnet	Substantiv / Nomen Nom Gen Dat Akk *der des dem den* *Worttrennung:* Vor|na|me	نام/ اسم کوچک first/Christian name
0034	das	Land, _Plural:_ " – er die Länd*ER*, _Umlaut im Plural_	Substantiv / Nomen Nom Gen Dat Akk *das des dem das*	کشور country
0035	die WRS	Stadt, _Plural:_ "- e die Städt*E* _Umlaut im Plural_ Synonyme zu Stadt: Großstadt, Hauptstadt, Kleinstadt, Kreisstadt, Provinzstadt, Weltstadt; bildungssprachlich: Metropole	Substantiv / Nomen Nom Gen Dat Akk *die der der die*	شهر city, town
0036	der WRS	Nam*e,* _Plural:_ - n die Name*N* 1. Bezeichnung, Wort, mit dem etwas als [Vertreter einer] Art, Gattung von gleichartigen Gegenständen, Lebewesen o. Ä. benannt wird; Gattungsname, Appellativ - Auto ist ein anderer Name für PKW (Personen-Kraft-Wagen) 2. kennzeichnende Benennung eines Einzelwesens, Ortes oder Dinges, durch die es von anderen seiner Art unterschieden wird; Eigenname - mein Name ist, ich heisse Qian Song 3. Ruf, Renommee - einen guten Namen zu verlieren haben Herkunft: altes indogermanisches Wort	Substantiv / Nomen Nom Gen Dat Akk *der des dem den* _Rechtschreibung_ _Worttrennung:_ Na|me	نام name
0037	der	Lehrer, _Plural:_ - die Lehrer	Substantiv / Nomen Nom Gen Dat Akk *der des dem den* Worttrennung: Leh|rer	معلم/استاد teacher, instructor
0037	die	Lehrerin, _Plural:_ - nen die Lehrerin*NEN* _n-Verdoppelung im Plural bei Singularendung „in"_ weibliche Form zu der Lehrer	Substantiv / Nomen Nom Gen Dat Akk *die der der die* Worttrennung: Leh|re|rin	معلم ها/ اساتید teacher, instructor
0038	der	Herr, _Plural:_ - en die Herr*EN* der Herr der Welt; sein eigener Herr sein; Meine Damen und Herren; der Herr über Leben und Tod; ein junger Herr; ein Herr mit Brille; Herr (Anrede für einen Fremden):	Substantiv / Nomen Nom Gen Dat Akk *der des dem den*	آقای man, Mister, Mr
0039	55 e-a-e	*mit.lesen* *ich lesE mit, las mit, habe mitgelesEN* Verb *lesen auswendig** lernen	Verb *Worttrennung:* mit|le|sen _Grammatik_ Stammvokalwechsel	خواندن با to read along with
0040	der	Dialog, _Plural:_ - e die Dialog*E* - einen Dialog mit jemandem führen - die Fortsetzung des Dialogs mit dem Iran - Film, Fernseher - EDV	Substantiv / Nomen Nom Gen Dat Akk *der des dem den* *Worttrennung:* Di|a|log _Antonyme:_ Monolog	دیالوگ dialogue
0041	die	Frau, _Plural:_ - en die Frau*EN* - erwachsene Person weiblichen Geschlechts - Hausherrin, Dame	Substantiv / Nomen Nom Gen Dat Akk *die der der die* *Worttrennung:* Frau	خانم woman, Mrs
0042	die	Entschuldig*ung*, _Plural:_ - en die Entschuldigung*EN* - Begründung, Rechtfertigung für einen Fehler, ein Versäumnis o. Ä.	Substantiv / Nomen Nom Gen Dat Akk *die der der die*	پوزش/ عذرخواهی excuse, apology Excuse me!

Nr	Artikel Verb-Nr	Deutsch Bedeutungen, Beispiele	Wortart Worttrennung, Grammatik	Persisch Englisch
		- [schriftliche] Mitteilung darüber, nicht anwesend sein, nicht teilnehmen zu können - Nachsicht, Verständnis für jemandes Fehler, falsches Verhalten - Äußerung oder Höflichkeitsformel, mit der jemand um Nachsicht, Verständnis bittet	*Rechtschreibung* *Worttrennung:* Ent|schul|di|gung	Excuse me!
0043	die	Aus*sprache, Plural:* - n die Sprache*N* 1. richtiges Aussprechen, Artikulation eines Wortes 2. Unterredung, klärendes Gespräch	Substantiv / Nomen Nom Gen Dat Akk *die der der die* *Worttrennung:* Aus|spra|che	تلفظ pronunciation
0044	4 e, te, t	üben, üb*E*, üb*TE*, habe geüb*T* *Üben* Sie die Substantiv / Nomen mit Plural und Artikel!!	*Verb* *Worttrennung:* üben	تمرین کردن/ عمل کردن to practice
0045	die	Melod*ie, Plural:* - n die Melodie*N* Herkunft: mittelhochdeutsch melodīe < spätlateinisch melodia < griechisch melōdía = Gesang, Singweise, zu: mélos = Lied und ōdḗ, ↑Ode	Substantiv / Nomen Nom Gen Dat Akk *die der der die* *Worttrennung:* Me|lo|die	ملودی melody
0046	der	Akzent, *Plural:* -e die Akzent*E* bestimmter Tonfall, Aussprache, Sprachmelodie - mit ausländischem Akzent sprechen - modische Akzente sind Ringe, Schlitze	Substantiv / Nomen Nom Gen Dat Akk *der des dem den* *Worttrennung:* Ak | zent	لهجه accent
0047	25 e-a-o	nach.sprechen sprech*E* nach, sprach nach, habe nach*ge*sproch*EN* (etwas, was ein anderer sagt) wiederholen	*Verb* *Worttrennung:* nach|spre|chen Stammvokalwechsel	تکرار کردن to repeat
0048		Wie bitte? - ich *habe* Sie nicht *verstanden*!	Interrogativ eine Frage	ببخشید چی می فرمودید؟ I beg your pardon? Sorry?
0049		oder	Konjunktion	یا or
0050	4, 14 e, te, t ~~ge~~	ergänzen, ergänz*E*, ergänz*TE*, habe ergänz*T* *Ergänzen* Sie die Daten *Wortverbindungen:* *Substantive:* Sammlung, Sortiment, Text *Adjektive:* sinnvoll, perfekt, gegenseitig	*Verb* *Worttrennung:* er|gän|zen ~~ge~~ Partizip ohne ge Stammvokalwechsel	کامل کردن to complete
0051		informell - ohne [formalen] Auftrag; - ohne Formalitäten, nicht offiziell Herkunft: französisch informel = formlos, aus: in- (< lateinisch in- = un-, nicht) und formel < lateinisch formalis, formal Mehdi aus Iran *stellt* sich informell *vor* (du)	Adjektiv *Rechtschreibung* *Worttrennung:* in|for|mell	غیر رسمی informal
0052		privat	Adjektiv *Worttrennung:* pri|vat	خصوصی private
0053		formell, formeller, am formellsten *Stellen* Sie sich bitte formell *vor* (Sie) *Synonyme:* äußerlich, bürokratisch, der Form halber / nach, der Form wegen, pro forma, amtlich, offiziell, vorschriftsgemäß, geschäftlich, gezwungen, höflich, in aller Form, steif, konventionell, unpersönlich; bildungssprachlich: zeremoniell	Adjektiv attributiv *Worttrennung:* for | mell	رسمی formal
0054	4 e, te, t	zu.hören hör*E* zu, hör*TE* zu, habe zu*ge*hör*T*	*Verb* *Worttrennung:* zu|hö|ren	گوش دادن به to listen to
0055	WRS	einmal - ein [einziges] Mal	Adverb unflektierbare Wortart *Worttrennung:* ein | mal	یک بار once
0056		noch einmal noch einmal von vorn beginnen; noch einmal so viel; noch; ein weiteres Mal, wieder, erneut	Adverb *Rechtschreibung* *Worttrennung:*	یک بار دیگر once again, on more time

Nr	Artikel Verb-Nr	Deutsch Bedeutungen, Beispiele	Wortart Worttrennung, Grammatik	Persisch Englisch
		- bitte *sagen* Sie Ihren Namen noch einmal	noch ein|mal	
0057	*4, 12* *e, te, t*	*ordnen* *ordnE, ordneTE, habe geordneT* - Bücher, Akten *ordnen*	*Verb* *Rechtschreibung* *Worttrennung:* ord|nen	سازماندهی کردن to put in order
0058	der R70	Abend, *Plural:* - e die AbendE Tageszeit um die Dämmerung, das Dunkelwerden vor Beginn der Nacht *Rechtschreibung, Großschreibung:* des, eines Abends; am Abend; gegen Abend; diesen Abend; den Abend über *Kleinschreibung:* [Regel 70] abends; von morgens bis abends; abends spät, *aber* spätabends, [um] 8 Uhr abends, abends [um] 8 Uhr, dienstagabends *oder* dienstags abends	Substantiv / Nomen Nom Gen Dat Akk *der des dem den* *Synonyme:* Abendstunde, Abendzeit, Tagesende	عصر، شب evening
0059		Guten Abend!	Gruß	عصر بخیر Good evening!
0060	*4* *e, te, t*	*spielen* *spielE, spielTE, habe gespielT* - Musik *spielen;* wir spielen donnerstags immer Rummikub; Fußball *spielen;* mit dem Spielzeug *spielen;* ein Spiel mit Münzen spielen; Kinder spielen gerne Fußball Synonyme: ein Spiel machen, in ein Spiel vertieft sein, sich mit Spielen beschäftigen	*Verb* *Rechtschreibung* *Worttrennung:* spie|len	بازی کردن to act, to act out; to play (*to play a game with coins*) to play (music)
0061	die	Tabelle, *Plural:* - n die TabelleN Herkunft: lateinisch tabella = Stimm-, Merk-, Rechentafel, Verkleinerungsform von: tabula, Tafel	Substantiv / Nomen Nom Gen Dat Akk *die der der die* Worttrennung: Ta|bel|le	میز table
0062	WRS	selbst steht nach dem Bezugswort oder betont nachdrücklich, dass nur die im Bezugswort genannte Person oder Sache gemeint ist und niemand oder nichts anderes - die Mutter *strickte* den Pullover selbst	Partikel Adverb	خویش self
0063	das	Bei*spiel*, *Plural:* - e die SpielE 1. beliebig herausgegriffener, typischer Einzelfall 2.Vorbild, [einmaliges] Muster	Substantiv / Nomen Nom Gen Dat Akk *das des dem das* Worttrennung: Bei|spiel	نمونه example
0064	die	Position, *Plural:* - en die PositionEN Herkunft: lateinisch positio = Stellung, Lage, zu: positum, 2. Partizip von: ponere = setzen, stellen, legen	Substantiv / Nomen Nom Gen Dat Akk *die der der die* Worttrennung: Po|si|ti|on	موقعیت position
0065	das Sg.	Subjekt, *Plural:* - e die SubjektE 1. mit Bewusstsein ausgestattetes, denkendes, erkennendes, handelndes Wesen; Ich 2. Satzglied, in dem dasjenige (z. B. eine Person, ein Sachverhalt) genannt ist, worüber im Prädikat eine Aussage gemacht wird; Satzgegenstand Gebrauch: Sprachwissenschaft - grammatisches, logisches Subjekt - das Subjekt steht im Nominativ Herkunft: spätlateinisch subiectum, eigentlich = das (einer Aussage oder Erörterung) Zugrundeliegende, substantiviertes 2. Partizip von lateinisch subicere = darunterwerfen, unter etwas legen, zu: sub = unter und iacere = werfen	Substantiv / Nomen Nom Gen Dat Akk *das des dem das* *Rechtschreibung* *Worttrennung:* Sub|jekt *Antonyme:* Objekt	موضوع subject
0066	das	Verb, *Plural:* - en die VerbEN flektierbares Wort, das eine Tätigkeit, ein Geschehen, einen Vorgang oder einen Zustand bezeichnet; Tätigkeits-, Zeitwort (z. B. lernen, arbeiten, gehen)	Substantiv / Nomen Nom Gen Dat Akk *das des dem das*	فعل verb
0067	der	Aussage*satz*, *Plural:* "- e, die SätzE, *Umlaut im Plural* Satz, der einen Sachverhalt einfach berichtend	Substantiv / Nomen Nom Gen Dat Akk	جمله اخباری statement

Nr	Artikel Verb-Nr	Deutsch Bedeutungen, Beispiele	Wortart Worttrennung, Grammatik	Persisch Englisch
		wiedergibt z. B. die Sonne scheint	*der des dem den* *Worttrennung:* Aus | sa | ge | satz	
0068	die	W-*Frage*, *Plural:* - n die Frage*N*	Substantiv / Nomen Nom Gen Dat Akk *die der der die* *Worttrennung:* W- Fra|ge	پرسش / سوال W-question
0069	*24* *ei-ie-ie*	*schreiben* *schreibE, schrieb, habe geschriebEN* *Schreiben* Sie den Text!	*Verb* *Worttrennung:* schrei|ben Stammvokalwechsel	نوشتن to write
0070	der	Satz, *Plural:* "- e die Sätz*E*, *Umlaut im Plural* im Allgemeinen aus mehreren Wörtern bestehende, in sich geschlossene, eine Aussage, Frage oder Aufforderung enthaltende sprachliche Einheit	Substantiv / Nomen Nom Gen Dat Akk *der des dem den*	جمله setence
0071	die	Welt*karte*, *Plural:* - n die Karte*N* - Karte, die alle Teile der Welt abbildet	Substantiv / Nomen Nom Gen Dat Akk *die der der die* *Worttrennung:* Welt|kar|te	نقشه جهان map of the world
0072	der	Länder*name*, *Plural:* - n die Name*N* - Name eines Landes oder einer Landschaft	Substantiv / Nomen Nom Gen Dat Akk *der des dem den* *Worttrennung:* än|der|na|me	نام کشور name of the country
0073	Der	Dialog*anfang* *Plural:* "- e die Anfäng*E*, *Umlaut im Plural*	Substantiv / Nomen Nom Gen Dat Akk *der des dem den* *Worttrennung:* Di|a|log|an|fang	ابتدای دیالوگ The beginning of a dialogue
0074		neu - i*st* die Brille neu?	Adjektiv *Antonym:* alt	جدید new
0075	der	Teilnehmer, *Plural:* – die Teilnehmer - jemand, der an etwas teilnimmt	Substantiv / Nomen Nom Gen Dat Akk *der des dem den* *Worttrennung:* Teil|neh|mer	شرکت کننده participant
0075	die	Teilnehmerin, *n-Verdoppelung im Plural bei Singularendung „in"* *Plural:* - nen die Teilnehmerin*NEN* weibliche Form zu der Teilnehmer	Substantiv / Nomen Nom Gen Dat Akk *die der der die* *Worttrennung:* Teil|neh|me|rin	شرکت کنندگان $$$$$ participant
0076	*25* *e-a-o* *WRS*	*sprechen* sprech*E*, sprach, habe gesproch*EN* - *Sprechen* Sie bitte laut; sprechen lernen; deutsch, englisch sprechen; der Papagei kann sprechen	*Verb* *Worttrennung:* spre|chen <u>Grammatik</u> Stammvokalwechsel	صحبت کردن to speak
0077		denn ausgenommen, wenn; unter der Voraussetzung, dass - na, denn nicht - ich leihe ihm nichts mehr, er müsste sich denn gründlich geändert haben	Konjunktion / Adverb	برای اینکه/ زیرا because, for
0078		etwas = ein wenig bezeichnet ein nicht näher Bestimmtes - nimm dir etwas von dem Geld	Pronomen *Rechtschreibung* *Worttrennung:* et|was	کمی a little
0079	*4* *e, te, t*	*wohnen* wohn*E*, wohn*TE*, habe gewohn*T*	*Verb* *Worttrennung:* woh|nen	زندگی کردن to live
0080		auch *Hast* du auch Kopfschmerzen? ebenfalls, genauso; außerdem, zudem, überdies, im Übrigen; selbst, sogar	Adverb unflektierbare Wortart *Worttrennung:* auch	همچنین also, too
0081	*56* *ie-a-e*	*liegen* lieg*E*, lag, habe geleg*EN* - im Bett *liegen* - Du *liegst* den ganzen Tag im Bett!? - die Wohnung *liegt* in der Nähe des Parks - Deutschland *liegt* in Europa; Wo *liegt* Darmstadt?	*Verb* *Worttrennung:* lie|gen Stammvokalwechsel	دروغ گفتن to lie - *to lie in bed* - *to be (the apartment is near the park.)* - *to lie, to be Darmstadt is in Germany*

Nr	Artikel Verb-Nr	Deutsch Bedeutungen, Beispiele	Wortart Worttrennung, Grammatik	Persisch Englisch
0082		in	Präposition + A./D.	در in
0083	das	Projekt, *Plural:* - e die Projekt*E* - [groß angelegte] geplante oder bereits begonnene Unternehmung; [groß angelegtes] Vorhaben	Substantiv / Nomen Nom Gen Dat Akk *das des dem das* *Worttrennung:* Pro|jekt	پروژه project
0084	der	Steck*brief, Plural:* - e die Brief*E* - Personenbeschreibung; Charakteristik, Herkunft: eigentlich = Urkunde, die eine Behörde veranlasst, einen gesuchten Verbrecher »ins Gefängnis zu stecken«	Substantiv / Nomen Nom Gen Dat Akk *der des dem den* *Rechtschreibung Worttrennung:* Steck|brief	نمایه، مشخصات شخصی profile, personal description
0085	der	Nachbar, *Plural:* - n die Nachbar*N* - wir haben neue Nachbarn bekommen Synonyme zu Nachbar und Nachbarin: Anwohner, Anwohnerin, Grundstücksnachbar, Grundstücksnachbarin, Hausnachbar, Hausnachbarin, Nachbarsfrau, Nebenmann, Sitznachbar, Sitznachbarin, Tischnachbar, Tischnachbarin	Substantiv / Nomen Nom Gen Dat Akk *der des dem den* *Rechtschreibung Worttrennung:* Nach|bar	همسایه neighbor
0085	die	Nachbarin, *Plural:* - nen die Nachbarin*NEN* *n-Verdoppelung im Plural bei Singularendung „in"* weibliche Form zu Nachbar	Substantiv / Nomen Nom Gen Dat Akk *die der der die* *Worttrennung:* Nach|ba|rin	همسایگان neighbor
0086	4 e, te, t sich*A*	*vor.stellen* *stellE vor, stellTE vor, vorgestellT* - *stellen Sie sich vor; die Uhr [um] eine Stunde vorstellen*	*Verb trennbar* *Worttrennung:* vor|stel|len	معرفی کردن to introduce
0087		auf Dativ Wo? Das Buch liegt auf dem Tisch. auf einer Bank, auf dem Pferd sitzen die Vase steht auf dem Tisch auf Deck, auf See sein, auf dem Mond landen, die Vegetation auf den Inseln, auf *(in)* seinem Zimmer bleiben, auf *(in, bei)* der Post arbeiten, auf *(in)* dem Rathaus etwas erledigen, auf dem *(beim)* Bau arbeiten, sie ist noch auf der Schule *(ist noch Schülerin,* auf einer Hochzeit, auf Wanderschaft, auf Urlaub sein; auf *(bei, während)* der Rückreise erkranken	Präposition	روی to (on the table)
0087		auf auf 200 ° vorheizen	Präposition mit Dativ und Akkusativ	تا to (*to preheat to 200*)
0088	das	Heimat*land, Plural:* "- er die Länd*ER, Umlaut im Plural* Land, aus dem jemand stammt und in dem er seine Heimat hat	Substantiv / Nomen Nom Gen Dat Akk *das des dem das* *Worttrennung:* Hei|mat|land	زادگاه homecountry
0089	die WRS	Sprach*e, Plural:* - n die Sprache*N* Fähigkeit des Menschen zu sprechen; das Sprechen als Anlage, als Möglichkeit des Menschen sich auszudrücken	Substantiv / Nomen Nom Gen Dat Akk *die der der die* *Worttrennung:* Spra|che	زبان language
0090	4,18 e, te, t ~~ge~~	*buchstabieren* *buchstabierE, buchstabierTE, habe buchstabierT* - den Namen buchstabieren; wir konnten die alte Inschrift nur teilweise buchstabieren	*Verb* *Worttrennung:* buch|sta|bie|ren ~~ge~~ Partizip ohne ge	هجی کردن to spell
0091		mit	Dativ / Präposition	با

Nr Artikel Verb-Nr	Deutsch Bedeutungen, Beispiele	Wortart Worttrennung, Grammatik	Persisch Englisch
	- ich *fahre* gerne mit dem Auto.	+ D.	with
0092 der R 72	Rhythmus, *Plural:* die Rhythm*EN* Herkunft: Das Substantiv ist über das Lateinische aus dem Griechischen ins Deutsche entlehnt worden. Wie das Herkunftswort wird es am Wortanfang mit *Rhy-* geschrieben.	Substantiv / Nomen Nom Gen Dat Akk *der des dem den* *Worttrennung:* Rhyth|mus Rechtschreibung: Regel 72	ریتم rhythm
0093 *4* e, te, t WRS	*lernen* *lernE, lernTE, habe gelernT* *Lernen* Sie Nomen zusamen mit dem Artikel	*Verb* *Rechtschreibung* *Worttrennung:* ler|nen	یادگرفتن، خواندن to learn, to study
0094 die	Person, *Plural:* - en die Person*EN* Grammatik: ohne Plural; Gebrauch: Sprachwissenschaft - das Verb steht in der zweiten Person Plural ihr *lernt* Deutsch	Substantiv / Nomen Nom Gen Dat Akk *die der der die* *Rechtschreibung* *Worttrennung:* Per|son	شخص person
0095	danke 	Interjektion Partikel Höflichkeitsformel *Worttrennung:* dan | ke	ممنون، متشکرم thanks, thank you
0096 WRS	schön, schöner, am schönsten	Adjektiv	زیبا beautiful
0097	Danke schön! - danke schön! danke sehr! - jemandem [für etwas] Danke / danke sagen - kannst du nicht Danke schön / danke schön sagen *(dich bedanken)?* Synonyme:schön	Höflichkeitsformel	خیلی ممنون Thank you very much
0098	ander- - die eine Hälfte essen, die andere aufheben - von einer Seite auf die andere - am anderen Ende das eine tun und das andere nicht lassen *(beides tun)*	Substantiv / Nomen *Rechtschreibung* *Worttrennung:* an|de|re, an|de|rer, an|de|res	سایر other
0099 *63* a-ie-a WRS	*raten* *ratE, riet, habe geratEN* einstufen, einordnen, beurteilen	*Verb* *Worttrennung:* ra|ten *Grammatik:* Stammvokalwechsel	توصیه کردن to advise, to guess
0100 *78* + sichA ~~ge~~ LERNE N	*verstehen* *verstehE, verstand, habe verstandEN* - *verstehen* Sie die Kursleiterin? Wir *verstehen* uns. *Verstehen* Sie, was ich *sage*?	*Verb* *Worttrennung:* ver|ste|hen ~~ge~~ Partizip ohne ge Stammvokalwechsel	فهمیدن to understand
0101 die	Vorstellung, *Plural:* - en die Stellung*EN*	Substantiv / Nomen Nom Gen Dat Akk *die der der die* *Worttrennung:* Vor|stel|lung	ایده، نظر / معرفی introduction
0102 die Pl.	Leute Pluralwort / Pluraletantum *Grammatik:* Substantiv, das nur als Plural vorkommt	Substantiv / Nomen Nom Gen Dat Akk *die der der die*	فرد people
0103 das	Bild, *Plural:* - er die Bild*ER* - Bilder sammeln, ausstellen, verkaufen, betrachten	Substantiv / Nomen Nom Gen Dat Akk *das des dem das*	عکس، تصویر *here:* image, photograph
0104 die	Information, *Plural:* - en die Information*EN*	Substantiv / Nomen Nom Gen Dat Akk *die der der die* *Worttrennung:* In|for|ma|ti|on	اطلاعات information
0105 der	Wohnort, *Plural:* - e die Ort*E* - Ort, an dem jemand seinen Wohnsitz hat	Substantiv / Nomen Nom Gen Dat Akk *der des dem den* *Worttrennung:* Wohn|ort	محل اقامت place of residence

Nr	Artikel Verb-Nr	Deutsch Bedeutungen, Beispiele	Wortart Worttrennung, Grammatik	Persisch Englisch
0106	der	Blick, *Plural:* - e die Blick*E* 1a. [kurzes] Blicken, Anschauen, Hinschauen; 1b. irgendwohin blickende Augen; 2. Ausdruck der Augen	Substantiv / Nomen Nom Gen Dat Akk *der des dem den*	دین در یک نظر view, glance
0107	der *Sg.*	All*tag* tägliches Einerlei, gleichförmiger Ablauf *Wortverbindungen*: Substantive: Beruf, Politik, Freizeit, Leben, Verben: meistern, einkehren, bewältigen, wegdenken Adjektive: grau, beruflich, banal, hart, trist, betrieblich	Substantiv / Nomen Nom Gen Dat Akk *der des dem den* *Rechtschreibung* *Worttrennung:* All | tag	زندگی روزمره ordinary weekday
0108		im All*tag* 1. tägliches Einerlei, gleichförmiger Ablauf im Alltag 2. Werktag, Arbeitstag	Präposition + Artikel+Nomen *Rechtschreibung* *Worttrennung:* All|tag	در زندگی روزمره in every-day life
0109		Tschüs! Ciao, tschüs, tschüss - Abschiedsgruß besonders unter Verwandten und guten Bekannten; auf Wiedersehen! Herkunft: älter: atschüs, Nebenform von niederdeutsch adjüs, wohl < spanisch adiós < lateinisch ad deum, ade	Grußwort / Interjektion	می بینمت، بای See you!
0110	das *Sg.* WRS	Wieder*sehen* - das Sichwiedersehen	Substantiv / Nomen Nom Gen Dat Akk *das des dem das* Worttrennung:Wie|der|se|hen	می بینمت، خدانگهدار renewed meeting
0111		Auf Wiedersehen! Synonyme: Tschüss	Grußformel *Worttrennung:* Wie|der|se|hen	خدا⬜افظ Good bye!
0112	die	Nacht, *Plural:* "- e die Nächt*E*, *Umlaut im Plural* Zeitraum etwa zwischen Sonnenuntergang und Sonnenaufgang, zwischen Einbruch der Dunkelheit und Beginn der Morgendämmerung - heute Nacht *(in der Nacht von gestern auf heute oder von heute auf morgen)*	Substantiv / Nomen Nom Gen Dat Akk *die der der die*	شب Night
0113		Gute Nacht!	Gruß *Rechtschreibung* *Worttrennung:* Gu|te|nacht	شب خوش! Good night!
0114	der	Gott, *Plural:* "- er die Gött*ER*, *Umlaut im Plural* (im Monotheismus, besonders im Christentum) höchstes übernatürliches Wesen, das als Schöpfer Ursache allen Geschehens in der Natur ist, das Schicksal der Menschen lenkt, Richter über ihr sittliches Verhalten und ihr Heilsbringer ist - Gott Vater, Sohn und Heiliger Geist - der Gott der Juden, der Christen, der Muslime	Substantiv / Nomen Nom Gen Dat Akk *der des dem den* *Rechtschreibung* *Worttrennung:* Gott	خدا God
		Grüß Gott!	Substantiv / Nomen = *süddeutsch für* Guten Tag!	سلام (در جنوب آلمان) Good day! (Southern German)
0116		Servus = *österreichisch für* Guten Tag! Auf Wiedersehen!; freundschaftlicher Gruß beim Abschied, zur Begrüßung Herkunft: aus lateinisch servus = (dein) Diener	Substantiv / Nomen *Rechtschreibung* *Worttrennung:* ser|vus	سلام/ خدا⬜افظ (در اتریش) Hello! / See you! (Austrian)
0117		= *schweizerisch für* Guten Tag! schweizerische Grußformel Herkunft: gekürzt aus: (Gott) gruezi-i = (Gott) grüße euch	Interjektion *Rechtschreibung* *Worttrennung:* grüe|zi	سلام (در سوئیس) Hello! (Swiss)
0118		Salut, *auch* Salü = *schweizerisch für* Guten Tag! / Auf Wiedersehen!	Interjektion *Rechtschreibung* *Worttrennung:* sa|lü	سلام/ خدا⬜افظ (در سوئیس) Hello! See you! (Swiss)

Nr	Artikel Verb-Nr	Deutsch Bedeutungen, Beispiele	Wortart Worttrennung, Grammatik	Persisch Englisch
0119		Moin, moin! = *norddeutsch für* Guten Tag!	Interjektion	سلام (شما آلمان) Hello! (Nothern German)
0120	der	Ort, *Plural:* - e die Ort*E*	Substantiv / Nomen Nom Gen Dat Akk *der des dem den*	مکان/محل place, spot, village
0121		einig- Einige Ländernamen haben einen Artikel *Einige kommen* immer zu spät [sich] einig sein, waren ich bin mit ihr darin einig, dass es so nicht geht;	ProSubstantiv / Nomen *Rechtschreibung Worttrennung:* ei | nig	ﺮف تعریف some (Some countries have an article)
0122	*1 LERNEN*	*haben* *habe, hatte, habe gehabt* *Grammatik:* in der Verbindung mit dem Partizip II der Perfektumschreibung: ich *habe* 3 Brötschen *gekauft* in Verbindung mit »zu« und einem Infinitiv - ich *habe* viel *zu erledigen;* wir *haben* noch eine Stunde *zu fahren;* Kinder *haben* den Eltern *zu gehorchen* verneint; etwas Bestimmtes tun dürfen, sollen - du *hast* hier nichts *zu befehlen* - ich *habe* ein neues Auto; wir *haben* nur eine Mutter; ich *habe* Zahnschmerzen; ich *habe* Grippe	*Verb* *Rechtschreibung Worttrennung:* ha|ben	داشتن (فعل کمکی) to have (Auxiliary verb)
0123	der	Artikel, *Plural:* die Artikel 1. Aufsatz, Abhandlung; Beitrag 2. der bestimmte, unbestimmte Artikel der, die, das, ein, eine, eins	Substantiv / Nomen Nom Gen Dat Akk *der des dem den Worttrennung:* Ar | ti | kel	ﺮف تعریف Article
0124	die Sg.	Schweiz - Staat in Mitteleuropa Synonyme zu Schweiz: (schweizerisch) Eidgenossenschaft, Helvetia; Helvetien; (schweizerisch, oft scherzhaft) Schweizerland	Substantiv / Nomen Nom Gen Dat Akk *die der der die*	سوئیس Switzerland
0125	der	Sprachen*name,* *Plural:* - n die Name*N*	Substantiv / Nomen Nom Gen Dat Akk *der des dem den Worttrennung:* Spra|chen|na|me	نام زبان name of a language
0126		oft, öfter, am häufigsten Unregelmäßige Steigerung, Steigerung mit Umlaut sich wiederholt ereignend; immer wieder; mehrfach - so oft wie Qian *hat* noch niemand alle Fragen richtig benatwortet in vielen Fällen, recht häufig: in Deutschland *regnet* oft in kurzen Zeitabständen: die Mutter *ruft* mich ziemlich oft *an*	Adverb	گاهی Often
0127	die	End*ung*, *Plural:* - en die Endung*EN* letzter Bestandteil (Laut oder Silbe) eines Wortes, der der Beugung oder Ableitung dient	Substantiv / Nomen Nom Gen Dat Akk *die der der die Worttrennung:* En|dung	هجای پایانی Ending
0128	die	Grammatik, *Plural:* - en die Grammatik*EN* Sprachlehre	Substantiv / Nomen Nom Gen Dat Akk *die der der die Worttrennung:* Gram|ma|tik	گرامر، دستور زبان Grammar
0129	das	Frage*wort*, *Plural:* "- er die Wört*ER*, *Umlaut im Plural* 1. Interrogativpronomen 2. Fragepartikel	Substantiv / Nomen Nom Gen Dat Akk *das des dem das Worttrennung:* Fra|ge|wort	کلمه پرسشی question word

Nr	Artikel Verb-Nr	Deutsch Bedeutungen, Beispiele	Wortart Worttrennung, Grammatik	Persisch Englisch
0130		Was? Was *trinkst* du gerne?	Indefinitpronomen	چیست؟ What?
0131		Wo? Grammatik: indefinite - wenn ich versprochen habe, zu einem bestimmten Zeitpunkt wo zu sein, dann halte ich das auch ein Grammatik: als Teil eines Pronominaladverbs in getrennter Stellung - wobei, wofür, wogegen, womit, wonach, wozu	Adverb Grammatik: interrogativ: wo *wohnen* Sie? Grammatik: relativisch: die Stelle, wo der Unfall passiert ist	کجا؟ Where?
0132	die	Verbposition, *Plural:* - en die Position*EN*	Substantiv / Nomen Nom Gen Dat Akk die der der die *Worttrennung:* Verb|po|si|ti|on	جایگاه فعل verb position
0133	das	Alphabet, *Plural:* - e die Alphabet*E* - Namen nach dem Alphabet ordnen - das russische Alphabet; das große Alphabet *(das Alphabet in Großbuchstaben)* - das kleine Alphabet; *(das Alphabet in Kleinbuchstaben)* *Synonyme:* Abc, Abece, Buchstabenfolge,	Substantiv / Nomen Nom Gen Dat Akk das des dem das Rechtschreibung Worttrennung: Al|pha|bet	الفبا Alphabet
0134	die	Satz*melodie*, *Plural:* - n die Melodie*N* - Intonation eines Satzes - Akzent, Intonation, Tonfall	Substantiv / Nomen Nom Gen Dat Akk die der der die *Worttrennung:*Satz|me|lo|die	لحن جمله tone of the sentence
0135		laut Die Kinder *sind* sehr laut	Adjektiv	بلند loud
0136	32 a-ie-a	*fallen* fall*E*, fiel, habe gefall*EN* Wortverbindungen: *Substantive:* Entscheidung, Ohnmacht, Ungnade *Adjektive:* schwer, positiv, spontan, plötzlich Synonyme: abstürzen, herabfallen, stürzen, umfallen, umkippen, umstürzen;	Verb Partizip I *fallend* Partizip II *gefallen* Infinitive mit zu: *zu fallen* Worttrennung: fäl|len Grammatik: Stammvokalwechsel	افتادن to fall
0137	24 ei-ie-ie	*steigen* steig*E*, stieg, bin gestieg*EN*	Verb Worttrennung: stei|gen Grammatik Stammvokalwechsel	افزایش یافتن to rise, to ascend
0138		am = an dem + *D*	Präposition + Artikel	در at, at the
0139	das	Satz*ende*, *Plural:* - n die Ende*N* - Ende eines Satzes - der Punkt am Satz*ende*	Substantiv / Nomen Nom Gen Dat Akk das des dem das Worttrennung: Satz|en|de Antonym: Satzanfang	پایان جمله end of the sentence
0140		am Satz*ende*, *Plural:* - n, die Satzende*N* - im Perfekt *steht* das Verb am Satzende	Substantiv / Nomen Rechtschreibung Worttrennung: Satz | en | de	در پایان جمله at the end of the sentence
0141		Wie gehts?		$$$$$
0142	37 e-i-a sein	*gehen* geh*E*, ging, bin gegang*EN* - schrittweises Sichfortbewegen auf den Füßen in aufrechter Haltung - seiner Erlaubnis geht von 1,7 bis 20,7 - Er geht in das (ins) Büro Wortverbindungen Adjektive: schnell, geschmeidig, langsam, flott, gemeinsam, zügig Substantive: Kommen, Rennen	Verb Rechtschreibung Worttrennung: ge|hen Grammatik Stammvokalwechsel	رفتن to go - *His leave goes from 20.1 till 20.7* - *He goes to the office* - to be to go to go
0143	2	*Wie geht's?*	Verb	حالت چطور است؟

Nr	Artikel Verb-Nr	Deutsch Bedeutungen, Beispiele	Wortart Worttrennung, Grammatik	Persisch Englisch
	LERNEN	gehE, ging, ist gegangEN Danke der Nachfrage. Gut. Und Ihnen?	Interrogativ eine Frage	How are you?
0144		nicht dient zur Bekräftigung und Bestätigung in Fragesätzen, die eine positive Antwort herausfordern, in Ausrufen o. Ä., die Zustimmung wünschen: - ist es nicht schön hier? Adverb drückt eine Verneinung aus - nicht berufstätige Frauen; Geld hatte sie nicht - emotional: er kann [noch] nicht [ein]mal seinen Namen schreiben (sogar seinen Namen kann er nicht schreiben) - in mehrteiligen Konjunktionen>: nicht nur …, sondern [auch] (vor einem Adjektiv mit negativer Bedeutung) drückt eine bedingt positive Einstellung oder auch Anerkennung des Sprechers aus - sie ist nicht unfair (ist ganz fair), gar nicht dumm (klüger als erwartet)	Partikel Adverb	کلمه منفی ساز Not
0145		so 1. in der Fügung »so dass«: sodass 2. falls: so Gott will, sehen wir uns wieder 3. konzessiv; oft in Korrelation mit »auch [immer]«; wenn (auch)/obwohl wirklich, sehr Grammatik: so + Adjektiv, Adverb - so leid es mir tut, ich muss absagen 4. vergleichend Grammatik: so + Adjektiv, Adverb … so + Adjektiv, Adverb: so jung sie ist, so unerfahren ist sie	Adverb	بنابراین So
0146	59 a-o-o LERNEN	mögen mag, mochTE, habe gemochT - ich mag das Wetter in Deutschland überhaupt nicht	Verb Modalverb Worttrennung: mö|gen Stammvokalwechsel	دوست داشتن to like
0147		nein - nein, ich esse kein Fleisch	Adverb Antonym: ja	خیر No
0148	der	Saft, Plural: "- e die SäftE, Umlaut im Plural	Substantiv / Nomen Nom Gen Dat Akk der des dem den	آبمیوه Juice
0149	WRS	ja zustimmende Antwort auf eine Entscheidungsfrage; Zustimmung: ein klares Ja; mit Ja stimmen; Ja, ich spreche Deutsch	Adverb	بله Yes
0150		gern(e), lieber, am liebsten unregelmäßige Steigerung	Adverb unflektierbare Wortart Worttrennung: gern, ger | ne	با کمال میل with pleasure, gladly
0151	77 i-a-u WRS	trinken trinkE, trank, habe getrunkEN Ich trinke gerne Cola	Verb Worttrennung: trin|ken Stammvokalwechsel	نوشیدن to drink
0152	der WRS Sg.	Kaffee, Plural: die KaffeeS, aber 3 (Tassen) Kaffee 1. Kaffeepflanze, -strauch 2. bohnenförmiger Samen des Kaffeestrauches; 3. Menge gerösteter [gemahlener] Kaffeebohnen Herkunft: französisch café, italienisch caffè < türkisch kahve < arabisch qahwaʰ, auch = Wein	Substantiv / Nomen Nom Gen Dat Akk der des dem den Rechtschreibung Worttrennung: Kaf|fee	قهوه Coffee
0153	61 e-a-o LERNEN	nehmen nehmE, nahm, habe genommEN - (€) Gut, ich nehme [= kaufe] die Lampe - den Zug nehmen;	Verb Worttrennung: neh|men Stammvokalwechsel	گرفتن/استفاده کردن to take - Do you take milk and sugar? - Good,

Nr	Artikel Verb-Nr	Deutsch Bedeutungen, Beispiele	Wortart Worttrenung, Grammatik	Persisch Englisch
		- Barbara *nimmt* Milch und Zucker (trinkt Kaffee mit Milch und Zucker); das Kind auf den Schoß *nehmen;* was *nehmen* Sie für eine Stunde? (€); - ich *habe* heute noch nichts zu mir *genommen (gegessen);* - in den Arm *nehmen;* - sie *nahm* ihre Tasche; - jemanden zu *nehmen wissen;* - er *nahm* sie mit Gewalt (er hat sie *vergewaltigt*)		*I´ll take [=buy] the lamp*
0154	die Sg. WRS	Milch aus dem Euter von Kühen (auch Schafen, Ziegen u. a. säugenden Haustieren) stammende, durch Melken gewonnene weiße, leicht süße und fetthaltige Flüssigkeit, die als wichtiges Nahrungsmittel, besonders als Getränk, verwendet wird	Substantiv / Nomen Nom Gen Dat Akk *die der der die*	شیر Milk
0155	der Sg.	Zucker	Substantiv / Nomen Nom Gen Dat Akk *der des dem den* *Worttrennung:* Zu|cker	شکر Sugar
0156	die Sg.	Selbst*bedienung* - Form des Sich-selbst-Bedienens in Gaststätten o. Ä. ohne Bedienungspersonal (in denen die Gäste das, was sie verzehren möchten, [am Büfett] selbst zusammenstellen und an ihren Platz bringen müssen)	Substantiv / Nomen Nom Gen Dat Akk *die der der die* *Worttrennung:* Selbst|be|die|nung	سلف سرویس self service
0157	das	Getränk, *Plural:* - e Getränk*E* - zum Trinken zubereitete Flüssigkeit	Substantiv / Nomen Nom Gen Dat Akk *das des dem das* *Worttrennung:* Ge|tränk	نوشیدن Drink
0158	der	Tee*e*, *Plural:* - s die Tee*S* Herkunft: älter: Thee (< niederländisch thee) < malaiisch te(h) < chinesisch (Dialekt von Fukien) t'e Gleichlautendes Wort: das TEE - exklusiver, nur die erste Wagenklasse führender Reisezug, der zwischen bedeutenden europäischen Städten verkehrt; Abkürzung für: Trans-Europ-Express	Substantiv / Nomen Nom Gen Dat Akk *der des dem den*	چای Tea
0159	der	Espresso, *Plural:* -s die Espresso*S* die Espressi in einer Spezialmaschine aus Espresso zubereiteter, sehr starker Kaffee	Substantiv / Nomen Nom Gen Dat Akk *der des dem den* *Worttrennung:* Es|pres|so	اسپرسو Espresso
0160	der	Cappuccino *Plural:* - s die Cappuccino*S*, die Cappuccin*i* heißes Kaffeegetränk, das mit aufgeschäumter Milch oder geschlagener Sahne und ein wenig Kakaopulver serviert wird	Substantiv / Nomen Nom Gen Dat Akk *der des dem den* *Worttrennung:* Cap|puc|ci|no	کاپوچینو Cappuccino
0161	das Sg. WRS	Wasser	Substantiv / Nomen Nom Gen Dat Akk *das des dem das* *Worttrennung:* Was|ser	آب Water
0162	der	Orangen*saft*, *Plural:* "- e die Säft*E*, Umlaut im Plural ausgepresster Saft von Orangen	Substantiv / Nomen Nom Gen Dat Akk *der des dem den* *Worttrennung:* Oran|gen|saft	آب پرتقال orange juice
0163	die	Szene*e*, *Plural:* - n die Szene*N* Herkunft: (französisch scène <) lateinisch scaena, scena < griechisch skēnḗ, eigentlich = Zelt; Hütte	Substantiv / Nomen Nom Gen Dat Akk *die der der die* *Worttrennung:* Sze|ne	صحنه Scene
0164	*4, 12* e, te, t	*zu.ordnen* ordn*E zu,* ordne*TE zu,* habe zugeordne*T*	*Verb trennbar* *Worttrennung:* zu|ord|nen	واگذار شدن to assign
0165	die	Antwort, *Plural:* - en die Antwort*EN* mündliche oder schriftliche Erwiderung, Entgegnung	Substantiv / Nomen Nom Gen Dat Akk *die der der die* *Worttrennung:* Ant | wort	پاسخ دادن the answer

Nr Artikel Verb-Nr	Deutsch Bedeutungen, Beispiele	Wortart Worttrennung, Grammatik	Persisch Englisch
0166 der	Apfel*saft* *Plural:* "- e die Säft*E*, *Umlaut im Plural* aus Äpfeln hergestellter unvergorener, alkoholfreier Saft	Substantiv / Nomen Nom Gen Dat Akk *der des dem den* *Worttrennung:* Ap | fel | saft	آب سیب apple juice
0167	sehr, mehr, am meisten - in hohem Maße; Ich mag Kinder sehr	Adverb + Partikel	خیلی Very
0167 die	Ja/Nein-Frage Brauchst du noch das Handy? *Nein*, ich brauche das Handy nicht mehr. Trinkt Amir gerne Alkohol? Ja, Amir trinkt gerne Bier.	Substantiv / Nomen Nom Gen Dat Akk *die der der die*	پرسش و پاسخ با بله و خیر yes/no question
0168 4 e, te, t	*sammeln* sammlE, sammelTE, habe gesammelT	Verb *Worttrennung:* sam|meln	جمع آوری کردن to collect
0169	an	Präposition / Adverb + A. / D. unflektierbare Wortart	در at
0170 die	Tafel, *Plural:* - n die Schultafel*N* - eine Tafel Schokolade - dieses Tier ist auf Tafel 18 abgebildet - eine festlich geschmückte Tafel	Substantiv / Nomen Nom Gen Dat Akk *die der der die* *Worttrennung:* Ta|fel	تخته سیاه chalkboard
0171 e-a-e	*vor.lesen* lesE vor, las vor, habe vorgelesEN etwas (Geschriebenes, Gedrucktes) [für jemanden] laut *lesen*	*Verb trennbar* *Worttrennung:* vor|le|sen Stammvokalwechsel	خواندن با صدای بلند to read to s.o. to read aloud
0172 4 e, te, t ~~ge~~	*markieren* *markierE, markierTE, habe markierT*	*Verb* *Worttrennung:* mar|kie|ren *Grammatik:* ~~ge~~ Partizip ohne	علامت زدن to mark
0173	richtig Gleichlautendes Wort: richtig (Adverb) Hier sind sie richtig	Adjektiv *Rechtschreibung* *Worttrennung:* rich|tig	صحیح/ درست correct, right
0174 WRS	allein(e) Das Kind ist alleine im Garten - getrennt von anderen, ohne Gesellschaft, für sich; einsam, vereinsamt; ohne fremde Hilfe, Unterstützung, ohne fremdes Zutun	Adverb unflektierbare Wortart *Rechtschreibung* *Worttrennung:* al | lein	تنها alone
0175	bei Griesheim liegt bei Darmstadt.	Dativ / Präposition + D	در at
0176 das	Aupair*mädchen* *Plural:* – die Aupairmädchen	Substantiv / Nomen Nom Gen Dat Akk *das des dem das* *Worttrennung:* Aupair|mäd|chen	دوتا دختر au pair girl
0177 der	Student, *Plural:* - en die Student*EN* jemand, der an einer Hochschule studiert; Studierender	Substantiv / Nomen Nom Gen Dat Akk *der des dem den* *Worttrennung:* Stu|dent	دانشجو student (*at the university*)
0177 die	Studentin, *Plural:* - nen die Studentin*NEN* *n-Verdoppelung im Plural bei Singularendung „in"* weibliche Form zu der Student	Substantiv / Nomen Nom Gen Dat Akk *die der der die* *Worttrennung:* Stu|den|tin	دانشجویان student (*at the university*)
0178 der WRS	Mann, *Plural:* "- er die Männ*ER*, *Umlaut im Plural* - erwachsene Person männlichen Geschlechts - Ehemann (hebt weniger die gesetzmäßige Bindung als die Zusammengehörigkeit mit der Frau hervor) - als burschikose Anrede, ohne persönlichen Bezug in Ausrufen des Staunens, Erschreckens, der Bewunderung Grammatik: ohne Plural salopp: Mann, bist du braun! - mein lieber Mann, das gibts doch nicht!	Substantiv / Nomen Nom Gen Dat Akk *der des dem den*	مرد man
0179	zu	Dativ / Präposition	در

Nr	Artikel Verb-Nr	Deutsch Bedeutungen, Beispiele	Wortart Worttrenung, Grammatik	Persisch Englisch
0179		- der Mann ist zu Hause zu Meine Mutter ist *zu* Hause(präposition) Ich war im Supermarkt, ohne etwas gekauft *zu* habe(Konjuntion)	Präposition / Konjunktion + D.	at, at the با *here:* with
0180	das	Haus, *Plural:* ”- er die Häus*ER*, *Umlaut im Plural* - ein Haus bauen - das Weiße Haus in Washington *(der Amtssitz des Präsidenten der USA)* - bei dieser Kälte gehe ich nicht aus dem Haus[e]	Substantiv / Nomen Nom Gen Dat Akk *das des dem das*	خانه house
0181		zu Hause	Substantiv / Nomen	درخانه at home
0182	das WRS	Kind, *Plural:* - er die Kind*ER* Gebrauch: familiar: Kinder, hört mal alle her!	Substantiv / Nomen Nom Gen Dat Akk *das des dem das* *Grammatik:* Pluralwort / Pluraletantum Substantiv, das nur als Plural vorkommt	بچه child
0183		dann Was *machen* wir dann? - darauf, danach; nachher, hinterher; - dahinter, danach; darauf folgend; - rangmäßig danach	Adverb unflektierbare Wortart *Worttrennung:* dann	سپس then
0184		hier	Adverb	اینجا here
0185		frei Welches Volk *ist* frei? Bedeutungen: Bahn frei!; ich bin so frei!; frei nach Goethe *Rechtschreibung:* *Kleinschreibung* [Regel 89]:*Großschreibung* a) der Substantiv / Nomenierung [Regel 72], [Regel 89] *und* [Regel 150]: *Synonyme:* autonom, eigenständig, sein eigener Herr, unabhängig, ungebunden;	Adjektiv attributiv *Rechtschreibung* *Worttrennung:* frei e-Erweiterung im Superlativ	بدون، فاقد free, *here: empty seat*
0186		klar	Adjektiv	قطعا certainly
0187	der	Besuch, *Plural:* - e die Besuch*E* auf, zu Besuch sein	Substantiv / Nomen Nom Gen Dat Akk *der des dem den* *Worttrennung:* Be|such	ملاقات کردن visit
0188		zu Besuch Meine Freundin Maria *ist* bei mir *zu Besuch*	Präposition + Nomen *Worttrennung:* Be|such	بازدید کردن to be visiting s.o. *Maria is here for a visit.*
0190		Deutschland Staat in Mitteleuropa	Substantiv / Nomen *Sg.* ohne Artikel *Worttrennung:* Deutsch|land	آلمانی Germany
0191	4, 11 e, te, t	*arbeiten* arbeit*E*, arbeite*TE*, habe gearbeite*T* tätig sein; körperlich, geistig arbeiten;	*Verb* *Rechtschreibung* *Worttrennung:* ar|bei|ten	کار کردن to work
0192	4 e, te, t	*leben* leb*E*, leb*TE*, habe geleb*T*	*Verb* *Worttrennung:* le|ben	زندگی کردن to live
0193		nur - das war nur ein Versehen - ich habe nur [noch] 10 Euro - da kann man nur staunen	Adverb Gleichlautendes Wort: nur (Partikel)	فقط، تنها only

Nr	Artikel Verb-Nr	Deutsch Bedeutungen, Beispiele	Wortart Worttrennung, Grammatik	Persisch Englisch
0194		- die Wohnung ist hübsch, nur ist sie zu klein für uns toll Dein Handy *ist* toll	Adjektiv	عالی great
0195		bald Bald *kommt* der Sommer	Adverb	به زودی Soon
0196		perfekt - meine Freundin ist perfekte Hausfrau - umgangsprachlich: der Mietvertrag ist perfekt - etwas perfekt machen *(fest vereinbaren, zum Abschluss bringen)* Herkunft: lateinisch perfectus, adjektivisches 2. Partizip von: perficere = vollenden, zu: per- (↑per) und facere = machen	Adjektiv *Rechtschreibung* *Worttrennung:* per|fekt	کامل، عالی perfect
0197	das Sg.	Mineral*wasser* -Wasser einer Mineralquelle [das unmittelbar an der Quelle abgefüllt und mit amtlicher Anerkennung als Getränk vertrieben wird]: mit Mineralen und Kohlensäure angereichertes Wasser	Substantiv / Nomen Nom Gen Dat Akk *das des dem das* *Worttrennung:* Mi|ne|ral|was|ser	آب معدنی mineral water
0198	die	Verb*form, Plural:* - en die Form*EN*	Substantiv / Nomen Nom Gen Dat Akk *die der der die*	شکل فعل verb from
0199	das	Personal*pronomen, Plural:* – die Pronomen - das Personalpronomen der ersten, zweiten, dritten Person; ich, du, er, sie, es	Substantiv / Nomen Nom Gen Dat Akk *das des dem das* *Worttrennung:* Per|so|nal|pro|no|men	ضمیر شخصی personal pronoun
0200	die	Auf*gabe, Plural:* - n die Gabe*N* - die Aufgabe eines Pakets - das ist nicht meine Aufgabe (Pflicht) - sie wurde zur Aufgabe der Wohnung gezwungen	Substantiv / Nomen Nom Gen Dat Akk *die der der die* *Worttrennung:* Auf | ga | be	تکلیف/ وﻇیفه assignment, exercise
0201		bis Was *machen* wir bis zu der Pause?	Konjunktion Präposition Adverb	تا to, until
0202	die	Verb*endung, Plural:* - en die Endung*EN*	Substantiv / Nomen Nom Gen Dat Akk *die der der die* *Worttrennung:* Verb|en|dung	فعل انتهایی verb ending
0203	das	Lern*plakat,* *Plural:* - e die Plakat*E*	Substantiv / Nomen Nom Gen Dat Akk *das des dem das* *Worttrennung:* Lern|pla|kat	پوستر آموزشی study poster
0204	die	Üb*ung,* *Plural:* - en die Übung*EN*	Substantiv / Nomen Nom Gen Dat Akk *die der der die*	$$$$$ exercise
0205	die WRS	Zahl, *Plural:* - en die Zahl*EN* Synonyme zu Zahl: Chiffre, Nummer, Zahlzeichen, Ziffer, Anzahl, Menge, Quantum; bildungssprachlich: Quantität	Substantiv / Nomen Nom Gen Dat Akk *die der der die*	شماره number
0206	*4* ~~ge~~	*notieren* notier*E*, notier*TE*, habe notier*T* Herkunft: lateinisch notare = kennzeichnen, anmerken; schon mittelhochdeutsch notieren < mittellateinisch notare = in Notenschrift aufzeichnen, zu lateinisch nota	*Verb* *Worttrennung:* no|tie|ren *Grammatik:* ~~ge~~ Partizip ohne ge	یادداشت note
0207	*25* e-a-o	*mit.sprechen* sprech*E*, sprach, habe gesproch*EN* etwas mit anderen gemeinsam sprechen Ich *spreche* im Deutschkurs immer *mit*	*Verb trennbar* *Worttrennung:* mit|spre|chen *Grammatik* Stammvokalwechsel	گفتن چیزی به to say s.th. along with
0208	die	Handy*nummer, Plural:* - n die Nummer*N* - Nummer, unter der eine Verbindung mit einem Handy hergestellt werden kann	Substantiv / Nomen Nom Gen Dat Akk *die der der die*	شماره موبایل number of the cell

Nr	Artikel Verb-Nr	Deutsch Bedeutungen, Beispiele	Wortart Worttrennung, Grammatik	Persisch Englisch
		Herkunft: zu englisch handy = griffbereit, greifbar; praktisch, zu: hand = Hand	*Worttrennung:* Han|dy|num|mer	phone
0209	die	Vor*wahl,* Telefonvorwahl, *Plural:* - en die Wahl*EN*	Substantiv / Nomen Nom Gen Dat Akk *die der der die* *Worttrennung:* Vor|wahl	پیشوند، کد تلفن prefix, dialling code
0210	die	Telefon*nummer, Plural:* - n die Nummer*N* *Abkürzung* Tel. - Nummer, die gewählt werden muss, um mit einem bestimmten Telefonanschluss eine Verbindung herzustellen	Substantiv / Nomen Nom Gen Dat Akk *die der der die* *Worttrennung:* Te|le|fon|num|mer	شماره تلفن telephone number
0211	das	Handy, *Plural:* - s die Handy*S* - kleines Mobiltelefon, das man bei sich trägt	Substantiv / Nomen Nom Gen Dat Akk *das des dem das* Rechtschreibung *Worttrennung:* Han|dy	تلفن همراه cell phone
0212	die	Adress*e, Plural:* -n die Adresse*N* Angabe Namen und Wohnung, Anschrift *Wortverbindungen:* Substantive: Name, Rufnummer, Strasse, Brief, Post Verben: angeben, finden, lauten, vermitteln, schreiben Adjektive: falsch, nützlich, gut, fest, erstklassig	Substantiv / Nomen Nom Gen Dat Akk *die der der die* *Worttrennung:* Adres | se Ad | res | se	آدرس address
0213	die	Postleit*zahl, Plural:* - en die Zahl*EN* als Bestandteil der Postanschrift; Kennzahl eines Ortes, PLZ	Substantiv / Nomen Nom Gen Dat Akk *die der der die* *Worttrennung:* Post|leit|zahl	کدپستی zip code
0214	das	Telefon, *Plural:* - e die Telefon*E* Herkunft: zu griechisch tĕle (Adverb) = fern, weit, unklare Bildung zu: télos = Ende; Ziel, Zweck und phōnḗ = Stimme - viele Menschen haben kein Telefonanschluss, sie telefonieren nur noch mit Handy	Substantiv / Nomen Nom Gen Dat Akk *das des dem das* *Worttrennung:* Te|le|fon	تلفن telephone
0215		von Zahlen von 13 bis 200	Präposition	از (اعداد از x تا y) from (*numbers from 13 to 200*)
0216	4, 15 e, te, t	*dauern* *es dauert, es dauerTE,es hat gedauerT*	*Verb* *Worttrennung:* dau|ern	موعد آخر to last
0217		noch *schließt* in wechselseitiger Beziehung mit einer Negation ein zweites Glied [und weitere Glieder] einer Aufzählung *an*; und auch nicht - viele Menschen *können* weder *lesen* noch *schreiben*	Konjunktion Gleichlautende Wörter: noch (Partikel), noch (Adverb)	هنوز still
0218	die WRS	Stund*e, Plural:* - n die Stunde*N* Zeitraum von sechzig Minuten; der vierundzwanzigste Teil eines Tages; Zeichen: st, h, Astronomie: ᴴ	Substantiv / Nomen Nom Gen Dat Akk *die der der die* *Worttrennung:* Stun|de	ساعت hour
0219		jetzt Jetzt *habe* ich keine Zeit	Adverb	اکنون now
0220		müde *sein, bin* müde, *war* müde, *bin* müde *gewesen*	Adjektiv *Worttrennung:* mü|de	خسته tired
0221	die	Kasse, *Plural:* - n die Kasse*N* 1. kastenförmiger, verschließbarer Behälter [aus Stahl], in dem Geld aufbewahrt wird 2. Ladenkasse, Registrierkasse 3. (in einem Theater, Kino, Stadion, Schwimmbad o. Ä.) kleiner Raum in der Vorhalle oder am Eingang, in dem Eintrittskarten verkauft werden 4. Sparkasse, Bank, Kreditinstitut	Substantiv / Nomen Nom Gen Dat Akk *die der der die* Rechtschreibung *Worttrennung:* Kas|se	صندوق نقدی cash register
0223		viel, mehr, am meisten	Adjektiv	زیاد

Nr Artikel Verb-Nr	Deutsch Bedeutungen, Beispiele	Wortart Worttrenung, Grammatik	Persisch Englisch
	Unregelmäßige Steigerung - drückt aus, dass etwas in vielfacher Wiederholung erfolgt, einen beträchtlichen Teil der zur Verfügung stehenden Zeit einnimmt - sehr; wesentlich, bedeutend, weitaus	*Gleichlautendes Wort:* viel Pronomen und Zahlwort	much
0224	Wie viel? Was *kostet...*?	Interrogativ eine Frage	چه مقدار؟ How much?
0225 der	Euro, *Plural:* - (s) die EuroS *Hast du Euros?* aber: *Das macht 10 Euro* 1 Euro = 100 Cent; internationaler Währungscode:	Substantiv / Nomen Nom Gen Dat Akk *der des dem den* Worttrennung: Eu|ro	يورو Euro
0226 der	Cent, *Plural:* -(s) die Cents Untereinheit des Euro und der Währungseinheiten verschiedener Länder (z. B. der USA)	Substantiv / Nomen Nom Gen Dat Akk *der des dem den* Worttrennung: Cent	سنت cent
0227	zurück - ich *bin* in zehn Minuten zurück *(wieder da)*	Adverb Worttrennung: zu|rück	پشت back
0228 die	Zeit*ansage*, *Plural:* - n die AnsageN - Ansage der genauen Uhrzeit im Rundfunk, Telefon o. Ä.	Substantiv / Nomen Nom Gen Dat Akk *die der der die* Worttrennung: Zeit|an|sa|ge	اعلان زمان announcement of the time
0229 die	An*sage*, *Plural:* - n die AnsageN das Ansagen, das Bekanntgeben; die Ansage des Programms, des nächsten Titels; Angabe des Kartenwerts beim Bieten	Substantiv / Nomen Nom Gen Dat Akk *die der der die* Worttrennung: An | sa | ge	اعلان annoucement
0230 das	An*gebot*, *Plural:* - e die AngebotE	Substantiv / Nomen Nom Gen Dat Akk *das des dem das* Worttrennung: An|ge|bot	عرضه offer
0231 die	Anzeig*e*, *Plural:* - n die AnzeigeN - gedruckte Bekanntgabe eines privaten Ereignisses - Meldung einer strafbaren Handlung an eine Behörde - in einer Zeitung, Zeitschrift, Website o. Ä. veröffentlichte private, geschäftliche oder amtliche Mitteilung; Inserat; Annonce	Substantiv / Nomen Nom Gen Dat Akk *die der der die* Worttrennung: An | zei | ge	آگهی، تبلیغات advertisement
0232 *4* e, te, t WRS	*passen* *passE, passTE, habe gepassT* Kleidung verbindend	*Verb* Worttrennung: pas|sen	متناسب *here:* to match
0233	zu	Präposition Dativ	
0234 die	Arbeitsanweis*ung*, *Plural:* - en die WeisungEN Anleitung, nach der eine Arbeit auszuführen ist	Substantiv / Nomen Nom Gen Dat Akk *die der der die* Worttrennung: Ar|beits|an|wei|sung	دستورالعمل کار work instruction
0236 die	Struktur, *Plural:* - en die StrukturEN Herkunft: lateinisch structura = Zusammenfügung, Ordnung; Bau, zu: structum, 2. Partizip von: struere = aufbauen, aneinanderfügen	Substantiv / Nomen Nom Gen Dat Akk *die der der die* Worttrennung: Struk|tur	ساختار structure
0237	trennbar		جداشدنی separable
0238	prima, ohne Steigerungsform von bester Qualität, erstklassig; hervorragend, ausgezeichnet, großartig; Das *ist* prima!	indeklinables Adjektiv *Rechtschreibung* Worttrennung: pri|ma	عالی great
0239	super, ohne Steigerungsform - sehr gut, großartig, hervorragend Herkunft: lateinisch super = oben, (dar)über; über – hinaus	indeklinables Adjektiv *Rechtschreibung* Worttrennung: su|per	فوق العاده super
0240	ganz *Grammatik:* standardsprachlich nur bei Substantiv / Nomen im	Adjektiv attributiv *Rechtschreibung* *Worttrennung:*	نسبتا rather (*How are you?* -

Nr Artikel Verb-Nr	Deutsch Bedeutungen, Beispiele	Wortart Worttrenung, Grammatik	Persisch Englisch
	Singular *Beispiele:*die ganze Arbeit; das ganze Haus; die ganze Familie; vollständig, abgeschlossen, ungeteilt Grammatik: als unbestimmtes Zahladjektiv *Beispiele:* eine ganze Drehung; eine ganze Zahl; wir haben drei ganze Flaschen Wein und noch eine halbe getrunken; *Grammatik:* einschränkend bei Adjektiv *Beispiele:* das Wetter war ganz schön; es gefällt mir ganz gut; *Grammatik:* intensivierend bei Adjektiv *Beispiele:* ein ganz kleiner Rest; er war ganz begeistert; *Beispiele:* eine ganze Menge; es dauerte eine ganze Weile; Grammatik: in Verbindung mit einer Kardinalzahl *Beispiel:* das Buch hat ganze fünf Euro gekostet; *Beispiele:* er hat nur ein ganzes Paar Schuhe; bei der Explosion ist keine Fensterscheibe ganz geblieben;	ganz	*Rather well)* totally, fully (*The word is already totally spelled)*
0241	schlecht, schlechter, am schlechtesten Mir *geht* heute schlecht	Adjektiv *Antonyme*: gut	بد bad
0242 *4* *e, te, t*	*kosten* *es koste*T*, es koste*TE*, hat gekoste*T € was *kostet* das Handy? (etwas Ess- oder Trinkbares) auf seinen Geschmack *prüfen*, schmeckend *probieren*	*Verb* *Rechtschreibung* *Worttrennung:* kos|ten	هزینه داشتن to cost
0243 der R 162 R 163	Pla*tz*, *Plural:* "- e die Plätz*E*, *Umlaut im Plural* Platz finden, greifen, haben; Platz machen, nehmen; am Platz[e] sein; Platz sparen; vgl. platzsparend *Schreibung in Straßennamen:* *Regel 162:* Getrennt schreibt man, wenn eine Ableitung auf „-er" von einem Orts- oder Ländernamen vorliegt - Frankfurter Platz *Regel 163:* klein *aber, da keine Ableitungen, sondern selbst auf „-er" endende Orts-, Völker- oder Familiennamen: -* Römerplatz Straßennamen, die mit mehrteiligen Namen zusammengesetzt sind, schreibt man mit Bindestrichen - Berliner-Tor-Platz, Luisen-Platz	Substantiv / Nomen Nom Gen Dat Akk *der des dem den*	مربع square
0244 das	Fax, *Plural:* - e die Fax*E* - das Faxgerät; die Faxnummer	Substantiv / Nomen Nom Gen Dat Akk *das des dem das*	فکس fax
0245 die	E-*Mail* *Synonyme:* (EDV) E-Brief, E-Post, elektronische Post, elektronischer Brief, Mail	Substantiv / Nomen *Plural:* - s die Mails Nom Gen Dat Akk *die der der die* *Worttrennung:* E-Mail	ایمیل e-mail
0246	langsam, langsamer, am langsamsten Der alte Mann *ist* langsam	Adjektiv *Rechtschreibung* *Worttrennung:* lang|sam	آهسته slow
0247 *4* ~~ge~~ *e, te, t*	*wiederholen* *wiederhol*E*, wiederhol*TE*, habe wiederhol*T	*Verb sichA* *Worttrennung:* wie|der|ho|len	تکرار کردن to repeat
0248 *4* *e, te, t*	*erklären* *erklär*E*, erklär*TE*, habe erklär*T	*Verb* *Worttrennung:* er|klä|ren	توضیح دادن to explain
0249 das WRS	Wort, *Plural:* - e / "-er die Wort*E*, die Wört*ER*	Substantiv / Nomen Nom Gen Dat Akk *das des dem das*	کلمه word
0250 die	Konjugat*ion*, *Plural:* - en die Konjugation*EN* ich arbeit*E*; du arbeite*ST*; er, sie, es arbeite*T* wir arbeit*EN*; ihr arbeite*T*; sie, Sie arbeit*EN*	Substantiv / Nomen Nom Gen Dat Akk *die der der die*	صرف فعل conjugation

Nr	Artikel Verb-Nr	Deutsch Bedeutungen, Beispiele	Wortart Worttrennung, Grammatik	Persisch Englisch
			*Worttrennung:*Kon|ju|ga|ti|on	
0251	der	Verb*stamm*, *Plural:* "- e die Stämm*E*, *Umlaut im Plural* koch*EN*, koch*ST*, koch*T*	Substantiv / Nomen Nom Gen Dat Akk *der des dem den* *Worttrennung:* Verb|stamm	بن فعل verb stem
0252	der	Infinitiv, *Plural:* - e die Infinitiv*E* Herkunft: spätlateinisch (modus) infinitivus = nicht näher bestimmt(e Zeitwortform)	Substantiv / Nomen Nom Gen Dat Akk *der des dem den* *Worttrennung:* In|fi|ni|tiv	مصدر infinitive
0253	der	Singular, *Plural:* - e die Singular*E* Numerus, der anzeigt, dass es sich um eine einzelne Person oder Sache handelt; Einzahl	Substantiv / Nomen Nom Gen Dat Akk *der des dem den* *Worttrennung:* Sin|gu|lar	مفرد singular
0254	der	Plural, *ohne Plural* Herkunft: lateinisch pluralis (numerus) = in der Mehrzahl stehend, zu: plures = mehrere, Plural von: plus	Substantiv / Nomen Nom Gen Dat Akk *der des dem den* *Worttrennung:*Plu|ral	جمع plural
0255	der	Tipp, *Plural:* - s die Tipp*S* Herkunft: englisch tip = Anstoß, Andeutung; Gewinnhinweis, wohl zu: to tip = leicht berühren, anstoßen	Substantiv / Nomen Nom Gen Dat Akk *der des dem den*	اشاره hint, tip
0256	R 77	meiste- Die *meisten* Verben *funktionieren* wie *spielen* (4)	Adjektiv Indefinitpronomen und unbestimmtes Zahlwort *Worttrennung:* meis|te	برترین (the) most (*Most verbs go like to play*)
0257	*4* e, te, t ~~ge~~	*funktionieren* *funktionierE, funktionierTE, habe funktionierT*	*Verb* *Worttrennung:* funk|ti|o|nie|ren ~~ge~~ Partizip ohne ge	کار کردن to function, to work
0258		wie		نحوه how
0259	*4* e, te, t sichA	*fragen* *fragE, fragTE, habe gefragT*	*Verb* *Rechtschreibung* *Worttrennung:* fra|gen	پرسیدن، سوال کردن to ask, to question
0260	die	Über*sicht*, *Plural:* - en die Übersicht*EN*	Substantiv / Nomen Nom Gen Dat Akk *die der der die* *Worttrennung:* Über|sicht	بررسی overview
0261	die	Aufforder*ung*, *Plural:* - en die Forderung*EN* mit Nachdruck vorgebrachte Bitte; b. Einladung	Substantiv / Nomen Nom Gen Dat Akk *die der der die* *Worttrennung:* Auf | for | de | rung	درخواست the command, request
0262	die	Satz*frage*, *Plural:* - n die Frage*N* - Entscheidungsfrage	Substantiv / Nomen Nom Gen Dat Akk *die der der die* *Worttrennung:* Satz|fra|ge	جمله پرسشی Interrogative sentence
0263	die	Rück*frage*, *Plural:* - n die Frage*N* - erneute, wiederholte Anfrage zur Klärung bestimmter Einzelheiten, die eine bereits besprochene Angelegenheit betreffen	Substantiv / Nomen Nom Gen Dat Akk *die der der die* *Worttrennung:* Rück|fra|ge	استعلام return question
0265		Was kostet das? Wie teuer *ist* das?	Indefinitpronomen	قیمت آن چقدر است؟ how much is it?
0267	der	Gegen*stand*, *Plural:* "- e die Ständ*E*, *Umlaut im Plural* nicht näher beschriebene Sache, Ding Synonyme: Artikel, Ding, Erzeugnis, Körper, Objekt, Produkt, Sache; umgangssprachlich: Dings[bums], Dingsda besonders Jugendsprache: Teil	Substantiv / Nomen Nom Gen Dat Akk *der des dem den* *Rechtschreibung* *Worttrennung:* Ge|gen|stand	شی object

Nr Artikel Verb-Nr	Deutsch Bedeutungen, Beispiele	Wortart Worttrenung, Grammatik	Persisch Englisch
	Diskussionsgegenstand, Diskussionsthema, Gesprächsgegenstand, Gesprächsthema, Hauptfrage, Hauptgegenstand, Hauptthema, [Kern]thema, [Kern]thematik, Verhandlungsgegenstand, Verhandlungsthema; bildungssprachlich: Subjekt, Objekt, Ziel		
0268 die	Wort*liste, Plural:* - n die Wortliste*N* - diese Tabelle ist eine Wortliste - Liste, Verzeichnis von Wörtern	Substantiv / Nomen Nom Gen Dat Akk *die der der die* *Worttrennung:* Wort|lis|te	لیست کلمات list of words, word list
0269	welch- welcher, welch, welche, welches; der, die, das Welche Sprache *sprechen* Sie? *Gleichlautendes Wort:* Indefinitpronomen	Pronomen Relativpronomen *Worttrennung:* wel|cher, welch, wel|che, wel|ches	کدام/که which (*Which words do you know?*)
0270 47 e-a-a	*kennen* *kennE, kannTE, habe gekannT* *Kennst du deine Nachbarin?*	*Verb* *Worttrennung:* ken|nen Stammvokalwechsel	دانستن to know
0271 der	Computer, *Plural:* – die Computer Dieses Wort gehört zum Wortschatz des Zertifikats Deutsch. Dieses Wort stand 1967 erstmals im Rechtschreibduden programmgesteuerte, elektronische Rechenanlage, Datenverarbeitungsanlage *Herkunft:* englisch computer, zu: to compute = (be)rechnen; lateinisch computare	Substantiv / Nomen Nom Gen Dat Akk *der des dem den* *Rechtschreibung* *Worttrennung:* Com | pu | ter	کامپیوتر computer
0272 der	Drucker, *Plural:* – die Drucker Berufsbezeichnung - Gerät zum Drucken	Substantiv / Nomen Nom Gen Dat Akk *der des dem den* *Worttrennung:* Dru|cker	پرینتر printer
0273 der	Fern*seher* *Plural:* – die Fernseher, *der Fernsehapparat, die Fernsehapparate*	Substantiv / Nomen Nom Gen Dat Akk *der des dem den*	تلویزیون television (*television set*)
0274 der	Kuli, *Plural:* - s die Kuli*S,* Abkürzung für der Kugelschreiber, die Kugelschreiber	Substantiv / Nomen Nom Gen Dat Akk *der des dem den* *Worttrennung:* Ku|li	قلم خود کار biro, ball point pen
0275 der	Ordner, *Plural:* – die Ordner 1. Hefter mit steifen Deckeln, breitem Rücken und einer mechanischen Vorrichtung zum Abheften von gelochten Blättern 2. jemand, der dafür zu sorgen hat, dass etwas (z. B. eine Veranstaltung) geordnet verläuft 3. (mit einem bestimmten Namen bezeichneter) Teil des Speicherplatzes einer Festplatte oder eines Datenträgers, in dem Dateien abgelegt werden / EDV	Substantiv / Nomen Nom Gen Dat Akk *der des dem den* *Worttrennung:* Ord|ner	پرونده file, folder
0276 der	Papier*korb, Plural:* "- e die Körb*E, Umlaut im Plural* Behälter für [Dinge aus] Papier, für Papiere, die zum Wegwerfen bestimmt sind	Substantiv / Nomen Nom Gen Dat Akk *der des dem den* *Worttrennung:* Pa|pier|korb	سطل زباله trash can
0277 der	Blei*stift, Plural:* - e die Stift*E* als Schreibgerät dienende, von Holz umschlossene Mine aus Grafit - den Bleistift [an]spitzen	Substantiv / Nomen Nom Gen Dat Akk *der des dem den* *Worttrennung:* Blei|stift	مداد pencil
0278 das	Heft, *Plural:* -e die Hefte	Substantiv / Nomen Nom Gen Dat Akk *das des dem das*	کتابچه booklet (to write in)
0279 das	Wörter*buch, Plural:* "- er die Büch*ER, Umlaut im Plural* - Nachschlagewerk, in dem die Wörter einer Sprache nach bestimmten Gesichtspunkten verzeichnet [und	Substantiv / Nomen Nom Gen Dat Akk *das des dem das*	دیکشنری dictionary

Nr Artikel Verb-Nr	Deutsch Bedeutungen, Beispiele	Wortart Worttrennung, Grammatik	Persisch Englisch
	erklärt] sind	*Worttrennung:* Wör|ter|buch	
0280 die	Sche*re, Plural:* - n die Sche*reN*	Substantiv / Nomen Nom Gen Dat Akk *die der der die Worttrennung:* Sche|re	قیچی scissors
0281 die	Vas*e, Plural:* - n die Vasen - (aus Glas, Porzelan Ä.) oft kunstvoll gearbeitetes offenes Gefäß, in das besonders Schnittblumen gestellt werden; Blumenvase - (in der Antike) verschiedenen Zwecken dienendes, oft mit Malereien versehenes Gefäß [aus Ton] Herkunft: französisch vase < lateinisch vas = Gefäß, Geschirr	Substantiv / Nomen Nom Gen Dat Akk *die der der die Worttrennung:* Va|se	گلدان vase
0282 die	Lamp*e, Plural:* - n die Lampe*N*	Substantiv / Nomen Nom Gen Dat Akk *die der der die Worttrennung:* Lam|pe	لامپ lamp
0283 der	Video*recorder, Plural:* – die Recorder	Substantiv / Nomen Nom Gen Dat Akk *der des dem den* Vi|deo|re|kor|der, Vi|deo|re|cor|der	ضبط ویدئو video recorder
0284 der	Kassetten*recorder, Plural:* – die Recorder Kassettengerät, mit dem Kassetten abgespielt und bespielt werden können	Substantiv / Nomen Nom Gen Dat Akk *der des dem den* Kas|set|ten|re|kor|der, Kas|set|ten|re|cor|der	ضبط صوت cassette recoder
0285 die	Kassett*e, Plural:* - n die Kassette*N* Behälter, Box, Kästchen, Kasten, Schachtel; bildungssprachlich: Schatulle; Band, Magnetband, Tonband, Tonbandkassette; Tape	Substantiv / Nomen Nom Gen Dat Akk *die der der die Worttrennung:* Kas|set|te	کاست cassette
0286 der	Rasier*apparat, Plural:* - e die Apparat*E*	Substantiv / Nomen Nom Gen Dat Akk *der des dem den Worttrennung:* Ra|sier|ap|pa|rat	ریش تراش (برقی) (*electric*) razor
0287 die	Kaffee*maschine, Plural:* - n die Maschine*N* elektrisches Haushaltsgerät zum Zubereiten von Kaffee	Substantiv / Nomen Nom Gen Dat Akk *die der der die* Kaf|fee|ma|schi|ne	قهوه ساز coffee machine
0288 die	Näh*maschine, Plural:* - n die Maschine*N* Maschine mit Hand-, Fuß- oder elektrischem Antrieb zum Nähen - Kleider mit der Nähmaschine *nähen* Herkunft: Lehnübersetzung von englisch sewing-machine	Substantiv / Nomen Nom Gen Dat Akk *die der der die Worttrennung:* Näh|ma|schi|ne	ماشین دوزندگی sewing machine
0289	vielleicht Vielleicht besuche ich Soraya im Iran	Adverb *Gleichlautendes Wort:* vielleicht, Partikel	شاید perhaps
0290 die	Lava*lampe, Plural:* - n die Lampe*N* elektrische Lampe mit einem mit zäher Flüssigkeit gefüllten, senkrechten, sich oben und unten verjüngenden durchsichtigen Zylinder, in dem bunte blasenähnliche Gebilde aus Wachs langsam nach oben und unten schweben und sich dabei in Größe und Form verändern	Substantiv / Nomen Nom Gen Dat Akk *die der der die Worttrennung:* La|va|lam|pe	لامپ گدازه lava lamp
0291	äh Äh, was *hast* du *gesagt*?	Interjektion	خوب well …
0292 der WRS	Moment, *Plural:* - e die Moment*E* 1. Zeitraum von sehr kurzer Dauer; Augenblick	Substantiv / Nomen Nom Gen Dat Akk	لحظه moment

Nr / Artikel Verb-Nr	Deutsch Bedeutungen, Beispiele	Wortart Worttrennung, Grammatik	Persisch Englisch
	- einen Moment zögern 2. Zeitpunkt: der geegnete Moment Herkunft: mittelhochdeutsch diu mõmente = Augenblick lateinisch momentum = (entscheidender) Augenblick (Genuswechsel unter Einfluss von französisch le moment)	der des dem den *Worttrennung:* Mo|ment	
0293	zusammen !!Adverb: gemeinsam	Adverb	باهم together
0294	billig, billiger, am billigsten niedrig im Preis; nicht teuer; für verhältnismäßig wenig Geld [zu haben] - billiges Obst; billiger Ramsch	Adjektiv *Worttrennung:* bil|lig *Antonyme:* teuer	ارزان cheap
0295	bestimmt, bestimmter, am bestimmtesten an bestimmten Tagen; bestimmter Artikel	Adjektiv *Worttrennung:* be|stimmt	قطعا most likely (*Most likely, the printer is broken*) definite
0296	kaputt Die Blumenvase *ist* kaputt	Adjektiv *Worttrennung:* ka|putt	خراب broken, not working
0297 / 4 e, te, t	*schauen* *schauE, schauTE, habe geschauT*	*Verb* *Worttrennung:* schau|en	نگاه کردن to look
0298	mal = einmal 1. Ausdruck der Multiplikation; malgenommen, multipliziert mit; Zeichen: · oder × 2. Kurzform für: einmal: - eines Tages, einmal, früher oder später, in absehbarer Zeit, irgendwann, über kurz oder lang	Adverb	یک بار once
0299	natürlich, natürlicher, am natürlichsten	Adjektiv na|tür|lich	طبیعتا، قطعا naturally, certainly
0300	selbstverständlich sich aus sich selbst verstehend - eine ganz selbstverständliche Reaktion *Gleichlautendes Wort:* selbstverständlich, Adverb was sich von selbst versteht (sodass jemand keine Begründung geben, keinen Grund nennen muss); ohne Frage; natürlich; ich tue das selbstverständlich gerne	Adjektiv selbst|ver|ständ|lich	آشکار و بدیهی، عیان naturally, self-evident
0301 / der	Preis, *Plural:* - e Preis*E* Herkunft: mittelhochdeutsch prīs < altfranzösisch pris < lateinisch pretium = Wert, [Kauf]preis; Lohn, Belohnung	Substantiv / Nomen Nom Gen Dat Akk der des dem den	هزینه price
0302 / der	Fernseh*apparat*, *Plural:* - e die Apparat*E* Synonym: Fernsehgerät, Mattscheibe, Röhre	Substantiv / Nomen Nom Gen Dat Akk der des dem den Fern|seh|ap|pa|rat	تلویزیون television set
0303 / 4 e, te, t sichA	*fort.setzen* *setzE fort, setzTE fort, habe fortgesetzT*	*Verb trennbar* *Worttrennung:* fort|set|zen	ادامه دادن to continue
0304 / die	Liste, *Plural:* - n die Liste*N*	Substantiv / Nomen Nom Gen Dat Akk die der der die *Worttrennung:* Lis|te	لیست list
0305 / der	Staub*sauger*, *Plural:* – die Staubsauger - elektrisches Gerät, mit dem man Staub, Schmutz o. Ä. von etwas absaugt	Substantiv / Nomen Nom Gen Dat Akk der des dem den *Worttrennung:* Staub|sau|ger	جاروبرقی vacuum cleaner, sweeper
0306 / die	Wasch*maschine*, *Plural:* - n die Maschine*N* Maschine zum automatischen Wäschewaschen; Kurzform: Maschine	Substantiv / Nomen Nom Gen Dat Akk die der der die	ماشین لباسشویی washing machine

Nr	Artikel Verb-Nr	Deutsch Bedeutungen, Beispiele	Wortart Worttrennung, Grammatik	Persisch Englisch
			Wasch|ma|schi|ne	
0307	der	Wasser*kocher, Plural:* – die Kocher - elektrisch betriebenes Gerät, in dem Wasser (für Tee, Kaffee o. Ä.) zum Kochen gebracht wird	Substantiv / Nomen Nom Gen Dat Akk *der des dem den* *Worttrennung:* Was|ser|ko|cher	آب گرم کن water cooker
0308	der	Kühl*schrank, Plural:* ”- e die Schränk*E, Umlaut im Plural* - mit einer Kältemaschine ausgestatteter schrankartiger Behälter zum Kühlen oder Frischhalten von Lebensmitteln	Substantiv / Nomen Nom Gen Dat Akk *der des dem den* *Worttrennung:* Kühl|schrank	یخچال refrigerator
0309	das	Bügel*eisen, Plural:* – die Eisen - [elektrisch beheizbares] Gerät zum Glätten von Wäsche u. Ä.	Substantiv / Nomen Nom Gen Dat Akk *das des dem das* *Worttrennung:* Bü|gel|ei|sen	اتو iron
0310	das	Fahr*rad* *Plural:*”- er die Räd*ER, Umlaut im Plural*	Substantiv / Nomen Nom Gen Dat Akk *das des dem das* *Worttrennung:* Fahr|rad	دوچرخه bicycle
0311	das R 54	Auto, *Plural:* - s die Auto*S* Bist du zu Fuß oder mit dem Auto da? *Regel 54:* Auto fahren; ich bin Auto gefahren	Substantiv / Nomen Nom Gen Dat Akk *das des dem das* *Worttrennung:* Au|to	ماشین car
0312	der	Schr*ank, Plural:* ”- e die Schränk*E, Umlaut im Plural*	Substantiv / Nomen Nom Gen Dat Akk *der des dem den*	کابینت، جا رختی cabinet, wardrobe
0313		bestimmt	$$$$$	محدود definite
0314		unbestimmt, unbestimmter, am unbestimmtesten unbestimmte Artikel: eine, einer, eins - in einer unbestimmten Zukunft	Adjektiv *Worttrennung:* un|be|stimmt	نامحدود indefinite
0315	das	Maskulin*um, Plural:* die Maskulin*a* - Substantiv mit männlichem Geschlecht - männliches Geschlecht eines Substantivs	Substantiv / Nomen Nom Gen Dat Akk *das des dem das* *Worttrennung:* Mas|ku|li|num	مذکر masculine
0316	der	Füller, *Plural:* – die Füller *Abkürzung für* der Füllfederhalter, die Füllfederhalter - mit einem Füller schreiben Artikel, der freien Raum in einer Zeitung füllen soll - Zeitungswesen, Rundfunk-, Fernsehjargon	Substantiv / Nomen Nom Gen Dat Akk *der des dem den* *Rechtschreibung* *Worttrennung:* Fül|ler	جوهر قلم ink pen
0317	das	Neutr*um, Plural:* die Neutr*a* 1.a ohne Plural - Sprachwissenschaft: sächliches Geschlecht; - sächliches Substantiv, sächliche Form eines Wortes - bildungssprachlich, oft abwertend: jemand, der keinerlei erotische Ausstrahlung hat - jemand, der (aus Opportunismus, Eigennutz o. Ä.) einer Entscheidung ausweicht Herkunft: lateinisch neutrum (genus) = keines von beiden (Geschlechtern), zu: neuter = keiner von beiden	Substantiv / Nomen Nom Gen Dat Akk *das des dem das* *Rechtschreibung* *Worttrennung:* Neu|t|rum	خنثی neuter
0318	das	Femininum, *Plural:* die Feminin*A* - Substantiv, das weibliches Geschlecht hat - weibliches Geschlecht eines Nomens	Substantiv / Nomen Nom Gen Dat Akk *das des dem das* *Worttrennung:* Fe|mi|ni|num	مونث feminine
0319	WRS	teuer, teuerer, am teuersten Das Handy *ist* teurer als Wasserkocher	Adjektiv teu|er, teu|rer, teu|ers|te	گران expensive
0320	*24* *ei-ie-ie* ~~ge~~	*beschreiben* *beschreibE, beschrieb, habe beschriebEN* Maxim *beschreibt* das Bild	*Verb* *Worttrennung:* be|schrei|ben *Grammatik:* ~~ge~~ Partizip ohne ge Stammvokalwechsel	توصیف کردن to describe

Nr Artikel Verb-Nr	Deutsch Bedeutungen, Beispiele	Wortart Worttrennung, Grammatik	Persisch Englisch
0321 WRS VB	alt, älter, ältesten, *Steigerung mit Umlaut* - ein drei Wochen alter Säugling; ein alter Mann, Hund, Baum; sie ist nicht sehr alt geworden; mit 35 fühlte ich mich alt; die alte Generation - der alte [Herr] Meier; *(der Vater des jungen Herrn Meier);* meine ältere Schwester; unser ältester Sohn *Substantiv:* unser Ältester; die Älteren unter euch werden dies alles noch wissen	Adjektiv, attributiv *Rechtschreibung* *Worttrennung:* alt, äl | ter, äl | tes | te e-Erweiterung im Superlativ *Antonyme:* jung, frisch, neu	پیر old
0322	modern, moderner, am modernsten Herkunft: französisch moderne < lateinisch modernus = neu(zeitlich), zu: modo = eben erst, zu: modus	Adjektiv *Worttrennung:* mo|dern *Antonyme:* altmodisch	مدرن modern
0323	praktisch, praktischer, am praktischsten Die Waschmaschine *ist* praktisch	Adjektiv *Worttrennung:* prak|tisch	عملی practical
0324 das	Lehr*buch, Plural:* "- er die Büch*ER, Umlaut im Plural*	Substantiv / Nomen *Worttrennung:* Lehr|buch	کتاب درسی textbook
0325 der	Floh*markt, Plural:* "- e die Märkt*E, Umlaut im Plural* Markt, auf dem Trödel und gebrauchte Gegenstände verkauft werden; Trödelmarkt	Substantiv / Nomen Nom Gen Dat Akk *der des dem den* *Worttrennung:* Floh|markt	بازار دست فروشان flea market
0326 der	Kurs*raum, Plural:* "- e die Räum*E, Umlaut im Plural* - Raum, in dem Kurse stattfinden	Substantiv / Nomen Nom Gen Dat Akk *der des dem den* *Worttrennung:* Kurs|raum	کلاس درس classroom
0327 *4* *e, te, t*	*suchen* such*E,* such*TE,* habe gesuch*T*	*Verb* *Worttrennung:* su|chen	به دنبال چیزی گشتن to look for
0328	über	$$$$$	درباره about
0329 die WRS	Seit*e, Plural:* - n die Seiten	Substantiv / Nomen Nom Gen Dat Akk *die der der die* *Worttrennung:* Sei|te	صفحه Page, Side
0330 der	Beispiel*satz* *Plural:* "- e die Sätz*E, Umlaut im Plural* als Beispiel dienender Satz	Substantiv / Nomen Nom Gen Dat Akk *der des dem den* *Worttrennung:* Bei|spiel|satz	مد☐ جمله model sentence
0331 *46* *e-a-o* WRS	*helfen* helf*E,* half, habe geholf*EN* Frau Schachner *hilft* den Zuwanderern.	*Verb* *Worttrennung:* hel|fen Stammvokalwechsel	کمک کردن to help
0332 der	Verkäufer, *Plural:* – die Verkäufer	Substantiv / Nomen Nom Gen Dat Akk *der des dem den* Ver|käu|fer	فروشنده مرد sales man
0332 die	Verkäuferin, *Plural:* - nen die Verkäuferin*NEN* *n-Verdoppelung im Plural bei Singularendung „in"* weibliche Form zu der Verkäufer	Substantiv / Nomen Nom Gen Dat Akk *die der der die* *Worttrennung:* Ver|käu|fe|rin	فروشنده زن sales woman
0333 der	Käufer, *Plural:* – die Käufer jemand, der etwas kauft, gekauft hat	Substantiv / Nomen Nom Gen Dat Akk *der des dem den* *Worttrennung:* Käu|fer	خریدار buyer
0333 die	Käuferin, *Plural:* - nen die Käuferin*NEN* *n-Verdoppelung im Plural bei Singularendung „in"* weibliche Form zu Käufer	Substantiv / Nomen Nom Gen Dat Akk *die der der die* *Worttrennung:* Käu|fe|rin	خریداران buyer
0334 die	Qualität, *Plural:* - en die Qualität*EN* Herkunft: lateinisch qualitas = Beschaffenheit, Eigenschaft, zu: qualis = wie beschaffen	Substantiv / Nomen Nom Gen Dat Akk *die der der die* *Worttrennung:* Qua|li|tät	کیفیت quality
0335	all-	Pronomen und Zahlwort	همه چیز

Nr Artikel Verb-Nr	Deutsch Bedeutungen, Beispiele	Wortart Worttrenung, Grammatik	Persisch Englisch
	1. ganz, gesamt auf etwas … 2. jeder, jedes, jegliches 3. stärker … 4. alle Leute hier, jeder Anwesende …	Indefinit	all / everything together (*All together it cost 10 Euro*)
0336	für Der Vater *hat* keine Zeit für das Kind.	Dativ-Präposition + A.	برای for
0337 Regel R 69	heute am diesem Tage *In Verbindung mit »heute« werden die Tageszeitangaben großgeschrieben [Regel 69]:* heute Abend; heute Mittag; heute Morgen; heute Nachmittag; heute Nacht, heute früh	Adverb *Rechtschreibung* *Worttrennung:* heu|te	امروز today
0338	So viel? Die Brille *kostet* 250€. So viel?	Pronomen	چقدر؟ So much?
0339 e, te, t	*4 zahlen* zahl*E*, zahl*TE*, habe gezahl*T*	*Verb* *Worttrennung:* zah|len	پرداختن to pay
0341	gebraucht ohne Steigerungsform - nicht mehr frisch, nicht mehr unbenutzt Das Handtuch *ist* gebraucht - von einem früheren Besitzer übernommen, aus zweiter Hand stammend; *Ich* kaufe ein gebrauchtes Auto	Adjektiv attributiv *Rechtschreibung* *Worttrennung:* ge | braucht	دست دوم used, second-hand (*The lamp is used*)
0342	lang(e), länger, am längsten	Adjektiv	طولانی long
0343	kurz, kürzer, am kürzesten	Adjektiv *Worttrennung:* kür|zer, kür|zes|te	کوتاه short
0344 der	Vokal, *Plural:* - e die Vokal*E* - Vokalbuchstabe a,e,u,o,i Herkunft: lateinisch vocalis (littera) = stimmreich(er), tönend(er Buchstabe), zu: vox (Genitiv: vocis) = Laut, Ton, Schall	Substantiv / Nomen Nom Gen Dat Akk *der des dem den* *Worttrennung:* Vo|kal *Antonyme* zu Vokal: Konsonant	⬜رف صدادار vowel
0345 das WRS	Buch, *Plural:* "- er die Büch*ER*, *Umlaut im Plural* ein dickes Buch; ein Buch in Leder; ein Buch von 1000 Seiten; Bücher binden	Substantiv / Nomen Nom Gen Dat Akk *das des dem das*	کتاب the book
0346 das	Nomen, *Plural:* – die Nomen Gebrauch: Sprachwissenschaft Hauptwort; Namenwort, Substantiv, Substantivum Herkunft: lateinisch nomen = Name	Substantiv / Nomen Nom Gen Dat Akk *das des dem das* *Worttrennung:* No|men	اسم noun
0347 der WRS	Tisch, *Plural:* - e die Tisch*E* - der Tisch war reich gedeckt *(es gab reichlich und gut zu essen)*	Substantiv / Nomen Nom Gen Dat Akk *der des dem den*	میز table
0348 die	Region, *Plural:* - en die Region*EN* Herkunft: lateinisch regio = Bericht, Gebiet, eigentlich = Richtung, zu: regere, regieren	Substantiv / Nomen Nom Gen Dat Akk *die der der die* *Worttrennung:* Re|gi|on	منطقه region
0349	Wann? Wann *kommst* du nach Hause? Grammatik: 1. interrogativ; zu welchem Zeitpunkt, zu welcher Zeit? - wann bist du geboren? 2. leitet einen Relativsatz ein, durch den ein Zeitpunkt näher bestimmt oder angegeben wird - bei ihr kannst du anrufen, wann du willst, sie ist nie zu Hause 3. konditional; unter welchen Bedingungen	Adverb *Gleichlautendes Wort:* wann (Konjunktion)	چه وقت؟ When?

Nr Artikel Verb-Nr	Deutsch Bedeutungen, Beispiele	Wortart Worttrennung, Grammatik	Persisch Englisch
	- ich weiß nie genau, wann man rechts überholen darf [und wann nicht]		
0350 das	Telefongespräch, _Plural:_ - e die Gespräch_E_ - Gespräch, das man mit jemandem über Telefon führt	Substantiv / Nomen Nom Gen Dat Akk das des dem das Te|le|fon|ge|spräch	مکالمه تلفنی telephone conversation
0351	Elektro-Second-Hand Sg. ohne Artikel	Substantiv / Nomen	لوازم برقی دست دوم second hand electrical shop
0352 das	Kompos_itum_, _Plural:_ die Kompos_ita_ zusammengesetztes Wort; Zusammensetzung das Haus + _die_ Frau = _die_ Hausfrau	Substantiv / Nomen Nom Gen Dat Akk das des dem das _Worttrennung:_ Kom|po|si|tum	ترکیب compound
0353 _4_ e, te, t	_aus.wählen_ wähl_E_ aus, wähl_TE_ aus, habe ausgewähl_T_ _Wortverbindungen:_ _Substantive:_ Bewerber, Kandidat, Kriterium, _Adjektive:_ maximal, repräsentativ, willkürlich, frei	_Verb trennbar_ _Rechtschreibung_ _Worttrennung:_ aus|wäh|len	انتخاب کردن to select, to choose
0354 der	Radio_apparat_, _Plural:_ - e die Apparat_E_ - Rundfunkgerät, -empfänger	Substantiv / Nomen Nom Gen Dat Akk _der des dem den_ _Worttrennung:_ Ra|dio|ap|pa|rat	رادیو radio set
0355 der	Nominativ, _Plural:_ - e die Nominativ_E_ erster Fall; (Sprachwissenschaft) Nennfall, Werfall Grammatik: ohne Plural Abkürzung: Nom. 1. das Substantiv steht im Nominativ [Plural] 2. Wort, das im Nominativ steht: - »er« ist [ein] Nominativ Singular Herkunft: spätlateinisch (casus) nominativus = zur Nennung gehörend(er Fall)	Substantiv / Nomen Nom Gen Dat Akk _der des dem den_ _Worttrennung:_ No|mi|na|tiv	فاعلی nominative
0356	negativ, negativer, am negativsten 1a. Ablehnung ausdrückend, enthaltend; ablehnend; - negative Antwort 1b. verneint 2a. ungünstig, nachteilig, nicht wünschenswert - eine negative Entwicklung 2.b im unteren Bereich einer Werteordnung angesiedelt, schlecht - negative Meinung 3. im Bereich unter null liegend Gebrauch: besonders Mathematik - negative Zahlen 4. eine der beiden Formen elektrischer Ladung betreffend Gebrauch: Physik - der negative Pol; negativ geladen sein 5. gegenüber dem Gegenstand der Aufnahme spiegelverkehrt und in den Verhältnissen von Hell und Dunkel umgekehrt Gebrauch: besonders Fotografie (Negativ) 6. einen als möglich ins Auge gefassten Sachverhalt als nicht gegeben ausweisend Gebrauch: besonders Medizin - ein negativer Befund Herkunft: lateinisch negativus = verneinend - wir _denken_ immer negativ	Adjektiv _Worttrennung:_ ne|ga|tiv _Antonyme:_ positiv	منفی negative
0357	immer	Adverb	همیشه

Nr	Artikel Verb-Nr	Deutsch Bedeutungen, Beispiele	Wortart Worttrennung, Grammatik	Persisch Englisch
		stets gleichbleibend, sich nicht verändernd - er *denkt* immer an sie; die immer gleichen Ausreden stets der-, die-, dasselbe - die immer gleichen Kleider anziehen	*Worttrennung:* im|mer	always
0358	der	Konsonant, *Plural:* - en die Konsonant*EN* Konsonantenbuchstabe b, c, d, f, g, h, j, k, l, m, n, p, q, r, s, t, v, w, x, y, z	Substantiv / Nomen Nom Gen Dat Akk *der des dem den* *Worttrennung:* Kon|so|nant *Antonym:* Vokal	رف بی صدا consonant
0359	R 77	mehrer- 1. eine unbestimmte größere Anzahl, Menge; einige, etliche 2. nicht nur ein, eine; verschiedene - mehrere Teilnehmer *kommen* aus Afrika	Adjektiv Indefinitpronomen und unbestimmtes Zahlwort *Worttrennung:* meh|re|re	چندین several (*several consonants*)
0362	die	Rast*stätte,* *Plural:* - n die Raststätte*N* - Autobahnraststätte	Substantiv / Nomen Nom Gen Dat Akk *die der der die* *Worttrennung:* Rast|stät|te	استرا ت گاه place for a rest, rest stop
0363	*4* e, te, t	*sagen* *sagE, sagTE, habe gesagT* Wörter, Sätze o. Ä. artikulieren, aussprechen - Tarek *sagt* alle Verben	*Verb* *Rechtschreibung* *Worttrennung:* sa|gen	گفتن to say
0364		*dazu* Was *sagst* du dazu? sie *sind* nicht dazu ber*eit* er *war* nicht dazu *gekommen*, zu *antworten* die Entwicklung *wird* d*a*zu *führen*, dass … weil viel Mut d*a*zu *gehört* - zu dieser Sache, diesem Zustand - darüber hinaus, außerdem, überdies; - hinsichtlich dieser Sache, Angelegenheit	Adverb unflektierbare Wortart *Rechtschreibung* *Worttrennung:* da | zu	برای این for it (*adding*) to it
0365	die	*Sekunde,* *Plural:* - n die Sekunde*N* - sechzigster Teil einer Minute als Grundeinheit der Zeit; Zeichen: s [bei Angabe eines Zeitpunktes: ˢ], älter: sec Herkunft: verkürzt aus spätlateinisch pars minuta secunda = zweiter verminderter Teil (der erste verminderte Teil entsteht durch die Teilung der Stunde in 60 Minuten [Minute]), zu lateinisch secundus = (der Reihe oder der Zeit nach) folgend, Zweiter, zu einem alten 2. Partizip von: sequi = folgen	Substantiv / Nomen Nom Gen Dat Akk *die der der die* *Worttrennung:* Se|kun|de	دوم second
0366		*pro* drückt aus, dass jemand etwas bejaht, einer Sache zustimmt Gleichlautendes Wort: pro (Präposition)	Präposition / Adverb + *A*.	هر per
0367	der WRS	Punkt, *Plural:* - e die Punkt*E* ●	Substantiv / Nomen Nom Gen Dat Akk *der des dem den*	نکته point
0368	die	Spiel*zeit,* *Plural:* - en die Zeit*EN*	Substantiv / Nomen Nom Gen Dat Akk *die der der die* *Worttrennung:* Spiel|zeit	زمان پخش playing time
0369	die	Minute, *Plural:* - n die Minute*N* Zeitraum von sechzig Sekunden; der sechzigste Teil einer Stunde; Zeichen: min, [bei Angabe eines Zeitpunktes:] ᵐ,	Substantiv / Nomen Nom Gen Dat Akk *die der der die* *Worttrennung:* Mi|nu|te	دقیقه minute
0370	der	Sekretär, *Plural:* - e die Sekretär*E*	Substantiv / Nomen Nom Gen Dat Akk	منشی secretary

Nr	Artikel Verb-Nr	Deutsch / Bedeutungen, Beispiele	Wortart / Worttrennung, Grammatik	Persisch / Englisch
		1. jemand, der für jemanden, besonders für eine Führungskraft oder eine [leitende] Persönlichkeit des öffentlichen Lebens, die Korrespondenz abwickelt und technisch-organisatorische Aufgaben erledigt; Assistent 2. schrank- oder kommodenartiges Möbelstück mit auszieh- oder herausklappbarer Schreibplatte 3. in der afrikanischen Steppe heimischer, langbeiniger, grauer Greifvogel mit langen Federn am Hinterkopf Herkunft: (französisch secrétaire <) mittellateinisch secretarius = (Geheim)schreiber;	*der des dem den* *Worttrennung:* Se|kre|tär	
0370	die	Sekretärin, *Plural:* - nen die Sekretärin*NEN* *n-Verdoppelung im Plural bei Singularendung „in"* weibliche Form zu der Sekretär	Substantiv / Nomen Nom Gen Dat Akk *die der der die* *Worttrennung:* Se|kre|tä|rin	منشی ها secretary
0371	die WRS Regel	Straße, *Plural:* - n die Straße*N* (besonders in Städten, Ortschaften gewöhnlich aus Fahrbahn und zwei Gehsteigen bestehender) befestigter Verkehrsweg für Fahrzeuge und (besonders in Städten, Ortschaften) Fußgänger	Substantiv / Nomen Nom Gen Dat Akk *die der der die* *Rechtschreibung* Regel 162 + 163	خیابان street
0372	die	Nummer, *Plural:* - n die Nummer*N* 1. Zahl, die etwas kennzeichnet, eine Reihenfolge o. Ä. angibt 2. Ausgabe einer fortlaufend erscheinenden Zeitung, Zeitschrift 3. (bei Schuhen, Kleidungsstücken o. Ä.) die Größe angebende Zahl 4. einzelne Darbietung eines Zirkus-, Kabarett-, Varietéprogramms 5. Musikstück (der Unterhaltungsmusik) 6. auf bestimmte Weise besonderer Mensch, Person 7. Koitus Herkunft: italienisch numero < lateinisch numerus	Substantiv / Nomen Nom Gen Dat Akk *die der der die* *Worttrennung:* Num|mer	شماره number
0373	72 e-a-e	*an.sehen* *s*eh*E* an, *s*ah an, habe anges*eh*EN Ich *sehe* dich *an*	*Verb trennbar* *Worttrennung:* an|se|hen Stammvokalwechsel	نگاه کردن به to look at
0374	22 i-a-o WRS	*bitten* *b*itt*E*, *b*at, habe geb*et*EN *Wortverbindungen:* *Substantive:* Vergebung, Hilfe, Verständnis, Geld *Adjektive:* höflich, inständig, freundlich, dringend *Wendungen, Redensarten, Sprichwörter:* bitten und betteln (inständig um etwas bitten)	*Verb* *Rechtschreibung* *Worttrennung:* bit|ten *Grammatik* Stammvokalwechsel	درخواست کردن to request
0375	4 e, te, t	*konjugieren* konjugier*E*, konjugier*TE*, habe konjugier*T* Wir *konjugieren* die Verben	*Verb* *Worttrennung:* kon|ju|gie|ren	صرف فعل کردن to conjugate
0376	das	Würfelspiel, *Plural:* - e die Spiel*E* mit Würfeln zu spielendes Brettspiel, bei dem Figuren um so viele Felder vorwärtsbewegt werden, wie der oder die Würfel Augen zeigen	Substantiv / Nomen Nom Gen Dat Akk *das des dem das* *Worttrennung:* Wür|fel|spiel	بازی تاس dice game
0378	das	Diktat, *Plural:*- e die Diktat*E* 1. das Diktieren - beim Diktat sein; nach Diktat schreiben; die Sekretärin zum Diktat rufen	Substantiv / Nomen Nom Gen Dat Akk *das des dem das* *Rechtschreibung*	املا dictation

Nr	Artikel Verb-Nr	Deutsch Bedeutungen, Beispiele	Wortart Worttrennung, Grammatik	Persisch Englisch
		2. diktierter Text - ein Diktat aufnehmen 3. vom Lehrer diktierter Sätze als Rechtschreibübung in der Schule - ein Diktat schreiben - Qian hat im Diktat null Fehler 4. etwas, was jemandem [von außen] aufgezwungen wird - sich dem Diktat der Siegermächte unterwerfen müssen - in übertragener Bedeutung: dem Diktat der Mode gehorchen	*Worttrennung:* Dik|tat	
0379	der	Text, *Plural:* - e die Text*E* [schriftlich fixierte] im Wortlaut festgelegte, inhaltlich zusammenhängende Folge von Aussagen *Gleichlautendes Wort:* die Text Schriftgrad von 20 Punkt (ungefähr 7,5 mm Schrifthöhe); eigentlich = Schrift für besondere Texte	Substantiv / Nomen Nom Gen Dat Akk *der des dem den*	متن text
0380	die	Fremd*sprache,* *Plural:* - n die Sprache*N* - Sprache, die nicht jemandes Muttersprache ist - fremde Sprache, die sich jemand nur durch bewusstes Lernen aneignet Beispiel: Fremdsprachen lernen, beherrschen Synonyme: Zweitsprache	Substantiv / Nomen Nom Gen Dat Akk *die der der die* *Rechtschreibung* *Worttrennung:* Fremd|spra|che	زبان خارجی foreign language
0381	der Sg.	Unterricht - planmäßige, regelmäßige Unterweisung Lernender durch eine[n] Lehrende[n]	Substantiv / Nomen Nom Gen Dat Akk *der des dem den* *Worttrennung:* Un|ter|richt	کلاس آموزشی class instruction
0382	die	Paus*e,* *Plural:* - n die Pause*N*	Substantiv / Nomen Nom Gen Dat Akk *die der der die* *Worttrennung:* Pau|se	توقف break
0383	der	Wort*schatz,* *Plural:* "- e die Schätz*E,* Umlaut im Plural Synonyme zu Wort*schatz:* Sprachschatz, Vokabelschatz, Wortgut; bildungssprachlich: Vokabular; Sprachwissenschaft: Lexik, Wortbestand	Substantiv / Nomen Nom Gen Dat Akk *der des dem den* *Worttrennung:* Wort|schatz	واژه vocabulary
0384 i-a-u sichA	*34* *finden*	find*E,* fand, habe gef*undEN* *Wortverbindungen:* *Substantive:* Lösung, Beachtung, Platz *Adjektive:* cool, lustig, interessant, sympathisch,	*Verb* *Rechtschreibung* *Worttrennung:* fin|den *Grammatik* Stammvokalwechsel	پیدا کردن to find *I find my result good*
0385	die	*CD* *Plural:* - s die CD*S* Abkürzung für englisch compact disc = kompakte (Schall)platte	Substantiv / Nomen Nom Gen Dat Akk *die der der die*	سی دی the CD
0386	der	Kinder*wagen,* – die Wagen kleiner, meist vierrädriger Wagen zum Schieben, in dem ein Säugling oder ein Kleinkind ausgefahren wird	Substantiv / Nomen Nom Gen Dat Akk *der des dem den* *Worttrennung:* Kin|der|wa|gen	کالسکه بچه baby carriage, pram
0387	der	Koch*topf,* *Plural:* "- e die Töpf*E,* *Umlaut im Plural* beim Kochen verwendeter Topf (aus Metall) mit Henkeln [und Deckel]	Substantiv / Nomen Nom Gen Dat Akk *der des dem den* *Worttrennung:* Koch|topf	قابلمه cooking pot

Nr	Artikel Verb-Nr	Deutsch Bedeutungen, Beispiele	Wortart Worttrennung, Grammatik	Persisch Englisch
0388	das	Radio, *Plural:* - s die Radio*S* Herkunft: englisch radio, Kurzform von radiotelegraphy = Übermittlung von Nachrichten durch Ausstrahlung elektromagnetischer Wellen, zu lateinisch radius	Substantiv / Nomen Nom Gen Dat Akk *das des dem das* *Worttrennung:* Ra|dio	راديو radio
0389	die	Schreib*maschine,* *Plural:* - n die Maschine*N* Gerät, mit dessen Hilfe durch Niederdrücken von Tasten Schriftzeichen über ein Farbband auf ein in das Gerät eingespanntes Papier übertragen werden, sodass eine dem Druck ähnliche Schrift entsteht; Kurzform: Maschine	Substantiv / Nomen Nom Gen Dat Akk *die der der die* *Worttrennung:* Schreib|ma|schi|ne	ماشين تايپ type writer
0390	der	Aussprache-*Hit* *Plural:* -s, die Hit*S*	Substantiv / Nomen Nom Gen Dat Akk *der des dem den* *Worttrennung:* Aus|spra|che|hit	مدِ تلفظ pronunciation hit
0391		hey Zuruf, mit dem man jemandes Aufmerksamkeit zu erregen sucht: hey, wo gehst du hin? Ausruf, der Erstaunen, Empörung, Abwehr o. Ä. ausdrückt: hey, was soll das? Grußformel: hey, wie gehts?	Interjektion	هى Hey
0392	48 o-a-o	her.kommen *kommE her, kam her, bin hergekommEN* Bitte *kommt* schnell *her*, ich *brauche* eure Hilfe.	*Verb trennbar* *Worttrennung:* her|kom|men Stammvokalwechsel	آمدن به اينجت to come here
0393	4 e, te, t WRS	mit.machen *machE mit, machTE mit, habe mitgemachT* *Machst* du beim Spiel *mit*?	*Verb trennbar* *Worttrennung:* mit|ma|chen	شركت كردن to participate
0394		doch *Magst* du keine Pizza? Doch, ich *mag* Pizza 1. dennoch; 2. schließt eine begründende Aussage an; 3. als gegensätzliche Antwort auf eine negativ formulierte Aussage oder Frage in Konkurrenz zu »ja« bei einer positiv formulierten Frage und in Opposition zu »nein« *Konjunktion:* aber Partikel 1. gibt einer Frage, Aussage 2. drückt in Ausrufesätzen Entrüstung 3. drückt in Fragesätzen die Hoffnung des Sprechers auf eine Zustimmung aus. 4. drückt in Fragesätzen aus, dass der Sprecher nach etwas Bekanntem fragt, was ihm im Moment nicht einfällt; noch *Partikel*: *Beispiele*: es wird doch nichts passiert sein?; das hast du doch gewusst; ja doch!; pass doch auf!; komm doch mal her! so hör doch mal!; geh doch endlich! *drückt in Ausrufesätzen Entrüstung, Unmut oder Verwunderung aus* Beispiele: das ist doch zu blöd!; du musst doch immer meckern!; was man doch alles so hört! *Konjunktion:* aber Beispiel: ich klopfe, doch niemand öffnetdoch	Adverb *unflektierbare Wortart* *Rechtschreibung* *Worttrennung:* doch	واقعا indeed
0395	36 e-a-e	geben *gebE, gab, gegebEN*	*Verb Dativ* *Rechtschreibung* *Worttrennung:* ge|ben	دادن to give

Nr Artikel Verb-Nr	Deutsch Bedeutungen, Beispiele	Wortart Worttrennung, Grammatik	Persisch Englisch
	- die Mutter *gibt dem* Kind die Suppe; Ich *gebe dir* die Hand; *Geben* Sie *mir* das Wörterbuch; Was *gibt`s*? - - ich *gebe dem* Kellner 1 €/ Trinkgeld	*Grammatik* Stammvokalwechsel	*Please give me s.th* *to give a tip*
0396	ohne drückt aus, dass jemand, etwas (an dieser Stelle, zu dieser Zeit) nicht beteiligt, nicht vorhanden ist; nicht ausgestattet mit, frei von - du kannst ohne Geld nicht in Urlaub fahren drückt aus, dass jemand, etwas (an dieser Stelle, zu dieser Zeit) nicht beteiligt, nicht vorhanden ist; nicht ausgestattet mit, frei von - bitte die Hände ohne Seife waschen drückt ein Ausgeschlossensein aus; nicht mitgerechnet, ausschließlich - wir versenden ohne Versandkosten	Präposition mit Akkusativ *Worttrennung:* oh|ne	بدون without
0397	der Sg.	Stress Herkunft: 1936 geprägt von dem österreichisch-kanadischen Biochemiker H. Selye (1907–1982)	Substantiv / Nomen Nom Gen Dat Akk *der des dem den*	استرس stress
0398	fast Wir *sind* fast fertig kaum noch von einem bestimmten Zustand	Adverb unflektierbare Wortart	تقریبا almost
0399	2 LERNEN	*fertig sein* *bin* **fertig**, *war* **fertig**, *bin* **fertig** *gewesen* *Bist* du mit dem Deutschkurs *fertig*? *Wortverbindungen:* *Substantive:* Story, Bild, Plan, Film, Konzept *Adjektive:* matt, müde, schlaff *Verben:* machen, bringen, werden, hasten, liegen	*Verb* *Rechtschreibung* *Worttrennung:* fer|tig sein	پایان to have / be finished
0400	da - hier und da; da und dort; da ist die Haltestelle; da sind wir; ist da jemand?; da, nimm das Geld!; da lachte er; von da an herrschte Ruhe; wenn ich schon gehen muss, da gehe ich lieber gleich; da bin ich ganz Ihrer Meinung; da klingelt doch nachts das Telefon, und wer ist dran?	Adverb	آنجا there
0400	da - Da er krank war, konnte er nicht kommen. - Es gibt Tage, da haben viele nichts zu essen	Konjunktion	از As, since
0401	2 LERNEN	da sein *bin da, war da, bin da gewesEN* - vorhanden sein, existieren - unsere Lehrerin ist immer für die anderen da - so etwas ist noch nie da gewesen Synonyme:	*Verb* *Rechtschreibung* *Worttrennung:* da sein	وجود داشتن to be there
0402	ganz			کاملا totally
0403	effektiv, effektiver, am effektivsten 1a. wirksam, wirkungsvoll; 1b. lohnend, nutzbringend; 2. sich tatsächlich feststellen lassend, wirklich Sie *müssen* **effektiver** *arbeiten*	Adjektiv *Worttrennung:* ef|fek|tiv	موثر effective
0404	die WRS	Wortschatzkarte, *Plural:* - n die KarteN	Substantiv / Nomen Nom Gen Dat Akk *die der der die* Wort|schatz|kar|te	کارت واژگان vocabulary card
0405 e-a-e	72	*nach.sehen* *sehE nach, sah nach, habe nachgesehEN* mit den Blicken *folgen:* er *sieht* ihr *nach*	*Verb trennbar* *Worttrennung:* nach|se|hen *Grammatik*	چک کردن to check

Nr / Verb-Nr	Artikel	Deutsch Bedeutungen, Beispiele	Wortart Worttrennung, Grammatik	Persisch Englisch
		kontrollierend nach etwas sehen	Stammvokalwechsel	
0406	die	Vorderseite, _Plural:_ - n die SeiteN - vordere, dem Betrachter zugewandte Seite	Substantiv / Nomen Nom Gen Dat Akk _die der der die_ _Worttrennung:_ Vor|der|sei|te	جلو front
0407	die	Rückseite, _Plural:_ - n die SeiteN - hintere, rückwärtige Seite von etwas	Substantiv / Nomen Nom Gen Dat Akk _die der der die_ _Worttrennung:_ Rück|sei|te	پشت back
0408	der	Wortakzent, _Plural:_ - e die AkzentE - Hauptbetonung eines Wortes	Substantiv / Nomen Nom Gen Dat Akk _der des dem den_ _Worttrennung:_ Wort|ak|zent	تاکید کلمه word accent
0409		ab - Jugendliche ab 18 Jahren; - ab morgen wird gefastet	Präposition + _D_ Adverb unflektierbare Wortart	از ... به بعد from... onwards
0410	das WRS	Kapitel, _Plural:_ - die Kapitel Abschnitt eines Textes in einem Schrift- oder Druckwerk - das erste Kapitel; ein Kapitel des Romans	Substantiv / Nomen Nom Gen Dat Akk _das des dem das_ _Worttrennung:_ Ka|pi|tel	فصل chapter
0411		regelmäßig Ich _nehme_ regelmäßig die Tabletten	Adjektiv _Worttrennung:_ re|gel|mä|ßig	معمولا regularly
0412 e, te, t	4, 11	_testen_ _testE, testeTE, habe getesteT_	_Verb_ _Worttrennung:_ tes|ten	امتحان کردن to test
0413	der WRS R 70	Montag, _Plural:_ -e die MontagE - _Abkürzung_ Mo. erster Tag der Kalenderwoche Herkunft: eigentlich = Tag des Mondes, Lehnübersetzung von lateinisch dies Lunae = Tag der Mondgöttin Luna, Lehnübersetzung von griechisch hēméra Selénēs = Tag der Mondgöttin Selene	Substantiv / Nomen Nom Gen Dat Akk _der des dem den_ _Worttrennung:_ Mon|tag	دوشنبه Monday
0414	der	Dienstag, _Plural_ - e die DienstagE _Abkürzung_ Di. zweiter Tag der mit Montag beginnenden Woche _Rechtschreibung_ _Das Substantiv / Nomen »Dienstag« wird großgeschrieben_ _das Adverb »dienstags« wird kleingeschrieben_	Substantiv / Nomen Nom Gen Dat Akk _der des dem den_ _Worttrennung:_ Diens|tag	سه شنبه Tuesday
0415	der	Mittwoch, _Plural:_ - e die MittwochE _Abkürzung_ Mi. dritter Tag der mit Montag beginnenden Woche	Substantiv / Nomen Nom Gen Dat Akk _der des dem den_ _Worttrennung:_ Mitt|woch	چهارشنبه Wednesday
0416	der	Donnerstag, _Plural:_ - e die DonnerstagE - vierter Tag der Woche _Abkürzung_ Do.	Substantiv / Nomen Nom Gen Dat Akk _der des dem den_ _Worttrennung:_ Don|ners|tag	پنجشنبه Thursday
0417	der	Freitag, _Plural:_ - e die FreitagE fünfter Tag der mit Montag beginnenden Woche _Wendungen, Redensarten, Sprichwörter_ der Stille Freitag (Karfreitag) Grammatik: Regel 70: Aus Substantiv / Nomenn entstandene Wörter anderer Wortarten werden _kleingeschrieben_.	Substantiv / Nomen _Abkürzung_ Fr. Nom Gen Dat Akk _der des dem den_ _Rechtschreibung_ _Worttrennung:_ Frei|tag	جمعه Friday, leisure time

Nr Artikel Verb-Nr	Deutsch Bedeutungen, Beispiele	Wortart Worttrenung, Grammatik	Persisch Englisch
	Dabei kann es sich um 1. Adverb unflektierbare Wortartien, abends, morgens, sonntags, (*aber:*eines Abends, jenes Morgens, des letzten Sonntags usw.) handeln		
0418 der	Sams*tag*, Sonn*abend*, *Plural:* - e die Samstag*E*, die Sonnabend*E*, Abkürzung Sa. sechster Tag der mit Montag beginnenden Woche	Substantiv / Nomen Nom Gen Dat Akk der des dem den *Worttrennung:* Sams|tag	شنبه Saturday
0419 der	Sonn*tag*, *Plural:* - e die Sonntag*E* Abkürzung So. - siebter Tag der mit Montag beginnenden Woche	Substantiv / Nomen Nom Gen Dat Akk der des dem den *Worttrennung:* Sonn|tag	يكشنبه Sunday
0420 *4* e, te, t	*wählen* *wählE, wählTE, habe gewählT*	*Verb* *Worttrennung:* wäh|len	انتخاب كردن to choose
0421 *4* ~~ge~~ sichA	*kontrollieren* *kontrollierE, kontrollierTE, habe kontrollierT* überwachen; Kontrollen ausüben; überprüfen - die Lehrerin *kontrolliert* die Hausaufgaben	*Verb* *Worttrennung:* kon|trol|lie|ren kon|t|rol|lie|ren ~~ge~~ Partizip ohne ge	كنترل كردن to control
0422 *4, 11* e, te, t ~~ge~~	*beantworten* *beantwortE, beantworteTE, habe beantworteT* *Wortverbindungen:* *Substantive:* Frage, Anruf, Anfrage, Brief, Fragebogen, Gegenfrage, Quizfrage *Adjektive:* eindeutig, telefonisch, wahrheitsgemäß, leicht, abschließend, schlüssig	*Verb* *Präsens E* *Präteritum TE* *Perfekt T* *Worttrennung:* be|ant|wor|ten *Grammatik:* ~~ge~~ Partizip ohne ge	پاسخ دادن to answer
0423 das	*Ergebnis* *Plural:* - se die Ergebnis*SE*	Substantiv / Nomen Nom Gen Dat Akk das des dem das *Worttrennung:* Er|geb|nis	نتيجه result
0426	Wie spät ist es? Welche Uhrzeit *haben* wir?	Interrogativ eine Frage	ساعت چند است؟ What time is it
0428 der	Nach*mittag*, *Plural:* - e die Mittage Zeit vom Mittag bis zum Beginn des Abends - der Chef wollte im Laufe des Nachmittags anrufen	Substantiv / Nomen Nom Gen Dat Akk der des dem den *Worttrennung:* Nach|mit|tag	□هر afternoon
0429 *4* e, te, t sein	*auf.wachen* *wachE auf, wachTE auf, bin aufgewachT* wach werden, erwachen Ich *wache* jeden Tag um 7 Uhr *auf*. *Wortverbindungen:* *Substantive:* Narkose, Morgen, Nacht, Uhr, Koma*Adjektive:* endlich, schreiend, spät, plötzlich	*Verb trennbar* *Präsens E* *Präteritum TE* *Perfekt T* *Worttrennung:* auf|wa|chen *Antonym:* einschlafen	بيدار شدن to wake up
0430 *24* ei-ie-ie sein	*bleiben* *bleibE, blieb, bin gebliebEN* *Wortverbindungen:* *Substantive:* Geheimnis, Rätsel, Zeit, Erinnerung *Adjektive:* übrig, treu, stabil, unberührt, unklar	*Verb* *Rechtschreibung* *Worttrennung:* blei|ben *Grammatik* Stammvokalwechsel	ماندن to stay
0432 *78* e-a-a sein LERNEN	*auf.stehen* *stehE auf, stand auf, bin aufgestandEN* Ich *stehe* jeden Tag um 7 Uhr *auf* *Wortverbindungen:* Substantive: Tisch, Morgen, Früh, Adjektive: früh, endlich, zeitig, halb, einfach	*Verb trennbar* *Rechtschreibung* *Worttrennung:* auf|ste|hen *Grammatik* Stammvokalwechsel	برخاستن، بلند شدن to get up
0433 *4, 14* e, te, t	*putzen*	*Verb* *Worttrennung:* put|zen	تميز كردن

Nr	Artikel Verb-Nr	Deutsch Bedeutungen, Beispiele	Wortart Worttrenung, Grammatik	Persisch Englisch
	+sichA	putzE, putzTE, habe geputzT - sie putzt sich die Zähne; die Fenster putzen		to clean
0434	der WRS R 82	Zahn, Plural: "- e die ZähnE, Umlaut im Plural - sich die Zähne putzen - aber das Zähneputzen nicht vergessen!	Substantiv / Nomen Nom Gen Dat Akk der des dem den	دندان tooth
0435	4 e, te, t sichA	duschen duschE, duschTE, habe geduschT - ich dusche mich jeden Tag - duschen + sich: zu müde, um [sich] noch zu duschen	Verb Rechtschreibung Worttrennung: du|schen	دوش گرفتن to shower
0436	das	Viertel, Plural: – die Viertel - vierter Teil einer Menge, Strecke - Stadtteil, Gegend einer Stadt - Häuserblock Gleichlautendes Wort: der / das Viertel, Viertelnote, Musik	Substantiv / Nomen Nom Gen Dat Akk das des dem das Worttrennung: Vier|tel	یک ربع a quarter
0437		vor	Präposition / Adverb + A./D.	به to
0438	die	Uhr, Plural: - en die UhrEN	Substantiv / Nomen Nom Gen Dat Akk die der der die	ساعت clock (not on he wrist)
0439	4 e, te, t	frühstücken frühstückE, frühstückTE, habe gefrühstückT Wortverbindungen: Substantive:Frühstück, Terrasse, Kaffee, Adjektive: essen, geruhsam	Verb Rechtschreibung Worttrennung: früh|stü|cken	صبحانه خوردن to have breakfast
0440	die	Zeitung, Plural: - en die ZeitungEN	Substantiv / Nomen Nom Gen Dat Akk die der der die Worttrennung: Zei|tung	روزنامه newspaper
0441	82 a-u-a	fahren fahrE, fuhr, bin gefahrEN Wortverbindungen: Substantiv: Auto, Zug, Bus, Ski, Urlaub, Wagen Adjektiv: schnell, direkt, unbeirrt, zweigleisig,	Verb Rechtschreibung Worttrennung: fah|ren Grammatik: Stammvokalwechsel	رانندگی کردن، راندن to drive, to ride
0442		zur zu der	Dativ / Präposition + Artikel = zu der + D.	به to the
0443	die WRS	Schule, Plural: - n die SchuleN Synonyme zu Schule: (gehoben) Bildungsstätte; (Schülersprache) Penne; (Amtssprache) Bildungsanstalt, Lehranstalt, Ausbildungsstätte, Schulgebäude, Schulhaus, Ausbildung, Lehre, Schulung; (gehoben) Unterweisung Richtung; (umgangssprachlich scherzhaft) Stall	Substantiv / Nomen Nom Gen Dat Akk die der der die Worttrennung: Schu|le	مدرسه school
0445		ins Wenn die Formen dem, das, der und den des bestimmten Artikels unbetont sind, können sie mit gewissen Präpositionen verschmelzen: am = an + dem beim = bei + dem fürs = für + das zur = zu + der übern = über + den	Präposition = in das + A.	در in the
0446	das	Büro Plural: - s die BüroS	Substantiv / Nomen Nom Gen Dat Akk	

Nr	Artikel / Verb-Nr	Deutsch / Bedeutungen, Beispiele	Wortart / Worttrenung, Grammatik	Persisch / Englisch
		- das Büro einer Anwältin - ins Büro gehen - ich arbeite in einem Büro, gehe aufs Büro	das des dem das Worttrennung: Bü|ro	دفتر office
0447	4 e, te, t	kochen kochE, kochTE, habe gekochT	Verb Worttrennung: ko|chen	پختن to cook
0448	das	Mittagessen, Plural: – die Essen - das Einnehmen der Mittagsmahlzeit - um die Mittagszeit gereichte [warme] Mahlzeit	Substantiv / Nomen Nom Gen Dat Akk das des dem das Worttrennung: Mit|tag|es|sen	ناهار lunch
0450	68 a-ie-a	schlafen schlafE, schlief, habe geschlafEN	Verb Worttrennung: schla|fen Grammatik Stammvokalwechsel	خوابیدن to sleep
0451		nach Hause bezeichnet eine bestimmte Richtung räumlich: wir gehen nach Hause	Präposition + Nomen	به to Boss comes to his house, comes home.)
0452	4, 11 e, te, t	ein.schalten schaltE ein, schalteTE ein, habe eingeschalteT Wortverbindungen: Substantive:Polizei, Radio,Rechtsanwalt Adjektive: automatisch, rechtzeitig, direkt, ständig	Verb trennbar Rechtschreibung Worttrennung: ein|schal|ten Antonyme: aus|schal|ten	روشن کردن to turn on
0453	4,18 e, te, t ge sichA	korrigieren korrigierE, korriegierTE,habe korrigierT etwas Fehlerhaftes, Ungenügendes durch das Richtige, Bessere ersetzen, positiv verändern	Verb Worttrennung: kor|ri|gie|ren Grammatik: ge Partizip ohne ge	تصحیح کردن to correct
0454		nach 1. bezeichnet eine bestimmte Richtung - räumlich: nach links 2. bezeichnet ein bestimmtes Ziel - räumlich: Tarek fliegt nach Deutschland 3. drückt aus, dass etwas dem genannten Zeitpunkt oder Vorgang [unmittelbar] folgt zeitlich: nach dem Kurs; es ist 5 nach 2; er starb nach langem, schwerem Leiden 4. in Verbindung mit zwei gleichen Substantiven als Ausdruck für ein kontinuierliches Nacheinander - Schritt nach Schritt zurückweichen 5. in Abhängigkeit von bestimmten Verben - nach etwas greifen; nach jemandem fragen; nach etwas streben; sich nach jemandem sehnen 6. zur Angabe einer Reihenfolge oder Rangfolge - wer ist nach Ihnen dran?; bitte, nach Ihnen! Höflichkeitsfloskel, mit der man jemandem den Vortritt lässt 6. so wie … ist; entsprechend, gemäß - meiner Meinung nach, nach meiner Meinung; aller Wahrscheinlichkeit nach; nach menschlichem Ermessen: ganz nach Wunsch; 7. bezeichnet das Muster, Vorbild o. Ä. für etwas - [frei] nach Goethe; nach der neuesten Mode gekleidet sein; Spaghetti nach Bologneser Art 8. in Verbindung mit Fragepronomen - nach wem hat Tarek gefragt? in relativer Verbindung: die Arbeitskollegin, nach der	Präposition	بعد از past It is five past two.

Nr	Artikel Verb-Nr	Deutsch Bedeutungen, Beispiele	Wortart Worttrennung, Grammatik	Persisch Englisch
0455		Tarek gefragt hat halb Ich *esse* heute nur ein halbes Brötchen	Adjektiv	نصف،نیم half *It´s half past 11*
0456	4, 12 e, te, t	*öffnen* öffnE, öffneTE, habe geöffneT	Verb *sichA* Worttrennung: öff|nen	باز کردن to open
0457		um ungefähr, etwa	Präposition	در at (*temporal*)
0458	die	Bäcker*ei* *Plural:* - en die Bäckerei*EN*	Substantiv / Nomen Nom Gen Dat Akk die der der die Worttrennung: Bä|cke|rei	نانوایی bakery
0459	4 e, te, t	*zu.machen* machE zu, machTE zu, habe zugemachT schließen, versperren, einen Laden zumachen, ich habe die ganze Nacht kein Auge zugemacht (nicht schlafen können)	Verb trennbar Rechtschreibung Worttrennung: zu|ma|chen	بستن to close (*The bakery closes at 7 o´clock.*)
0460	das	Erd*geschoss* *Plural:* - e die Geschoss*E* Worttrennung: Erd|ge|schoß	Substantiv / Nomen Nom Gen Dat Akk das des dem das Worttrennung: Erd|ge|schoss,	طبقه زیر زمین groung floor
0461	der	Stock Plural nur in Verbindung mit Zahlenangaben das Haus hat zwei Stock, ist zwei Stock hoch; ein Haus von drei Stock; - 1. Stock, 2. Stock	Substantiv / Nomen Nom Gen Dat Akk der des dem den	سازمان بورس loor (*levels in building)*
0462	der	Keller, *Plural:* – die Keller 1. teilweise oder ganz unter der Erde liegendes Geschoss eines Gebäudes = den Keller ausbauen 2. abgeteilter Raum in einem Keller, Kellerraum, besonders als Aufbewahrungs- oder Vorratsraum 3. meist in Verbindung mit einem Namen; Lokal, Diskothek, Klubraum o. Ä. in einem hierfür hergerichteten Kellerraum	Substantiv / Nomen Nom Gen Dat Akk der des dem den Rechtschreibung Worttrennung: Kel|ler	زیر زمین cellar, basement
0463	die	Öffnungs*zeit*, *Plural:* - en die Zeit*EN* Zeitraum, in dem etwas geöffnet ist	Substantiv / Nomen Nom Gen Dat Akk die der der die Worttrennung: Öff|nungs|zeit	ساعات کار openings hours
0464	WRS	spät - bis in die späte Nacht; mit einem späteren Zug fahren	Adjektiv spä|ter, spä|tes|te	دیر late (*How late is it? What time is it?*)
0465		Wie lange? Wie lange *lernst* du Deutsch?	Interrogativ eine Frage	چه مدت How long?
0467	89 i-u-u ß > ss	*wissen* weiß, wussTE, habe gewussT - *wissen* Sie die Hauptstadt von Deutschland?	Verb Worttrennung: wis|sen Stammvokalwechsel	دانستن to know
0468		leider Ich *kann* leider nicht *helfen*	Adverb Worttrennung: lei|der	متاسفانه unfortunately

Nr	Artikel Verb-Nr	Deutsch Bedeutungen, Beispiele	Wortart Worttrennung, Grammatik	Persisch Englisch
0469	die	Uhr*zeit, -en* _Plural:_ die Uhrzeit*EN* - durch die Uhr angezeigte Zeit	Substantiv / Nomen Nom Gen Dat Akk *die der der die* *Worttrennung:* Uhr|zeit	زمان time
0470	2 LERNE N	*zu sein* *ist zu, war zu, ist zu gewesen* Warum *ist* Aldi *zu*? Tür zu!	*Verb* _Rechtsschreibung_ *Worttrennung:* *zu sein*	بسته بودن، تعطیل بودن to be closed The bakery is still closed
0471		systematisch, systematischer, am systematischsten 1. nach einem System vorgehend, einem System folgend; planmäßig und konsequent - die systematische Verfolgung von Minderheiten	Adjektiv *Worttrennung:* sys|te|ma|tisch	قاعده دار systematic
0472		offiziell, offizieller, am offiziellsten 1.a. in amtlichem Auftrag; dienstlich - substantiviert: bei der Eröffnung der Olympischen Spiele in Sotchi (2014) marschierten mehr Offizielle als Sportler ein 1.b. von einer Behörde, einer Dienststelle ausgehend, bestätigt [und daher glaubwürdig]; amtlich - dein Führerschein aus deiner Heimat muss in Deutschland bestätig werden 2. förmlich: eine offizielle Feier; wir *haben* einen offiziellen Termin	Adjektiv *Worttrennung:* of|fi|zi|ell	رسمی official
0473	die	Alltags*sprache,* _Plural:_ - n die Sprache*N* im alltäglichen Verkehr der Menschen untereinander verwendete Sprache, die nicht die offizielle Amtssprache ist Synonym: Umgangssprache	Substantiv / Nomen Nom Gen Dat Akk *die der der die* *Rechtschreibung* *Worttrennung:* All|tags|spra|che	زبان محاوره colloquial speech
0474	der	Film, _Plural:_ - e die Film*E* - die Creme bildet einen schützenden Film auf der Haut - ich habe noch drei Bilder auf dem Film(umgangssprachlich; *kann noch drei Aufnahmen machen*) - der Film läuft schon seit vier Wochen Grammatik: ohne Plural - sie will zum Film (umgangssprachlich; *will Filmschauspielerin werden*)	Substantiv / Nomen Nom Gen Dat Akk *der des dem den* *Rechtschreibung* *Worttrennung:* Film	فیلم Film
0475	WRS	zu Ende Wann *ist* der Deutschkurs zu Ende?	Präposition + Nomen En|de _Antonyme_ zu Ende: Anfang	سر و ته داشتن be over (*When does the film come to an end? When does the film end?*)
0476	das Sg.	End*e* Ende steht für: - Schluss (Literatur), das Ende eines literarischen Werks - das Schlussbild von Kino- und Fernsehfilmen, siehe Abspann - in der Seemannssprache das Tau, siehe Tauwerk - Sterben - Weltuntergang - Ende (Topologie)	Substantiv / Nomen Nom Gen Dat Akk *das des dem das* *Worttrennung:* En|de Achtung -e das	پایان the end
0478	4 e, te, t	*auf.machen* *machE auf, machTE auf, habe aufgemachT*	*Verb trennbar* *Rechtschreibung* *Worttrennung:* auf|ma|chen	باز کردن to open

Nr Verb-Nr	Artikel	Deutsch Bedeutungen, Beispiele	Wortart Worttrennung, Grammatik	Persisch Englisch
		Wortverbindungen: Substantive: Mund, Fenster, Tür, Fass, Maul, Auge Adjektive: reißerisch, eben, ähnlich, endlich	_Antonyme_: zumachen	
0479 4, 15 e, te, t _LERNE N_		_klingeln_ _kliengelE, klingelTE, habe geklingelT_ - das Telefon _klingelt;_ es klingelt bei jemandem (_umgangssprachlich;_ jemand begreift, bekommt endlich einen Einfall) - jemanden aus dem Bett, aus dem Schlaf, nachts aus der Wohnung klingeln unpersönlich: es hat zum Unterricht geklingelt	_Verb_ _Präsens E_ _Präteritum TE_ _Perfekt T_ _Rechtschreibung_ _Worttrennung:_ klin|geln	حلقه کردن to ring
0480	der WRS	Wecker, _Plural:_ – die Wecker - Uhr zum Wecken, die zu einer vorher eingestellten Zeit klingelt o. Ä.	Substantiv / Nomen Nom Gen Dat Akk _der des dem den_ We|cker	ساعت زنگی alarm clock
0481	das	Abend_essen, Plural:_ – die Essen abends eingenommene Mahlzeit _Wortverbindungen_: Verben: zubereiten, servieren, einnehmen, einladen Adjektive: gemeinsam, feierlich, romantisch, lecker	Substantiv / Nomen Nom Gen Dat Akk _das des dem das_ _Rechtschreibung_ _Worttrennung:_ Abend|es|sen	شام dinner
0482		jed- jeder, jedes, jede 1. bezeichnet alle Einzelnen einer Gesamtheit ohne Ausnahme _Grammatik_: attributiv - der Zug fährt jeden Tag (_täglich_) _Grammatik_: allein stehend - hier kennt jeder jeden (_alle kennen einander_) - jeder von uns kann helfen _Grammatik_: bei Abstrakta im Singular - jede Hilfe kam zu spät - ohne jeden (_irgendeinen denkbaren_) Grund - die Sache ist bar jeden/jedes Sinnes (_ohne jeglichen Sinn_)im 2. Abstand von ...; _Grammatik_: mit Zeit- oder Maßangabe im Singular, seltener im Plural - jede Stunde fliegt ein Flugzeug nach Berlin	Indefinitpronomen und unbestimmtes Zahlwort je|der, je|de, je|des	هر every (_Every morning I get up at five._)
0483	der	Morgen, _Plural:_ – die Morgen 1. Tageszeit um das Hellwerden nach der Nacht; früher Vormittag: ein warmer Morgen 2. Feldmaß (mit dem je nach Landschaft unterschiedlich große Flächen bezeichnet werden) Synonyme: erste Tageshälfte, früher Vormittag, Morgenstunde, Tagesanbruch, Tagesbeginn; (gehoben) der junge Tag,	Substantiv / Nomen Nom Gen Dat Akk _der des dem den_ Mor|gen _Antonyme_: Abend	صبح morning
0484 33 a-i-a		_an.fangen_ _fangE an, fing an, habe angefangEN_ - wir _fangen_ mit dem Diktat _an_ _Wortverbindungen:_ _Substantive:_ Streit, Trinken, Studium, Leben, Jahr _Adjektive:_ neu, früh, klein, gerade	_Verb trennbar_ _Rechtschreibung_ _Worttrennung:_ an|fan|gen _Grammatik_ Stammvokalwechsel _Antonyme_: beenden	شروع کردن to begin
0485	der	Super_markt, Plural:_ "- e die MärktE, _Umlaut im Plural_ großer Selbstbedienungsladen oder entsprechende Abteilung in einem Kaufhaus besonders für Lebensmittel, die in umfangreichem Sortiment [und zu niedrigen Preisen] angeboten werden; Kurzform: Markt Herkunft: englisch supermarket, aus: super- = sehr, überaus und market = Markt Synonyme zu Super_markt:_ Discounter, Handel, Laden, [Discount]geschäft, Discountladen, Markt,	Substantiv / Nomen Nom Gen Dat Akk _der des dem den_ Su|per|markt	سوپرمارکت supermarket

Nr	Artikel Verb-Nr	Deutsch Bedeutungen, Beispiele	Wortart Worttrennung, Grammatik	Persisch Englisch
		Selbstbedienungsladen		
0486	4 e, te, t	ein.kaufen kaufE ein, kaufTE ein, habe eingekaufT Wortverbindungen: Substantive:Supermarkt, Ware, Internet Adjektive: billig, gemeinsam, zollfrei, preisbewusst	Verb trennbar Rechtschreibung Worttrennung: ein|kau|fen	خریدن to buy
0487	58 e-a-e WRS	essen essE, aß, gegessEN Wortverbindungen: Substantive: Mittag, Brot, Ramadan, Fasten Adjektive: satt, gemeinsam, roh, koscher, halal, vegetarisch, heiß, gut	Verb Worttrennung: es|sen Grammatik: Stammvokaländerung Verb essen auswändig LERNEN	خوردن to eat
0488	das	Brötchen Plural: – die Brötchen TIPP -chen und –lein machen alles klein!	Substantiv / Nomen Nom Gen Dat Akk das des dem das Worttrennung: Bröt|chen	مستی roll, bun
0489	R 70	morgens zur Zeit des Morgens; am Morgen, jeden Morgen - wann stehst du morgens auf?	Adverb mor|gens Antonyme: abends	صبح زود in the morning
0490	R 70	mittags - am Mittag, zur Mittagszeit; von morgens bis mittags	Adverb mit|tags	⬚هر at noon
0491		nachmittags am Nachmittag, zur Nachmittagszeit; während des Nachmittags; Abkürzungen: nachm., nm.	Adverb nach|mit|tags	بعد از ⬚هر in the afternoon
0492		abends abends esse ich nie; zur Zeit des Abends Regel: Kleinschreibung: abends, (= jeweils am Abend)	Adverb unflektierbare Wortart Rechtschreibung Worttrennung: abends	عصر in the evening
0493	4 e, te, t	wecken weckE, weckTE, habe geweckT	Verb Worttrennung: we|cken	to wake up
0494	der	Mittag, Plural: - e die MittagE 1. Zeit um die Mitte des Tages (gegen und nach 12 Uhr); Mittagszeit 2. Nachmittag - Qian will morgen Mittag um 3 Uhr kommen	Substantiv / Nomen Nom Gen Dat Akk der des dem den Mit|tag	⬚هر noon
0495		zum	Präposition + Artikel = zu dem + D.	به to the
0496	das	Interview, Plural: - s die InterviewS 1. von einem Berichterstatter von Presse, Rundfunk oder Fernsehen mit einer meist bekannten Persönlichkeit geführtes Gespräch, in dem diese sich zu gezielten, aktuelle [politische] Themen oder die eigene Person betreffenden Fragen äußert 2. gezielte Befragung (von ausgewählten Personen) zu statistischen Zwecken 3. zu Zwecken der Anamnese und Diagnose durchgeführte methodische Befragung des Patienten Gebrauch: Medizin, Psychologie wissenswert : Dieses Wort stand 1887 erstmals im Rechtschreibduden Herkunft: englisch interview < französisch entrevue = verabredete Zusammenkunft	Substantiv / Nomen Nom Gen Dat Akk das des dem das Rechtschreibung Worttrennung: In|ter|view	مصا⬚به interview
0497	4, 11 e, te, t	antworten antwortE, antworteTE, habe geantworteT - auf eine Frage ausführlich, ausweichend, der Wahrheit gemäß antworten; mit Ja oder Nein antworten; er hat mir noch nicht [auf meinen Brief]	Verb Präsens E Präteritum TE Perfekt T	پاسخ دادن to answer

Nr Artikel Verb-Nr	Deutsch Bedeutungen, Beispiele	Wortart Worttrennung, Grammatik	Persisch Englisch
	geantwortet; wie/was soll ich ihr antworten? sie antwortete mit einem Achselzucken; 1. mündlich oder schriftlich erwidern; Antwort, Auskunft geben 2. reagieren	*Rechtschreibung* *Worttrennung:* ant|wor|ten	
0498 die	Freizeit*aktivität* *Plural:* - en die Aktivität*EN* in der Freizeit betriebene Aktivität Grammatuk: meist im Plural	Substantiv / Nomen Nom Gen Dat Akk *die der der die* *Worttrennung:* Frei|zeit|ak|ti|vi|tät	فعاليت اوقات فراغت free time activities
0499 der Sg. WRS	Sport Herkunft: englisch sport, ursprünglich = Zerstreuung, Vergnügen, Zeitvertreib, Spiel, Kurzform von: disport = Zerstreuung, Vergnügen < altfranzösisch desport, zu: (se) de(s)porter = (sich) zerstreuen, (sich) vergnügen < lateinisch deportare = fortbringen (deportieren) in einer vulgärlateinischen Bedeutung »zerstreuen, vergnügen«	Substantiv / Nomen Nom Gen Dat Akk *der des dem den*	ورزش sport
0500 das	Kino, *Plural:* - s die Kino*S* 1. Raum, Gebäude, in dem vor einem Publikum Filme gezeigt werden, in dem Filmvorführungen stattfinden 2. Vorstellung, Vorführung eines Films im Kino; Filmvorstellung, -veranstaltung	Substantiv / Nomen Nom Gen Dat Akk *das des dem das* *Worttrennung:* Ki|no	نمایش تاتر، سینما movie theater, cinema
0501 das	Theater, *Plural:* – die Theater zur Aufführung von Bühnenwerken bestimmtes Gebäude; Aufführung im Theater; Vorstellung; Unruhe, Verwirrung, Aufregung, als unecht oder übertrieben empfundenes Tun Herkunft: älter: Theatrum, eingedeutscht nach französisch théâtre < lateinisch theatrum < griechisch théatron, zu: théa = das Anschauen, die Schau;	Substantiv / Nomen Nom Gen Dat Akk *das des dem das* *Rechtschreibung* *Worttrennung:* The|a|ter	تئاتر theater
0502 das	Konzert, *Plural:* - e die Konzert*E*	Substantiv / Nomen Nom Gen Dat Akk *das des dem das* Kon|zert	کنسرت concert
0503 die	Disco, *Plural:* - s die Disco*S* 1. besonders auf Jugendliche zugeschnittene, mit Licht-, Lautsprecheranlagen u. a. ausgestattete Räumlichkeit, in der zu Musik von CDs, Schallplatten, Tondateien o. Ä. getanzt wird	Substantiv / Nomen Nom Gen Dat Akk *die der der die* *Rechtschreibung* *Worttrennung:* Dis|co, Dis|ko	دیسکو disco
0504 das	Muse*um, Plural:* die Muse*EN* Institut, in dem Kunstwerke sowie kunstgewerbliche, wissenschaftliche, technische Sammlungen aufbewahrt und ausgestellt werden *Synonyme*: Galerie, Gemäldegalerie, Kunst]sammlung, Kunsthalle; (bildungssprachlich) Pinakothek; *Herkunft*: lateinisch museum = Ort für gelehrte Beschäftigung; griechisch mouseîon = Musensitz, -tempel, zu: moũsa	Substantiv / Nomen Nom Gen Dat Akk *das des dem das* *Rechtschreibung* *Worttrennung:* Mu|se|um	موزه museum
0505 das Sg.	Sonstig*e* ohne Artikel: Sonstiges *Plural:* - Essen, Kleidung und Sonstiges	Substantiv / Nomen Nom Gen Dat Akk *das des dem das* Sons|tige	سایر other
0506	wichtig B1 Deutschprüfung *ist* für viele wichtig	Adjektiv wich|tig	مهم important
0507 die	Abkürz*ung, Plural:* -en die Kürzung*EN* - abgekürztes Wort; - eine Entfernung, Wegstrecke - abkürzender Weg	Substantiv / Nomen Nom Gen Dat Akk *die der der die* *Worttrennung:* Ab|kür|zung	مخفف abbreviation
0508 die	VolksHoch*Schule, Plural:* - n die Schule*N* *Abkürzung* VHS	Substantiv / Nomen Nom Gen Dat Akk	مرکز آموزش بزرگسالان Adult Education

Nr Artikel Verb-Nr	Deutsch Bedeutungen, Beispiele	Wortart Worttrennung, Grammatik	Persisch Englisch
	- der Weiterbildung dienende Einrichtung besonders der Erwachsenenbildung	die der der die Volks|hoch|schu|le	Center
0509	evangelisch - die evangelische Kirche; protestantisch, reformiert	Adjektiv *Worttrennung:* evan|ge|lisch	پروتستان Protestant
0510	katholisch sich zu derjenigen christlichen Kirche und ihrem Glauben bekennend, die beansprucht, allein selig machend zu sein, und die das Dogma der Unfehlbarkeit des Papstes, ihres als Stellvertreter Christi eingesetzten Oberhauptes, vertritt = der Papst *ist* katholisch Herkunft: kirchenlateinisch catholicus < griechisch katholikós = das Ganze, alle betreffend; allgemein, zu: hólos = ganz	Adjektiv *Rechtschreibung* *Worttrennung:* ka|tho|lisch	کاتولیک Catholic
0511	das	Original, *Plural:* - e die Original*E*	Substantiv / Nomen Nom Gen Dat Akk *das des dem das* *Worttrennung:* Ori|gi|nal	اصل original
0512	der	Unter*titel*, *Plural:* – die Titel 1. Titel, der einen Haupttitel [erläuternd] ergänzt 2. in den unteren Teil des Bildes eines in fremder Sprache vorgeführten Films eingeblendeter übersetzter Text	Substantiv / Nomen Nom Gen Dat Akk *der des dem den* *Worttrennung:* Un|ter|ti|tel	زیرنویس subtitle
0513	der	Turn*verein*, *Plural:* - e die Verein*E* - Verein von Turnerinnen und Turnern	Substantiv / Nomen Nom Gen Dat Akk *der des dem den* *Worttrennung:* Turn|ver|ein	باشگاه ورزشی sports club
0514	der	Fußball*club*, *Plural:* - S die Clubs Vereinigung von Menschen mit bestimmten gemeinsamen Interessen und Zielen (z. B. auf sportlichem, politischem, kulturellem Gebiet)	Substantiv / Nomen Nom Gen Dat Akk *der des dem den* *Worttrennung:* Fuß|ball|club	باشگاه فوتبا□ soccer / football club
0515	der	Disc*jockey*, *Plural:* - s die Discjockey*S* *Abkürzung* der DJ, die DJs	Substantiv / Nomen Nom Gen Dat Akk *der des dem den* *Rechtschreibung* *Worttrennung:* Disc|jo|ckey, Disk|jo|ckey	مجری برنامه/ دی جی disc jockey/DJ
0516 WRS	die	Woche, *Plural:* - n die Woche*N* ständig wiederkehrende Folge von 7 Tagen (die als Kalenderwoche mit Montag, in der christlichen Liturgie mit Sonntag beginnt)	Substantiv / Nomen Nom Gen Dat Akk *die der der die* *Worttrennung:* Wo|che	هفته week
0517		auf Was *heißt* das auf Deutsch?	Präposition mit Dativ und Akkusativ	روی in What is it in German?
0518		auf einen Blick Ich *sehe* es auf einem Blick.	Substantiv / Nomen	در یک نگاه at one glance
0519	die	Veranstalt*ung*, *Plural:* - en die Veranstaltung*EN* - das Veranstalten; etwas, was veranstaltet wird	Substantiv / Nomen Nom Gen Dat Akk *die der der die* *Worttrennung:* Ver|an|stal|tung	□ادثه، رویداد event
0520	der	Juli, *Plural:* - s die Juli*S* siebter Monat des Jahres Herkunft: lateinisch (mensis) Iulius, zu Ehren von Julius Caesar (etwa 100–44 v. Chr.) so benannt; Eindeutschung ausgehend vom Genitiv Iulii Grammatik: der Juli; Genitiv: des Juli[s], *Plural:* die Julis (Plural selten)	Substantiv / Nomen Nom Gen Dat Akk *der des dem den* *Rechtschreibung* *Worttrennung:* Ju|li	جولای July
0521	die	Verabred*ung*, *Plural:* - en die Verabredung*EN* - die Verabredung eines Treffpunkts	Substantiv / Nomen Nom Gen Dat Akk	قرار مالقات

Nr	Artikel Verb-Nr	Deutsch Bedeutungen, Beispiele	Wortart Worttrenung, Grammatik	Persisch Englisch
		- bleibt es bei unserer Verabredung?	*die der der die* *Worttrennung:* Ver|ab|re|dung	date, arrangement for a meeting
0522		Wohin? Grammatik: interrogativ: wohin so spät? Grammatik: relativisch: ihr könnt gehen, wohin ihr wollt Grammatik: indefinit Umgangssprachlich verhüllend: *muss noch zur Toilette*	Adverb wo|hin	محل where *(to)*
0524	36 e-a-e	es gibt es gibt, es gab, es hat gegebEN Wortverbindungen: Substantive: Hand, Blumen, Bescheid, Telefonummer Adjektive: gerne, offiziell, privat	Verb Grammatik Stammvokalwechsel	وجود دارد there is
0525		Was gibt's? Was *möchtest* du von mir? (Nominativ und Akkusativ, gelegentlich auch Dativ)	Indefinitpronomen	چه خبر؟ What`s going on? What`s up?
0526	die WRS	Zeit, *Plural:* - en die ZeitEN	Substantiv / Nomen Nom Gen Dat Akk *die der der die*	زمان Time
0527		Wozu? Wozu brauchst du soviel Geld?	Adverb Interrogativ *Worttrennung:* wo|zu	چرا؟ What for ?
0528	die	Überrasch*ung*, *Plural:* - en die ÜberraschungEN	Substantiv / Nomen Nom Gen Dat Akk *die der der die*	غافلگیر surprise
0529		na geht als Gesprächspartikel einem [verkürzten] Satz voraus und bildet damit den emotionalen Übergang von etwas, was als Geschehen, Gesprochenes oder Gedachtes vorausgegangen ist, zu einer sich daraus ergebenden Äußerung, die persönliche Gefühle, vor allem Ungeduld, Unzufriedenheit, Resignation, Ablehnung, aber auch Überraschung, eine Aufforderung, Zuspruch, Freude enthalten kann na, na, na!; na [ja] gut; na schön; na, dann mal los; na, wenn du meinst; na, warum eigentlich nicht?; na, der wird staunen [wenn er das sieht, hört]!; na, was soll denn das?; na, so was!; na, endlich hast du kapiert, worum es geht; na, das wird schon werden; na, das verbitte ich mir aber!; na, wer wird denn weinen?; na, wo bleibst du denn?; na und?; na, dann eben nicht; na, Kleiner? - in vertraulicher Anrede: na, wie geht es denn? - Na, schon fertig mit den Hausaugaben?	Interjektion	به خوبی well ...
0530	4, 18 e, te, t ~~ge~~ sichA	interessieren interessierE mich, interessierTE mich, habe mich interessierT - Piotr interessiert sich für den Fußball.	Verb 04072015 *Worttrennung:* in|te|r|es|sie|ren ~~ge~~ Partizip ohne ge	جالب بودن to interest
0531	48 o-a-o sein LERNEN	mit.kommen kommE mit, kam mit, bin mitgekommEN Warum kommen Askim und Qian nicht zum spazieren mit	Verb trennbar kom|men Stammvokalwechsel	موافقت کردن to come along
0532	WRS	morgen 1. am folgenden, kommenden Tag; an dem Tag, der dem heutigen Tag unmittelbar folgt: Qian hat morgen Geburtstag; sie *will* nicht bis morgen auf die	Adverb *Worttrennung:* mor|gen	فردا tomorrow

Nr Verb-Nr	Artikel	Deutsch Bedeutungen, Beispiele	Wortart Worttrennung, Grammatik	Persisch Englisch
		Geschenke *warten* 2. in nächster, in der zukünftigen Zeit; in Zukunft, künftig: das ist der Stil von morgen *(der Zukunft)*		
0533	R 81	Warum? warum nicht?; warum antwortest du nicht? - »Ich werde mein Urlaub verschieben.« – »Warum [das denn]?« nach dem Warum fragen Grammatik: relativisch: der Grund, warum er es getan hat, ist uns allen unbekannt	Adverb *Worttrennung:* wa|rum *Worttrennung:* wa|r|um	چرا؟ Why?
0534	*49* a-o-o LERNE N	*können* *kann, konnTE, habe gekonnT* er *kann* gut Deutsch; *können* Sie mir bitte *helfen*	*Verb Modalverb* *Worttrennung:* kön|nen Stammvokalwechsel	توانستن can, be able to
0535	das	Schwimmbad, *Plural:* "- er die BädER, Umlaut im Plural - (im Freien oder in einem Gebäude befindliche) Anlage mit [einem] Schwimmbecken [Umkleidekabinen, Liegewiese(n) o. Ä.] - ins Schwimmbad gehen	Substantiv / Nomen Nom Gen Dat Akk das des dem das *Worttrennung:* Schwimm|bad	استخر شنا swimming pool
0536	die WRS	Lust, *Plural:* "- e die LüstE, *Umlaut im Plural* 1. inneres Bedürfnis, etwas Bestimmtes zu tun, haben zu wollen; auf die Befriedigung eines Wunsches gerichtetes Verlangen 2. heftiges, auf die Befriedigung sinnlicher, besonders sexueller Bedürfnisse gerichtetes [triebhaftes] Verlangen 3. aus der Befriedigung sinnlicher, besonders geschlechtlicher Genüsse entstehendes Gefühl; Erfüllung einer Begierde; Wollust	Substantiv / Nomen Nom Gen Dat Akk *die der der die*	میل انجام کاری را داشتن the desire to do s.th.
0537	der	Zoo, *Plural:* - s die ZooS - großes, meist parkartiges Gelände, in dem viele, besonders tropische Tierarten gehalten und öffentlich gezeigt werden Synonyme zu Zoo: Tierpark, zoologischer Garten	Substantiv / Nomen Nom Gen Dat Akk *der des dem den*	باغ و□ش zoo
0538	der	Park, *Plural:* - s die ParkS Herrngarten Darmstadt, Deutschland	Substantiv / Nomen Nom Gen Dat Akk *der des dem den*	پارک Park
0539	der	Bier*garten, Plural:* "- die Gärten, *Umlaut im Plural* Gartenwirtschaft, in der vor allem Bier ausgeschenkt wird	Substantiv / Nomen Nom Gen Dat Akk *der des dem den* Rechtschreibung *Worttrennung:* Bier|gar|ten	باغ آبجو beer garden
0540	das Sg.	Bowling 1. amerikanische Art des Kegelspiels mit 10 Kegeln 2. englisches Kugelspiel auf glattem Rasen	Substantiv / Nomen Nom Gen Dat Akk *das des dem das* *Worttrennung:* Bow|ling	بولینگ bowling
0541	das Sg.	Schwimmen - sich im Wasser aus eigener Kraft (durch bestimmte Bewegungen der Flossen, der Arme und Beine) fortbewegen	Substantiv / Nomen Nom Gen Dat Akk *das des dem das* *Worttrennung:* Schwim|men	شنا swimming, the swim
0542	das	Stadt*fest, Plural:* - e die FestE	Substantiv / Nomen	

Nr Artikel Verb-Nr	Deutsch Bedeutungen, Beispiele	Wortart Worttrennung, Grammatik	Persisch Englisch
	- Fest, das eine Stadt aus einem bestimmten Anlass begeht	Nom Gen Dat Akk das des dem das Stadt|fest	جشنواره شهری city festival
0543	gegen - sich gegen die Wand drehen eine gegenläufige Bewegung - gegen den Strom rudern - gegen die Tür schlagen - gegen etwas protestieren - gegen alle Erwartungen - sie siegten gegen Kanada mit 4 : 3 Toren - sie hat sich schlecht gegen mich (veraltend; *mir gegenüber*) benommen - ich komme [so] gegen 11 Uhr nach Hause - gegen Abend - gegen Ende der Ferien, des Krieges - wie gut haben wir es heute gegen früher - die Ware gegen Bezahlung liefern	Präposition mit Akkusativ + *A* *Rechtschreibung* *Worttrennung:* ge|gen	به سمت toward (*The film ends toward 10 o´clock)*
0544 *4, 11* *e, te, t* ~~ge~~ *sichA*	*betrachten* *betrachtE, betrachteTE, betrachteT* Die Klasse *betrachtet* die Bilder. Die Klasse *hat* die Bilder *betrachtet*.	*Verb* *Rechtschreibung:* *Worttrennung:* be|trach|ten ~~ge~~ Partizip ohne ge	تماشا کردن to watch
0546 *65* *u-ie-u*	*an.rufen* *rufE an, rief an, habe angerufEN* - wann *rufst* du mich *an*?	*Verb trennbar* *Worttrennung:* an|ru|fen Stammvokalwechsel	تماس داشتن to call
0547	Was ist los? Was *ist* passiert? (Nominativ und Akkusativ, gelegentlich auch Dativ)	Indefinitpronomen	چه اتفاقی افتاده است؟ What´s happening?
0548	gestern Wer *hat* gestern *gearbeitet*? am gestrigen Tag; die Welt von gestern Substantiv / Nomeniert: keinen Gedanken an das Gestern verschwenden <u>Wendungen, Redensarten, Sprichwörter</u> von gestern sein (*umgangssprachlich;* altmodisch, unmodern, rückständig, dumm sein;nach Hiob 8, 9, Luther, Bibeltext: ihre Ideen, diese Leute sind einfach von gestern)	Adverb unflektierbare Wortart *Rechtschreibung* *Worttrennung:* ges | tern	دیروز yesterday
0549 die	Vergangenheits*form,* *Plural:* - en die Form*EN* - Zeitform der Vergangenheit	Substantiv / Nomen Nom Gen Dat Akk *die der der die* Ver|gan|gen|heits |form	شکلهای معمو□ زمان گذشته forms of the past tense
0550 *47* *e-a-a* ~~ge~~	*erkennen* *erkennE, erkannTE, erkannT* *Erkennst* du deine Freundin auf dem Bild? Der Richter *erkannten* auf Freispruch	*Verb* *Worttrennung:* er|ken|nen ~~ge~~ Partizip ohne ge Stammvokalwechsel	شناختن to recognize
0551 die Sg.	Vergangen*heit*	Substantiv / Nomen Nom Gen Dat Akk *die der der die* Ver|gan|gen|heit	زمان گذشته past tense
0552 das	Präteritum Imperfekt (Sprachwissenschaft) erste/unvollendete Vergangenheit, Präteritum	Substantiv / Nomen Nom Gen Dat Akk *das des dem das* *Worttrennung:* Prä|te|ri|tum	گذشته ساده simple past
0553 die	Zeit*angabe,* *Plural:* - n die Angabe*N* - Angabe über die Uhrzeit bzw. den Zeitpunkt	Substantiv / Nomen Nom Gen Dat Akk *die der der die*	زمان دقیق exact time

Nr Artikel Verb-Nr	Deutsch Bedeutungen, Beispiele	Wortart Worttrennung, Grammatik	Persisch Englisch
	- Sprachwissenschaft: Adverbialbestimmung der Zeit; temporale Umstandsbestimmung	Zeit|an|ga|be	
0554	übermorgen in zwei Tagen; an dem auf den morgigen Tag folgenden Tag - meine Eltern *kommen* übermorgen.	Adverb über|mor|gen	پسفردا day after tomorrow
0555 i-a-o ~~ge~~	*19 beginnen* *beginnE, begann, habe begonnEN* Wann *beginnt* der Deutschkurs?	*Verb* *Worttrennung:* be|gin|nen *Grammatik*: ~~ge~~ Partizip ohne ge Stammvokalwechsel	شروع کردن to begin
0556 der	Zirkus, _Plural:_ - se die ZirkuSE alternativ: Circus	Substantiv / Nomen Nom Gen Dat Akk *der des dem den* Zir|kus, Cir|cus	سیرک circus
0557	ungefähr mehr oder weniger genau; nicht genau bestimmt, anzugeben Ich *weiß* nicht genau	Adjektiv un|ge|fähr _Gleichlautendes Wort:_ ungefähr Adverb	درباره about
0558	montags an jedem Montag Montags *kocht* meine Mutter immer Kartoffels*uppe*	Adverb mon|tags	دوشنبه ها on Monday(s)
0559 Regel 70	dienstags an jedem Dienstag - ich *gehe* immer dienstags *schwimmen* *Rechtschreibung* *Das Substantiv / Nomen »Dienstag« wird großgeschrieben* *das Adverb »dienstags« wird kleingeschrieben* _Regel 70_: *Aus Substantiv / Nomenn entstandene Wörter anderer Wortarten werden kleingeschrieben. Dabei kann es sich um Adverb unflektierbare Wortarten;* abends, morgens, sonntags, (*aber:*eines Abends, jenes Morgens, des letzten Sonntags usw.) handeln	Adverb unflektierbare Wortart *Rechtschreibung* *Worttrennung:* diens | tags	سه شنبه ها onTuesday (s)
0560 R 70	mittwochs an jedem Mittwoch Mittwochs *spielen* Kinder immer Fußball	Adverb mitt|wochs Regel 70	چهارشنبه ها on Wednesday(s)
0561 das Sg.	Tennis - der Weiße Sport Ballspiel, bei dem ein kleiner Ball von zwei Spielern (oder Paaren von Spielern) nach bestimmten Regeln mit Schlägern über ein Netz hin- und zurückgeschlagen wird Herkunft: englisch tennis < mittelenglisch tenes, tenetz, zu (alt)französisch tenez! = nehmt, haltet (den Ball)!, Imperativ Plural von: tenir = halten < lateinisch tenere, wohl Zuruf des Aufschlägers an seinen Mitspieler - Stefanie Maria „Steffi" Graf geboren am 14. Juni 1969 in Mannheim, Deutschland, ist eine ehemalige deutsche Tennisspielerin. Sie gewann 22 Grand-Slam -Turniere und hält mit 377 Wochen den Rekord bei der Führung in der Tennis-Weltrangliste. 1988 siegte sie bei allen vier Grand-Slam-Turnieren sowie den Olympischen Spielen und gewann so als bisher einzige Tennisspielerin den Golden Slam. Sie ist eine der erfolgreichsten Tennisspielerinnen der Geschichte. - Boris Franz Becker, geboren in Leimen, Deutschland, ist ein ehemaliger deutscher Tennisspieler und	Substantiv / Nomen Nom Gen Dat Akk *das des dem das* *Rechtschreibung* *Worttrennung:* Ten|nis	تنیس tennis

Nr	Artikel Verb-Nr	Deutsch Bedeutungen, Beispiele	Wortart Worttrennung, Grammatik	Persisch Englisch
		Olympiasieger. Er gewann insgesamt 49 Turniere im Einzel – darunter sechs Grand-Slam-Turniere, davon dreimal das Turnier von Wimbledon – sowie 15 Titel im Doppel Regel 54: Ist der erste Bestandteil ein [nicht verblasstes] Substantiv, schreibt man in den meisten Fällen getrennt: Tennis spielen Ist das Substantiv verblasst oder hat es in Verbindung mit dem Verb seine Eigenständigkeit verloren, schreibt man zusammen: eislaufen		
0562		trennbar	Adjektiv + Nomen	جداشدنی separable
0563		trennbare Verben *ein.kaufen* Ich *kaufe* jeden Tag 3 Brötchen *ein*	Adjektiv *Worttrennung:* trenn|bar	افعال جداشدنی separable verbs
0564	die	Satzklammer, *Plural:* - n die KlammerN Satzkonstruktion, bei der das finite Verb im Aussagesatz in zweiter, im Fragesatz in erster Position steht, während die infiniten Teile des Prädikats ans Satzende treten (z. B. Sie hat gestern ein Buch gekauft. *Hat* sie gestern ein Buch *gekauft*?)	Substantiv / Nomen Nom Gen Dat Akk die der der die Satz|klam|mer	براکت جمله sentence bracket
0565	die	Betonung *Plural:* - en die BetonungEN - die Betonung der ersten Silbe eines Wortes	Substantiv / Nomen Nom Gen Dat Akk die der der die *Worttrennung:* Be|to|nung	تاکید stress
0566	der	Wortteil, *Plural:* - e die TeilE	Substantiv / Nomen Nom Gen Dat Akk der des dem den	بخشی از کلمه part of the word
0567		einfach, einfacher, am einfachsten Die Aufgabe *ist einfach* - das ist einfach *(ganz und gar)* unmöglich! - das begreife ich einfach nicht! - er lief einfach davon das wäre einfach toll, herrlich <u>Synonyme:</u> eben, ganz und gar, geradezu, kurzerhand, nun einmal, ohne Umstände, ohne weiteres, schlechthin, schlicht, überhaupt, völlig; (gehoben) nachgerade;	Partikel *Rechtschreibung* *Worttrennung:* ein | fach	ساده simple
0568	4 e, te, t ~~ge~~	*entschuldigen* entschuldigE, entschuldigTE, habe entschuldigT - enstschuldigen Sie bitte, ich *habe* keine Hausaufgaben gemacht	*Verb* *Rechtschreibung* *Worttrennung:* ent|schul|di|gen	ببخشید excuse me
0569	4,18 e, te, t ~~ge~~	*telefonieren, fernsprechen* telefonierE, telefonierTE, habe telefonierT anrufen, ein Ferngespräch / Telefonat führen, fernsprechen, sich [telefonisch] melden;	*Verb* *Worttrennung:* te|le|fo|nie|ren <u>*Grammatik:*</u> ~~ge~~ Partizip ohne ge	تلفن زدن to telephone
0570	die	Polizei, *Plural:* - en die PolizeiEN 1. staatliche oder kommunale Institution, die [mit Zwangsgewalt] für öffentliche Sicherheit und Ordnung sorgt; 2. Gruppe von der Polizei Angehörenden; 3. Dienststelle der Polizei	Substantiv / Nomen Nom Gen Dat Akk die der der die Po|li|zei	پلیس police
0572		Haben wir alles? *Hast* du alles *eingekauft*?	Interrogativsatz Fragesatz	همه چیز داریم؟ Do we have

Nr	Artikel Verb-Nr	Deutsch Bedeutungen, Beispiele	Wortart Worttrennung, Grammatik	Persisch Englisch
				everything?
0574	48 o-a-o +sein	*dran.kommen* *kommE dran, kam dran, bin dran gekommEN* Im Wartezimmer: Wer *kommt* jetzt *dran*?	*Verb trennbar* *Worttrennung:* dran|kom|men *Grammatik* Stammvokalwechsel	تحقق یافتن to be someone's turn (it´s his turn)
0575	das	Weiß*brot,* *Plural:* - e die Brot*E*	Substantiv / Nomen Nom Gen Dat Akk *das des dem das* Weiß|brot	نان سفید white bread
0576	der	Kasten, *Plural:* "- die Kästen, *Umlaut im Plural* 1. rechteckiger, aus Holz oder einem anderen festen Material hergestellter [verschließbarer] Behälter zum Aufnehmen oder Aufbewahren von etwas 2. zum Transport von Flaschen vorgesehener, in einzelne Fächer unterteilter offener Behälter 3. großes, unschönes Gebäude	Substantiv / Nomen Nom Gen Dat Akk *der des dem den* *Worttrennung:* Kas|ten	جعبه box
0577		komplett vollständig; als Ganzes [vorhanden]; absolut, völlig - *sind* die Dokumente komplett?	Adjektiv *Worttrennung:* kom|plett	کامل complete
0578	das	Gramm, *Plural:* die Gramm, Gramm*E* – Abkürzung = g - Grundeinheit des metrischen Gewichtssystems; tausendster Teil eines Kilogramms	Substantiv / Nomen Nom Gen Dat Akk *das des dem das*	گرم gram, gramme
0579	der WRS	Käs*e,* *Plural:* – die Käse - aus Milch (von Kühen, Schafen oder Ziegen) hergestelltes Nahrungsmittel, das als Brotbelag oder auch -aufstrich gegessen wird - Schweizer Käse; etwas mit Käse überbacken 2. Unsinn, dummes Zeug = das ist doch alles Käse *Herkunft*: mittelhochdeutsch kæse, althochdeutsch chāsi, kāsi < lateinisch caseus, eigentlich = Gegorenes, sauer Gewordenes *Wissenswertes*: es gibt geschätzte 5000 Käsesorten Hartkäse: Cheddar, Emmentaler, Parmesan, Pecorino, Greyerzer, Manchego Schnittkäse: Appenzeller, Tilsiter, Leerdammer, Gouda, Edamer, Gouda, Butterkäse Weichkäse: Camembert, Brie, Limburger, Romadur, Gorgonzola, Feta Frischkäse: Quark, Schichtkäse, Mascarpone, Hüttenkäse, Ricotta, Mozzarella	Substantiv / Nomen Nom Gen Dat Akk *der des dem den* *Rechtschreibung* *Worttrennung:* Kä|se	پنیر cheese
0580	der	Gouda – *Käse,* *Plural:* – die Käse [niederländischer] brotlaibförmiger, hell- bis goldgelber Schnittkäse mit runden bis ovalen Löchern und von mildem bis pikantem Geschmack entsprechend der Reifezeit	Substantiv / Nomen Nom Gen Dat Akk *der des dem den* *Worttrennung:* Gou|da	پنیر گودا Gouda cheese
0581		dahinten Die Apotheke *ist* dahinten *Synonyme*: dort, dort hinten, hinten	Adverb unflektierbare Wortart da | hin | ten	پشت سر back there
0582	das	Kilo, *Plural:* – s die Kilo*S*; = das Kilogramm, die Kilogramme *Abkürzung* kg Qiang wiegt 58 Kilo	Substantiv / Nomen Nom Gen Dat Akk *das des dem das* Ki|lo	کیلو kilo

Nr Artikel Verb-Nr	Deutsch Bedeutungen, Beispiele	Wortart Worttrennung, Grammatik	Persisch Englisch
0583 das WRS	Pfund, 500 gr, 0,5 kg, *Plural:* - e die Pfund*E* aber: zwei Pfund 1. fünfhundert Gramm; ein halbes Kilogramm (Maßeinheit); Zeichen: ℔ - ein halbes, ganzes Pfund Butter; ein Pfund Bohnen kostet zwei Euro: den Pfunden zu Leibe rücken *(sein Gewicht zu verringern suchen)* 2. Währungseinheit in Großbritannien (1 P. [Sterling]= 100 Pence; Währungscode: GBP; Zeichen: £ Herkunft: das Geld wurde ursprünglich gewogen	Substantiv / Nomen Nom Gen Dat Akk *das des dem das*	پوند pound
0584 der	Liter, *Plural:* – die Liter, *Abkürzung* L	Substantiv / Nomen Nom Gen Dat Akk *der des dem den* Li|ter	لیتر liter
0585 die	Flasch*e*, *Plural:* - n die Flasche*N* - [verschließbares] Gefäß aus Glas, Metall oder Kunststoff mit enger Öffnung und Halsansatz zum Aufbewahren von Flüssigkeiten, auch Gasen - unfähiger Mensch; Versager Synonyme: (umgangssprachlich) Buddel; (salopp) Pulle; (veraltet) Bouteille Versager, Versagerin; (umgangssprachlich) Niete; (salopp) Blindgänger, Loser; (umgangssprachlich abwertend) Krücke, Null, Nulpe; (salopp abwertend) Dünnmann, Pfeife	Substantiv / Nomen Nom Gen Dat Akk *die der der die* Rechtschreibung Worttrennung: Fla|sche	شیشه bottle
0586 das	Bier, *Plural:* - e die Bier*E*, aber: *Bitte zwei Bier* - aus Malz, Hopfen, Hefe und Wasser gegorenes, kohlensäurehaltiges, würziges, leicht alkoholisches Getränk - 3 [Glas] Bier	Substantiv / Nomen Nom Gen Dat Akk *das des dem das*	آبجو beer
0587 die	Pack*ung*, *Plural:* - en die Packung*EN*	Substantiv / Nomen Nom Gen Dat Akk *die der der die* Pa|ckung	بسته package
0588 die Sg.	Butter - aus Milch gewonnenes, besonders als Brotaufstrich verwendetes Fett	Substantiv / Nomen Nom Gen Dat Akk *die der der die* Worttrennung: But|ter	کره butter
0589 die	Dos*e*, *Plural:* - n, die Dose*N* - kleiner [runder] Behälter mit Deckel - Kurzform für: Konservendose - Kurzform für: Steckdose - (vulgär) Vulva - (seltener) Dosis	Substantiv / Nomen Nom Gen Dat Akk *die der der die* Rechtschreibung Worttrennung: Do|se	قوطی tin, can
0590 die	Möhr*e*, *Plural:* - n die Möhre*N* Pflanze mit mehrfach gefiederten Blättern und orangefarbener, spindelförmiger, kräftiger Wurzel, die besonders als Gemüse gegessen wird	Substantiv / Nomen Nom Gen Dat Akk *die der der die* Möh|re	هویج carrot
0591 das	Gl*as*, *Plural:* "- er die Gläs*ER*, *Umlaut im Plural* lichtdurchlässiger, meist durchsichtiger, leicht zerbrechlicher Stoff, der aus einem geschmolzenen Gemisch hergestellt wird und als Werkstoff (z. B. für Scheiben, Gläser) dient	Substantiv / Nomen Nom Gen Dat Akk *das des dem das*	شیشه glass

Nr	Artikel Verb-Nr	Deutsch Bedeutungen, Beispiele	Wortart Worttrennung, Grammatik	Persisch Englisch
0592	die	Olive, *Plural:* - n die Olive*N*	Substantiv / Nomen Nom Gen Dat Akk *die der der die* Oli|ve	زیتون olive
0594	das Sg.	Mehl - durch Mahlen von Getreidekörnern entstandenes pulver-, puderförmiges Nahrungsmittel, das vorwiegend mit anderen Zutaten zu einem Teig vermengt und gebacken oder gekocht wird - zu Pulver gemahlener oder zerriebener fester Stoff	Substantiv / Nomen Nom Gen Dat Akk *das des dem das*	آرد flour
0595	das Sg.	Fleisch von Bindegewebe umgebenes weiches Muskelgewebe des menschlichen und tierischen Körpers	Substantiv / Nomen Nom Gen Dat Akk *das des dem das*	گوشت meat
0596	die WRS	Wurst, *Plural:* ”- e die Wurst*E*, Umlaut im Plural - Wurst kaufen - aber das ist mir wurst oder wurscht umgangssprachlich: ganz gleichgültig	Substantiv / Nomen Nom Gen Dat Akk *die der der die*	سوسیس sausage
0597	das	Milch*produkt*, *Plural:* - e die Produkt*E* aus Milch gewonnenes Nahrungsmittel	Substantiv / Nomen *Worttrennung:* Milch|pro|dukt	محصولات لبنی milk product
0598	das	Brot, *Plural:* - e die Brot*E* - aus Mehl, Wasser, Salz und Sauerteig oder Hefe durch Backen hergestellte Backware, die als Grundnahrungsmittel gilt	Substantiv / Nomen Nom Gen Dat Akk *das des dem das*	نان bread
0599	der	Kuchen, *Plural:* – die Kuchen [größeres, in einer Backform gebackenes] Gebäck aus Mehl, Fett, Zucker, Eiern und anderen Zutaten	Substantiv / Nomen Nom Gen Dat Akk *der des dem den* Ku|chen	کیک cake
0600	das	Gemüs*e* *Plural:* – die Gemüse Pflanzen, deren verschiedene Teile in rohem oder gekochtem Zustand gegessen werden	Substantiv / Nomen Nom Gen Dat Akk *das des dem das* Achtung -e das *Worttrennung:* Ge|mü|se	سبزی vegetable
0601	das Sg.	Obst essbare, meist saftige Früchte bestimmter Bäume und Sträucher	Substantiv / Nomen Nom Gen Dat Akk *das des dem das*	میوه fruit
0602	4 e, te, t	*kaufen* *kaufE, kaufTE, habe gekaufT* etwas gegen Bezahlung erwerben;bestechen	*Verb* *Worttrennung:* kau|fen	خریدن to buy
0603	der	Apfel *Plural:* ”- die Äpfel, *Umlaut im Plural* rundliche, fest-fleischige, aromatisch schmeckende Frucht *Regel:* Obst hat immer den Artikel „die", außer der Apfel und der Pfirsich	Substantiv / Nomen *Worttrennung:* Ap	fel Nom Gen Dat Akk *der des dem den*	سیب apple
0604	die	Banan*e*, *Plural:* - n die Banane*N* *Regel:* Obst hat immer den Artikel „die" außer der Apfel und der Pfirsich	Substantiv / Nomen Nom Gen Dat Akk *die der der die*	موز banana
0605	die	Birne *Plural:* - n die Birne*N* *Regel:* Obst hat immer den Artikel „die" außer der Apfel und der Pfirsich	Substantiv / Nomen Nom Gen Dat Akk *die der der die* *Worttrennung:* Bir|ne	گلابی pear

Nr Artikel Verb-Nr	Deutsch Bedeutungen, Beispiele	Wortart Worttrennung, Grammatik	Persisch Englisch
0606 das	Ei _Plural:_ - er die EiER	Substantiv / Nomen Nom Gen Dat Akk _das des dem das_	تخم مرغ egg
0607 der Sg.	Essig würzende und konservierende saure Flüssigkeit	Substantiv / Nomen Nom Gen Dat Akk _der des dem den_ _Worttrennung:_ Es|sig	سرکه vinegar
0608 die	Fleisch_wurst_ _Plural:_ ”- e die WürstE, _Umlaut im Plural_ Wurst aus zerkleinertem Fleisch, Gewürzen u. a., die meist als Ring hergestellt wird	Substantiv / Nomen Nom Gen Dat Akk _die der der die_ _Worttrennung:_ Fleisch|wurst	سوسیس با گوشت خوک sausage made from cooked pork
0609 die	Gurke, _Plural:_ - n die GurkeN - als Gemüse- und Salatpflanze angebautes, dicht am Boden entlangwachsendes Gewächs mit großen, rauen Blättern und fleischigen, länglichen, grünen oder grüngelblichen Früchten salopp scherzhaft: [hässliche, große] Nase Handy: im Restaurant die Gurke quieken lassen salopp abwertend: der fährt eine ganz müde Gurke _(ein altes, langsames Auto)_ - euer Mittelstürmer war eine Gurke derb: Penis	Substantiv / Nomen Nom Gen Dat Akk _die der der die_ _Rechtschreibung_ _Worttrennung:_ Gur|ke	خیار cucumber
0610 der WRS	Honig, _Plural:_ - e die HonigE als Nahrungs- und Heilmittel verwendete dickflüssige bis feste, hellgelbe bis grünschwarze, sehr süße Masse, die von Bienen aus Blüten- und anderen süßen Pflanzensäften oder Sekreten bestimmter Insekten gewonnen, verarbeitet und in Waben gespeichert wird	Substantiv / Nomen Nom Gen Dat Akk _der des dem den_ _Worttrennung:_ Ho|nig	عسل honey
0611 der	Joghurt, _Plural:_ - s die JoghurtS durch Zusetzen bestimmter Milchsäurebakterien gewonnene Art Sauermilch Wissenswert: Dieses Wort stand 1915 erstmals im Rechtschreibduden. Herkunft: türkisch yoğurt Dieses Wort oder diese Verbindung ist rechtschreiblich schwierig. Liste der rechtschreiblich schwierigen Wörter finden Sie auf meiner Hompage	Substantiv / Nomen Nom Gen Dat Akk _der des dem den_ _Rechtschreibung_ _Worttrennung:_ Jo|ghurt, Jo|gurt	ماست yoghurt
0612 die	Kartoffel, _Plural:_ - n die KartoffelN Herkunft: dissimiliert aus älterem Tartuffel, Tartüffel; älter italienisch tartufo, tartufolo, eigentlich = Trüffel; spätlateinisch terrae tuber = Trüffel, Erdknolle; das Wort wurde zur Bezeichnung für die (zuerst von den Spaniern aus Amerika nach Europa gebrachte) Kartoffel durch eine Verwechslung ihrer Wurzelknollen mit den unterirdisch wachsenden knollenartigen Fruchtkörpern der Trüffel	Substantiv / Nomen Nom Gen Dat Akk _die der der die_ _Rechtschreibung_ _Worttrennung:_ Kar|tof|fel	سیب زمینی Potato
0613 die	Kiwi, _Plural:_ - s die KiwiS kugelige oder eiförmige, behaarte Frucht mit saftigem, säuerlichem, glasigem Fruchtfleisch	Substantiv / Nomen Nom Gen Dat Akk _die der der die_ Ki|wi	کیوی kiwi
0614 die	Lamm_keule_, _Plural:_ - n die KeuleN - Keule vom Lamm	Substantiv / Nomen Nom Gen Dat Akk _die der der die_ Lamm|keu|le	گوشت پای بره leg of lamb
0615 die WRS	Leber_wurst_, _Plural:_ ”- e die WürstE, _Umlaut im Plural_	Substantiv / Nomen Nom Gen Dat Akk	سوسیس با جگر پخته

Nr	Artikel Verb-Nr	Deutsch Bedeutungen, Beispiele	Wortart Worttrennung, Grammatik	Persisch Englisch
		aus Kalbs- und Schweineleber bereitete Streichwurst	die der der die Le|ber|wurst	liver sausage
0616	die	Mango, *Plural:* - s die MangoS große rote, grüne oder gelbe Frucht des Mangobaums mit saftigem Fruchtfleisch und einem großen, flachen Steinkern	Substantiv / Nomen Nom Gen Dat Akk die der der die Man|go	انبه mango
0617	die Sg.	Margarine streichfähiges, der Butter ähnliches Speisefett aus pflanzlichen [und zu einem geringen Teil aus tierischen] Fetten	Substantiv / Nomen Nom Gen Dat Akk die der der die Mar|ga|ri|ne	مارگارین margarine
0618	die	Marmelade, *Plural:* - n die MarmeladeN - als Brotaufstrich verwendete, mit Zucker eingekochte Früchte; nach einer Verordnung der Europäischen Gemeinschaft) süßer Brotaufstrich aus Zitrusfrüchten Herkunft: portugiesisch marmelada = (Quitten)marmelade, zu: marmelo = Quitte < lateinisch melimelum < griechisch melímēlon = Honigapfel	Substantiv / Nomen Nom Gen Dat Akk die der der die Mar|me|la|de	مربا، مارمالاد jam, marmelade
0619	die	Nudel, *Plural:* - n die NudelN 1. Teigware von verschiedenartiger Form, die vor dem Verzehr gekocht wird 2. [weibliche] Person, die der Sprecher [wohlwollend oder spöttisch] in einer bestimmten Verhaltensweise o. Ä. charakterisiert Grammatik: meist verbunden mit einem Adjektivattribut umgangssprachlich: eine ulkige Nudel 3. Penis: Gebrauch: salopp	Substantiv / Nomen Nom Gen Dat Akk die der der die Nu|del	پاستا pasta
0620	das	Öl, *Plural:* - e die ÖlE	Substantiv / Nomen Nom Gen Dat Akk das des dem das	روغن oil
0621	die	Orange, *Plural:* - n die OrangeN *Regel:* Obst hat immer den Artikel „die" außer der Apfel und der Pfirsich	Substantiv / Nomen Nom Gen Dat Akk die der der die Oran|ge	پرتقا⬚ orange
0622	der Sg.	Pfeffer	Substantiv / Nomen Nom Gen Dat Akk der des dem den Pfef|fer	فلفل pepper
0623	der	Pfirsich, *Plural:* -e, die PfirsichE *Regel:* Obst hat immer den Artikel „die" außer der Apfel und der Pfirsich Herkunft: lateinisch persica arbor, persicus = persischer Baum oder persicum (malum) = persisch(er Apfel); die Frucht gelangte über Persien von China nach Europa	Substantiv / Nomen Nom Gen Dat Akk der des dem den Pfir|sich	هلو peach
0624	der Sg.	Reis 1. (in warmen Ländern wachsende, zu den Gräsern gehörende) hochwachsende Pflanze mit breiten Blättern und langen Rispen (deren Früchte ein Grundnahrungsmittel bilden) 2. Erfinder des Telefons *Gleichlautende Wörter:* Reis (Eigenname), das Reis: kleiner, dünner Zweig, junger Spross, Schössling	Substantiv / Nomen Nom Gen Dat Akk der des dem den	هلو peach
0625	das	Rindfleisch	Substantiv / Nomen	

Nr	Artikel Verb-Nr	Deutsch Bedeutungen, Beispiele	Wortart Worttrennung, Grammatik	Persisch Englisch
	Sg.	- Fleisch vom Rind	Nom Gen Dat Akk das des dem das *Worttrennung:* Rind|fleisch	گوشت گاو beef beef
0626	die	Salami, *Plural:* - s die SalamiS kräftig gewürzte, rötlich braune, luftgetrocknete Dauerwurst aus Schweine-, Rind-, Eselsfleisch, deren Haut oft mit einem weißen Belag, der durch das Trocknen an der Luft entsteht, überzogen ist oder einen weißen Überzug aus Kreide o. Ä. hat Herkunft: italienisch salame = Salzfleisch; Schlackwurst, zu: sale < lateinisch sa	Substantiv / Nomen Nom Gen Dat Akk *die der der die* Sa|la|mi	سالامی salami
0627	das Sg. WRS	Salz	Substantiv / Nomen Nom Gen Dat Akk *das des dem das*	نمک salt
0628	der	Schinken, *Plural:* – die Schinken [Hinter]keule eines Schlachttieres, besonders vom Schwein, die geräuchert oder gekocht gegessen wird	Substantiv / Nomen Nom Gen Dat Akk *der des dem den* Schin|ken	ژامبون ham
0629	das	Schnitzel, *Plural:* – die Schnitzel dünne Scheibe Kalb-, Schweine-, Puten- oder Hähnchenfleisch, die (oft paniert) in der Pfanne gebraten wird	Substantiv / Nomen Nom Gen Dat Akk *das des dem das* *Worttrennung:* Schnit|zel	شنیسل (pork / veal) escalope / cutlet
0630	das Sg.	Schweine*fleisch* - Moslems essen kein Schweine*fleisch*	Substantiv / Nomen Nom Gen Dat Akk das des dem das *Worttrennung:* Schwei|ne|fleisch	گوشت خوک pork
0631	das	Steak, *Plural:* - s die SteakS - nur kurz gebratene oder zu bratende Fleischscheibe aus der Lende (besonders von Rind oder Kalb) Herkunft: englisch steak < altisländisch steik = Braten, zu: steikja = braten, ursprünglich = an den Bratspieß stecken	Substantiv / Nomen Nom Gen Dat Akk das des dem das	استیک steak
0632	die WRS	Tomat*e*, *Plural:* - n die Tomate*N* Herkunft: französisch tomate < spanisch tomate < Nahuatl (mittelamerikanische Indianersprache) tomatl	Substantiv / Nomen Nom Gen Dat Akk *die der der die* To|ma|te	گوجه فرنگی tomato
0633	die	Zitron*e*, *Plural:* - n die Zitrone*N* *Regel:* Obst hat immer den Artikel „die" außer der Apfel und der Pfirsich	Substantiv / Nomen Nom Gen Dat Akk *die der der die* Zi|tro|ne, Zi|t|ro|ne	لیمو lemon
0634	die	Zwiebel, *Plural:* - n die Zwiebel*N*	Substantiv / Nomen Nom Gen Dat Akk *die der der die* Zwie|bel	پیاز onion
0635	das	Wochen*ende*, *Plural:* - n die Ende*N* - [Freitagabend,] Samstag und Sonntag (als arbeitsfreie Tage)	Substantiv / Nomen Nom Gen Dat Akk *das des dem das* *Worttrennung:* Wo|chen|en|de	آخر هفته weekend
0636	der	Einkaufs*zettel*, *Plural:* – die Zettel Zettel, auf dem einzukaufende Dinge notiert sind	Substantiv / Nomen Nom Gen Dat Akk *der des dem den* *Rechtschreibung* *Worttrennung:*	لیست خرید shopping list

Nr Verb-Nr	Artikel	Deutsch Bedeutungen, Beispiele	Wortart Worttrennung, Grammatik	Persisch Englisch
			Ein|kaufs|zet|tel	
0637	die	Scheibe, _Plural:_ - n die ScheibeN	Substantiv / Nomen Nom Gen Dat Akk _die der der die_ Schei|be	تکه slice
0638	das WRS	Spiel, _Plural:_ - e die SpielE -Tätigkeit, die ohne bewussten Zweck zum Vergnügen, zur Entspannung, aus Freude an ihr selbst und an ihrem Resultat ausgeübt wird	Substantiv / Nomen Nom Gen Dat Akk _das des dem das_	بازی game
0639	die	Pluralform, _Plural:_ - en die FormEN pluralische Form (eines Wortes)	Substantiv / Nomen Nom Gen Dat Akk _die der der die_ Plu|ral|form	شکل جمع plural form
0640	die	Pluralform, _Plural:_ - en die EndungEN pluralische Flexionsendung - e das Bier, die Biere „ – e die Wurst, die Würste - en die Packung, die Packungen - n die Banane, die Bananen „ – er das Glas, die Gläser - er das Ei, die Eier - s das Steak, die Steaks „- der Apfel, die Äpfel - der Schinken, die Schinken	Substantiv / Nomen Nom Gen Dat Akk _die der der die_ Plu|ral|en|dung	شناسه انتهایی جمع plural ending
0641	die	Wortliste, _Plural:_ - n die WortlisteN - diese Tabelle ist eine Wortliste - Liste, Verzeichnis von Wörtern	Substantiv / Nomen Nom Gen Dat Akk _die der der die_ Wort|lis|te	لیست کلمات list of words, word list
0642	der	Laden, _Plural:_ ”- die Läden, Umlaut im Plural - [Einzelhandels]geschäft - Betrieb	Substantiv / Nomen Nom Gen Dat Akk _der des dem den_ La|den	فروشگاهف مغازه the shop, store
0643	der	Tante – Emma – _Laden, Plural:_ ”- die Läden, Umlaut im Plural - kleines Einzelhandelsgeschäft alten Stils - meistens familiärer Betrieb	Substantiv / Nomen Nom Gen Dat Akk _der des dem den_ Tan|te-Em|ma-La|den	فروشگاه خانوادگی mom-and-pop-shop
0644	das	Lebensmittel, _Plural:_ – die Mittel	Substantiv / Nomen Nom Gen Dat Akk _das des dem das_ _Worttrennung:_ Le|bens|mit|tel	مواد غذایی food stuffs
0645	das	Problem, _Plural:_ - e die ProblemE Herkunft: lateinisch problema < griechisch próblēma = das Vorgelegte; die gestellte (wissenschaftliche) Aufgabe, Streitfrage, zu: probállein (Aoriststamm problē-) = vorwerfen, hinwerfen; aufwerfen	Substantiv / Nomen Nom Gen Dat Akk _das des dem das_ _Worttrennung:_ Pro|blem, Pro|b|lem	پرسش problem
0646		ct, _Plural:_ = Cent der Cent Untereinheit des Euro und der Währungseinheiten verschiedener Länder (z. B. der USA)	Substantiv / Nomen Nom Gen Dat Akk _die der der die_ _Worttrennung:_ ct	مخف فسنت abbr. of Cent
0648		zu viel - wir _zahlen_ zu viel Steuer	Adverb zu viel	خیلی زیاد too much (_It´s too much money_)
0649		zu wenig, weniger, am wenigsten	Adverb zu we|nig	نا کافی، خیلی کم not enough, too little
0650	das Sg.	Geld - in staatlichem Auftrag aus Metall geprägtes oder auf Papier gedrucktes Zahlungsmittel	Substantiv / Nomen Nom Gen Dat Akk _das des dem das_	پو□ money

Nr Artikel Verb-Nr	Deutsch Bedeutungen, Beispiele	Wortart Worttrennung, Grammatik	Persisch Englisch
0651 das	Kauf*haus*, *Plural:* "- er die Häus*ER*, <u>*Umlaut im Plural*</u> großes Geschäft des Einzelhandels, in dem Waren aller Art verkauft werden	Substantiv / Nomen Nom Gen Dat Akk *das des dem das* Kauf|haus	فروشگاه بزرگ department store
0652 der	Metzger, *Plural:* – die Metzger, Fleischer Herkunft: mittelhochdeutsch metzjer, metzjære, wahrscheinlich zu mittellateinisch matiarius = jemand, der mit Därmen handelt, zu lateinisch mattea < griechisch mattýa = feine Fleischspeise	Substantiv / Nomen Nom Gen Dat Akk *der des dem den* Metz|ger	قصاب butcher
0652 die	Metzgerin, *Plural:* - nen die Metzgerin*NEN* <u>*n-Verdoppelung im Plural bei Singularendung „in"*</u> weibliche Form zu der Metzger - Fleischerin, Schlachterin	Substantiv / Nomen Nom Gen Dat Akk *die der der die* Metz|ge|rin	قصاب ها butcher
0653 der	Kiosk, *Plural:* - e die Kiosk*E* 1. Verkaufsstelle (oft in einem leicht gebauten Häuschen) für Zeitschriften, Getränke, Süßigkeiten, Zigaretten o. Ä Herkunft: französisch kiosque < türkisch köşk = Gartenpavillion < persisch kŭšk	Substantiv / Nomen Nom Gen Dat Akk *der des dem den* Ki|osk	کیوسک kiosk
0654 die	Tank*stelle*, *Plural:* - n die Stelle*n* - Anlage mit Zapfsäulen, wo man Fahrzeuge mit Treibstoff und Öl versorgen kann	Substantiv / Nomen Nom Gen Dat Akk *die der der die* Tank|stel|le	پمپ بنزین/گاز gas / patrol station
0655 das	Amt, *Plural:* "- er die Ämt*ER*, " <u>*Umlaut im Plural*</u> *Wortverbindungen*: *Substantive:* Behörde, Funktion, Ministerium *Adjektive:* zuständig, auswärtig, öffentlich Verben: entheben, bekleiden, antreten, niederlegen,	Substantiv / Nomen Nom Gen Dat Akk *das des dem das*	اداره دولتی public office
0656 das	Informations*plakat*, *Plural:* - e die Plakat*E*	Substantiv / Nomen Nom Gen Dat Akk *das des dem das* In|for|ma|ti|ons|pla|kat	پوستر اطلاعات information poster
0657 4 e, te, t	*wünschen* wünsch*E*, wünsch*TE*, habe gewünsch*T*	*Verb sich etw.* *Worttrennung:* wün|schen	آرزو داشتن to wish
0658	nächst- Wer *ist* der Nächste?	Substantiv / Nomen	بعدی (the) next
0659 der	Kund*e*, *Plural:* - n die Kunde*N* 1. jemand, der [regelmäßig] eine Ware kauft oder eine Dienstleistung in Anspruch nimmt [und daher in dem Geschäft, in der Firma bekannt ist] 2. Landstreicher, Gauner, Eingeweihter, Kundiger 3. Kerl, Bursche, abwertend: ein übler Kunde *Gleichlautendes Wort*: die Kunde, die Nachricht	Substantiv / Nomen Nom Gen Dat Akk *der des dem den* Kun|de	مشتری customer, client
0659 die	Kundin, *Plural:* - nen die Kundin*NEN* <u>*n-Verdoppelung im Plural bei Singularendung „in"*</u> weibliche Form zu Kunde	Substantiv / Nomen Nom Gen Dat Akk *die der der die* Kun|din	مشتری customer, client
0660	weltweit - die ganze Welt umfassend, einschließend; in der ganzen Welt; du *kannst* weltweit Cola *trinken*	Adjektiv welt|weit	جهانی worldwide
0661 die WRS	Bohn*e*, *Plural:* - n die Bohne*N* - Bohnensalat - Bohneneintopf	Substantiv / Nomen Nom Gen Dat Akk *die der der die* *Worttrennung:* Boh|ne	□وبات bean
0662 der	Maniok, *Plural:* - s die Maniok*S* - zu den Wolfsmilchgewächsen gehörende, in den Tropen angebaute Pflanze, deren stärkereiche Wurzelknollen als Kartoffelersatz dienen	Substantiv / Nomen Nom Gen Dat Akk *der des dem den* Ma|ni|ok	مانیوک manioc
0663 der	Laut, *Plural:* - e die Laut*E*	Substantiv / Nomen	صدا

Nr	Artikel Verb-Nr	Deutsch Bedeutungen, Beispiele	Wortart Worttrennung, Grammatik	Persisch Englisch
			Nom Gen Dat Akk *der des dem den*	sound
0664	die WRS	Münze; *Plural:* -n die Münze*N* aus Metall hergestelltes, scheibenförmiges Geldstück von bestimmtem Gewicht und Feingehalt und mit beidseitigem Gepräge Synonyme: Geldstück, Hartgeld, Kleingeld; umgangssprachlich: Groschen	Substantiv / Nomen Nom Gen Dat Akk *die der der die* *Worttrennung:* Mün|ze	سکه coin
0665	der	Möhren*salat, Plural:* - e die Salat*E*	Substantiv / Nomen Nom Gen Dat Akk *der des dem den* *Worttrennung:* Möh|ren|sa|lat	سالاد هویج carrot salad
0666	das	Menü, *Plural:* - s die Menü*S* - Speisenfolge; aus mehreren Gängen bestehende Mahlzeit Herkunft: französisch menu, eigentlich = Detail, zu: menu = klein, dünn < lateinisch minutus, Minute - auf der Benutzeroberfläche angezeigte Liste der Funktionen eines Programms, die dem Anwender zur Festlegung der nächsten Arbeitsschritte zur Verfügung stehen Herkunft: englisch menu < französisch menu Gebraucht: EDV	Substantiv / Nomen Nom Gen Dat Akk *das des dem das* *Rechtschreibung* *Worttrennung:* Me|nü	منو غذا menu, meal
0667	die	Vor*speise, Plural:* - n die Speise*N* - aus einem kleinen Gericht bestehender, dem Hauptgang vorausgehender Gang Synonyme zu Vor*speise:* Antipasto, Entree, Horsd'œuvre, Vorgericht, Vorkost	Substantiv / Nomen Nom Gen Dat Akk *die der der die* Vor|spei|se	پیش غذا entree, appetizer
0668	die	Haupt*speise, Plural:* - n die Speise*N* - Hauptgericht	Substantiv / Nomen Nom Gen Dat Akk *die der der die* Haupt|spei|se	غذای اصلی main course
0669	der	Nach*tisch,* ** *Plural:* - e die Tisch*E* Nachspeise, Süßspeise, Dessert, letzter Gang Synonyme zu Nach*tisch:* Süßspeise; Dessert, letzter Gang	Substantiv / Nomen Nom Gen Dat Akk *der des dem den* Nach|tisch	دسر dessert
0670	4 e, te, t WRS	*fehlen* fehl*E*, fehl*TE*, hat gefehl*T* Wer *fehlt* in der Klasse?	*Verb* *Rechtschreibung* *Worttrennung:* feh|len	از دست دادن to miss
0671	die	Akkusativend*ung, Plural:* – en die Endung*EN* Wenfall, vierter Fall Wort, das im Akkusativ steht den Mann, das Kind, die Frau, die Bücher	Substantiv / Nomen Nom Gen Dat Akk *die der der die* *Rechtschreibung* *Worttrennung:* Ak|ku|sa|tiv|en|dung	پایان مفعولی accusative ending
0672	53 ei-i-i +sich A	*schneiden* schneid*E*, schnitt, habe geschnitt*EN* Scheibe, Haar, Würfel, Stück, Fleisch *schneiden*	*Verb Dativ* *Worttrennung:* schnei|den Stammvokalwechsel	بریدن to cut
0674	der	Salat, *Plural:* - e die Salat*E* mit verschiedenen Marinaden oder Dressings zubereitete kalte Speise aus [zerpflückten] Salatpflanzen, Obst, frischem oder gekochtem Gemüse, Fleisch, Wurst, Fisch o. Ä. *Gleichlautendes Wort:* die Salat, das täglich fünfmal zu verrichtende Gebet der Muslime	Substantiv / Nomen Nom Gen Dat Akk *der des dem den* Sa|lat	سالاد salad
0675	die	Soß*e, Plural:* - n die Soße*N* Herkunft: französisch sauce = Tunke, Brühe	Substantiv / Nomen Nom Gen Dat Akk	سس sauce

Nr	Artikel Verb-Nr	Deutsch Bedeutungen, Beispiele	Wortart Worttrennung, Grammatik	Persisch Englisch
		vulgärlateinisch salsa = gesalzen(e Brühe), zu lateinisch salsus = gesalzen, zu: sal = Salz; schon mittelhochdeutsch salse < vulgärlateinisch salsa	die der der die So|ße, Sau|ce	
0676	das	Olivenöl, *Plural:* - e die ÖlE aus der Olive durch Pressen gewonnenes [Speise]öl	Substantiv / Nomen Nom Gen Dat Akk *das des dem das* Oli|ven|öl	روغن زیتون olive oil
0677	der Sg.	Knoblauch, - als Gewürz und Heilmittel verwendete Brutzwiebeln des Knoblauchs mit strengem, durchdringendem Geruch und Geschmack	Substantiv / Nomen Nom Gen Dat Akk *der des dem den* Knob|lauch	راضی، سیر garlic
0678	die	Gemüse*suppe*, *Plural:* - n die SuppeN Suppe mit verschiedenen Gemüsen	Substantiv / Nomen Nom Gen Dat Akk *die der der die* *Worttrennung:* Ge|mü|se|sup|pe	سو□ سبزیجات vegetable soup
0679	der Sg.	Brokkoli, - dem Blumenkohl ähnlicher Gemüsekohl mit grünem Blütenstand	Substantiv / Nomen Nom Gen Dat Akk *der des dem den* *Worttrennung:* Brok|ko|li, Broc|co|li	کلم بروکلی broccoli
0680	der oder der	Paprika, *Plural:* - s die PaprikaS Frucht des Paprikas; Paprikaschote	Substantiv / Nomen Nom Gen Dat Akk *der des dem den* Pa|pri|ka, Pa|p|ri|ka	فلفل سبز، قرمز (green, red ...) pepper
0681	der Sg.	Sellerie, Pflanze mit gefiederten, dunkelgrünen, aromatisch duftenden Blättern und einer als (essbare) Knolle ausgebildeten Wurzel	Substantiv / Nomen Nom Gen Dat Akk *der des dem den* Sel|le|rie	کرفس celery
0682	der Sg.	Weiß*kohl*, - Kohl mit grünlich weißen Blättern, die sich zu einem festen Kopf zusammenschließen	Substantiv / Nomen Nom Gen Dat Akk *der des dem den* Weiß|kohl	کلم سفید white cabbage
0683	4 e, te, t	*reichen* reichE, reichTE, habe gereichT - jemandem etwas zum Nehmen *hinhalten;* servieren,	*Verb* *Worttrennung:* rei|chen	کافی بودن to be enough
0684	die	Pizza, *Plural:* - s die PizzaS Herkunft: italienisch pizza, Herkunft ungeklärt	Substantiv / Nomen Nom Gen Dat Akk *die der der die* Piz|za	پیتزا pizza
0685	das	Päck*chen*, *Plural:* – die Päckchen Verkleinerungsformen **TIPP** -chen und –lein machen alles klein!	Substantiv / Nomen Nom Gen Dat Akk *das des dem das* *Worttrennung:* Päck|chen	مکعب *here:* the cube
0686	die Sg.	Hefe aus Hefepilzen bestehende Substanz, die als Gärungs- und Treibmittel bei der Herstellung bestimmter alkoholischer Getränke und zum Treiben von Teig für bestimmte Backwaren verwendet wird	Substantiv / Nomen Nom Gen Dat Akk *die der der die* *Worttrennung:* He|fe	مخمر yeast
0687	der	Mist! mit Stroh, Streu vermischte Exkremente bestimmter Haustiere, die als Dünger verwendet werden - Kurzform für Misthaufen; - Umgangssprachlich abwertend: Hühner*mist*	Substantiv / Nomen Nom Gen Dat Akk *der des dem den*	لعنتی! Darn it!
0688	WRS	mehr 1a. in höherem Maße, stärker; 1b. angemessener; besser;	Adverb Pronomen und Zahlwort	بیشتر more *see: much*

Nr Artikel Verb-Nr	Deutsch Bedeutungen, Beispiele	Wortart Worttrennung, Grammatik	Persisch Englisch
	2a. in größerem Umfang: ich *brauche* mehr Zucker Pronomen und Zahlwort - drückt aus, dass etwas über ein bestimmtes Maß hinausgeht, eine vorhandene Menge übersteigt - wir brauchen mehr Geld; wir haben keine Milch mehr		*(We have no more milk.)*
0690	wie wie geht es dir?; ich begreife nicht, wie so etwas möglich ist; wie sehr; wie lange; wie oft; wie viel; Grammatik: relativisch: mich stört nur [die Art und Weise], wie sie es macht; die Preise steigen in dem Umfang, wie die Löhne erhöht werden	Adverb Gleichlautendes Wort: wie (Konjunktion) Grammatik: interrogativ	شبیه، مثل like, as
0690	wie Grammatik: Vergleichspartikel: stark wie ein Bär Beispiele: sie ist so schön wie ihre Freundin, *aber (bei Ungleichheit):* sie ist schöner als ihre Freundin; [Regel 112]: er ist so stark wie Ludwig; so schnell wie, *älter* als möglich; im Krieg wie [auch] *(und [auch])* im Frieden; die Auslagen[,] wie [z. B.] Post- und Fernsprechgebühren sowie Eintrittsgelder[,] ersetzen wir; komm so schnell, wie du kannst; [Regel 125]: er legte sich[,] wie üblich[,] ins Bett; wie [auch] immer	Konjunktion ?	مثل as (*Then I´ll take water, as in Italy.*)
0690	wie Das Hemd ist genauso schön wie die Hose.	Konjunktion Adverb	چطور! how! as (*The shirt is as pretty as the pants.*)
0691 4 e, te, t WRS	*holen* hol*E*, hol*TE*, habe *gehol T* die Polizei *holen;* der Tod hat sie *geholt,* (sie ist gestorben)	*Verb* *Worttrennung:* ho|len	بدست آوردن to get / fetch
0692 die	Zucchini, *Plural: –* die Zucchini - gurkenähnliche Frucht der Zucchini	Substantiv / Nomen Nom Gen Dat Akk *die der der die* Zuc|chi|ni	کدو سبز zucchini
0693 der	Auf*lauf, Plural:* ”- e, die Aufläuf*E*, <u>Umlaut im Plural</u> hier: - im Herd (in einer feuerfesten Form) überbackene [Mehl]speise; ein Auflauf mit Käse und Schinken	Substantiv / Nomen Nom Gen Dat Akk *der des dem den* auf	lauf	نوعی خوراک گوشتی casserole
0694 der	Kartoffel-Zucchini-*Auflauf, Plural:* ”- e die Aufläuf*E*, <u>Umlaut im Plural</u> - aus Kartoffeln und Zucchini zubereiteter Auflauf im Herd (in einer feuerfesten Form) überbackene speise	Substantiv / Nomen Nom Gen Dat Akk *der des dem den* Kar|tof|fel|zuc|chi|ni| auf|lauf	کدو سیب زمینی با گوشت potato zucchini casserole
0695	g Abkürz*ung* = das Gramm	Substantiv / Nomen	مخفف گرم *abbr. for gram*
0696	süß, süßer, am süßesten 1. in der Geschmacksrichtung von Zucker oder Honig liegend und meist angenehm schmeckend; nicht sauer, bitter 2. zart, lieblich klingend und eine angenehme Empfindung hervorrufend 3. [hübsch und] Entzücken hervorrufend Das Baby *ist* so süß 4. eine angenehme Empfindung auslösend - träum süß! 5. [übertrieben] freundlich, liebenswürdig - ein süßes Lächeln Synonyme zu süß: gesüßt, gezuckert, honigsüß, süßlich, zuckerig; (emotional) zuckersüß, allerliebst, entzückend, herzig, hinreißend, lieblich, niedl	Adjektiv	شیرین sweet

Nr	Artikel Verb-Nr	Deutsch Bedeutungen, Beispiele	Wortart Worttrenung, Grammatik	Persisch Englisch
		ich, possierlich, reizend, zauberhaft; gehoben) berückend, betörend; umgangssprachlich) goldig, putzig, schnuckelig, zum Anbeißen/Anknabbern; familiär) wonnig; gehoben) liebreizend		
0697	die Sg.	Sahne	Substantiv / Nomen Nom Gen Dat Akk *die der der die* Sah|ne	کرم cream
0698	die	Muskat*nuss, Plural:* "- e die Nüss*E, Umlaut im Plural* getrockneter, dunkelbrauner, gerieben als Gewürz verwendeter Samenkern der Muskatfrucht	Substantiv / Nomen Nom Gen Dat Akk *die der der die* Mus|kat|nuss	جوز nutmeg
0699	der Sg.	Estragon aus [getrockneten] Blättern des Estragons bestehendes Gewürz	Substantiv / Nomen Nom Gen Dat Akk *der des dem den* Rechtschreibung *Worttrennung:* Es|tra|gon Es|t|ra|gon	ترخون taragon
0700	die	Vorbereit*ung, Plural:* - en die Vorbereitung*EN*	Substantiv / Nomen Nom Gen Dat Akk *die der der die* Vor|be|rei|tung	آماده سازی preparation
0701	4 e, te, t	*schälen* schäl*E,* schäl*TE,* habe geschäl*T*	*Verb Worttrennung:* schä|len	پوست کندن to peel
0702	63 a-ie-a	*an.braten* brat*E an,* bri*et an,* habe angebrat*EN* - Fleisch bei großer Hitze kurz *an.braten*	*Verb trennbar Worttrennung:* an|bra|ten Stammvokalwechsel	خشکاندن to sear
0703	die	Auflauf*form, Plural:* - en die Form*EN* Backform für Aufläufe	Substantiv / Nomen Nom Gen Dat Akk *die der der die* Auf | lauf | form	▢رف نوعی غذای گوشتی casserole dish
0704	87 a-u-a +sich A	*waschen* wasch*E,* w*usch,* gewasch*EN* - den Pullover wasche ich mit der Hand	*Verb WRS Worttrennung:* wa|schen Stammvokalwechsel	شستن to wash
0705		dünn, dünner, am dünnsten Bitte die Wurst *dünn geschnitten* - etwas in dünne Scheiben *schneiden* - eine Salbe dünn *auftragen*	Adjektiv *Antonym:* dick	لاغر thin
0706		*schichten, stapeln*	*Verb*	انباشتن to stack
0707	der	Back*ofen, Plural:* " - die Öfen, *Umlaut im Plural* Quelle bosch.de	Substantiv / Nomen Nom Gen Dat Akk *der des dem den* Rechtschreibung *Worttrennung:* Back|ofen	گاز oven
0708		auf Ich bin stolz auf dich auf einer Bank, auf dem Pferd sitzen die Vase steht auf dem Tisch auf Deck, auf See sein, auf dem Mond landen, die Vegetation auf den Inseln, auf *(in)* seinem Zimmer bleiben,	Präposition mit Dativ und Akkusativ + A. Rechtschreibung *Worttrennung:* auf	در at

Nr Verb-Nr	Artikel	Deutsch Bedeutungen, Beispiele	Wortart Worttrennung, Grammatik	Persisch Englisch
		auf *(in, bei)* der Post arbeiten, auf *(in)* dem Rathaus etwas erledigen, auf dem *(beim)* Bau arbeiten, sie ist noch auf der Schule *(ist noch Schülerin,* zeitlichem Gebrauch: auf einer Hochzeit, auf Wanderschaft, auf Urlaub sein; auf *(bei, während)* der Rückreise erkranken		
0709	der	Grad, *Plural:* - e die Grad*E* *Zeichen:,* 3 Grad C *oder* 3° C *oder* 3 °C *fachsprachlich nur so:* der 30. Grad (nicht: *30. °);* es ist heute um einige Grad wärmer; ein Winkel von 30°; ein 30°-Winkel Grad	Substantiv / Nomen Nom Gen Dat Akk *der des dem den* *Rechtschreibung* *Worttrennung:* Grad	درجه degree (symbol: °)
0710	4, 14 e, te, t	*vor.heizen* *heizE vor, heizTE vor, habe vorgeheizt* vor der eigentlichen Benutzung *erwärmen, [auf]heizen;* die Köchin *heizt* den Backofen *vor*	Verb trennbar *Rechtschreibung* *Worttrennung:* vor|hei|zen	پیش گرم کردن to preheat
0711	4 e, te, t ~~ge~~	*verrühren* *verrührE, verrührTE, habe verrührT* durch Rühren *vermischen, vermengen*	Verb *Worttrennung:* ver|rüh|ren ge Partizip ohne ge	هم زدن to stir up
0712	4 e, te, t	*würzen* würzE, würzTE, habe gewürzT	Verb *Worttrennung:* wür|zen	فصل to season
0713	WRS	fein, feiner, am feinsten - ihr Haar ist sehr fein; feines Gewebe; eine feine Röte überzog ihr Gesicht; ein feines *(engmaschiges)* Sieb; ihr Haar ist sehr fein; fein geschliffenes Kristall; fein gesponnenes Garn; das Mädchen hat ein feines Gesicht; ein feines Profil; feine Hände haben; fein geschwungene Augenbrauen fein gemahlenes Mehl; feiner Zucker; Mehl fein mahlen; fein gemahlenes Mehl; fein gehackte, geschnittene Kräuter; fein gestoßener Zimt; fein vermahlenes Mehl; fein verteilter Puderzucker	Adjektiv attributiv	خوب fine, thin
0714	die Sg.	Eier*sahne* - Zutat zum Kochen zur Herstellung von einer Speise	Substantiv / Nomen Nom Gen Dat Akk *die der der die*	کرم تخم مرغی egg-cream
0715		gleichmäßig, gleichmäßiger, am gleichmäßigsten *Beispiele:* gleichmäßige Schritte; in gleichmäßigem Tempo; eine gleichmäßig gute Qualität; gleichmäßig atmen; *Verteilen* Sie die Butter gleichmäßig auf die Brötchen	Adjektiv attributiv *Rechtschreibung* *Worttrennung:* gleich | mä | ßig ausgeglichen	even
0716	der WRS	Deckel, *Plural:* – die Deckel 1.aufklappbarer oder abnehmbarer Verschluss eines Gefäßes, Behälters, einer Kiste, eines Koffers, Möbelstücks u. Ä. - den Deckel öffnen, schließen, ab-, hochheben, zurückklappen 2. vorderer oder hinterer Teil des steifen Umschlags, in den ein Buch eingebunden ist - ein Deckel aus Leder, Kunststoff	Substantiv / Nomen Nom Gen Dat Akk *der des dem den* *Rechtschreibung* *Worttrennung:* De|ckel	درپوش cover, lid
0717	der	Herd, *Plural:* - e die Herd*E* Vorrichtung zum Kochen, Backen und Braten, bei der die Töpfe auf kleinen runden, elektrisch beheizten Platten, auf Gasbrennern oder auf einer über einem Holz- oder Kohlefeuer angebrachten großen Herdplatte erwärmt werden und in die meist auch ein Backofen eingebaut ist - Ausgangspunkt, von der aus sich etwas Übles	Substantiv / Nomen Nom Gen Dat Akk *der des dem den*	اجاق گاز آشپزخانه kitchen stove

Nr	Artikel Verb-Nr	Deutsch Bedeutungen, Beispiele	Wortart Worttrenung, Grammatik	Persisch Englisch
		weiterverbreitet - im Körper genau lokalisierter Ausgangspunkt für eine Krankheit - Ausgangspunkt von Erdbeben oder vulkanischen Schmelzen		
0718	4 e, te, t sichA WRS	*stellen* stelE, stellTE, habe gestellT - stell dich in die Reihe!; die Blumen in die Vase stellen; bereitstellen eine Kaution *stellen;* sich krank, schlafend, taub *stellen*	Verb *Rechtschreibung* *Worttrennung:* stel|len	گذاشتن to put
0719		mittler- Das Buch *liegt* auf dem mittleren Regal	Adjektiv	وسط middle *(to put the casserole in the middle shelf)*
0720	die WRS	Schiene, *Plural:* - n die SchieneN Zug*schiene* Backofen*schiene*	Substantiv / Nomen Nom Gen Dat Akk *die der der die* *Worttrennung:* Schie|ne	طبقه فر (top / middle) position / shelf in the oven
0721		ca. = circa	Adverb	درباره about
0722	4 e, te, t	*garen* garE, garTE, habe gegarT - mit Dampf kochen; Reis in kochendem Wasser 20 Minuten lang garen	Verb *Rechtschreibung* *Worttrennung:* ga|ren	پختن to cook *(until done)*
0723		danach Ich *trinke* zuerst einen Kaffee, dannach *helfe* ich dir	Adverb unflektierbare Wortart da | nach	از این پس after this, afterwards
0724	61 e-a-o h>mm	*weg.nehmen* *nehmE weg, nahm weg, habe weggenommEN* Die Kinder *nehmen* sich gegenseitig die Spielsachen *weg.* Der Schrank *nimmt* viel Platz *weg*	Verb trennbar *Worttrennung:* weg|neh|men *Grammatik:* e-Wechsel Stammvokalwechsel	خاموش کردن to take off
0725	das	Koch*rezept, Plural:* - e die RezeptE Rezept, nach dem eine Speise zubereitet werden kann	Substantiv / Nomen Nom Gen Dat Akk *das des dem das* Koch|re|zept	دستور آشپزی cooking recipe
0726	das Sg.	Internet weltweiter Verbund von Computern und Computernetzwerken, in dem spezielle Dienstleistungen (wie E-Mail, World Wide Web, Telefonie) angeboten werden; Kurzform: Net	Substantiv / Nomen Nom Gen Dat Akk *das des dem das* *Worttrennung:* In|ter|net	اینترنت internet
0727	das	Rezept, *Plural:* - e die RezeptE 1. schriftliche ärztliche Anweisung zur Abgabe, gegebenenfalls auch Herstellung bestimmter Arzneimittel in der Apotheke 2. Anleitung zur Zubereitung eines Gerichts o. Ä. mit Mengenangaben für die einzelnen Zutaten; Koch-, Backrezept Herkunft: spätmittelhochdeutsch recept < mittellateinisch receptum, eigentlich = (es wurde) genommen, 2. Partizip von (mittel)lateinisch recipere, tezipieren, ursprünglich Bestätigung des Apothekers für das recipe des Arztes auf dessen schriftlicher Verordnung	Substantiv / Nomen Nom Gen Dat Akk *das des dem das* *Rechtschreibung* *Worttrennung:* Re|zept	دستور پخت recipe
0728	die	Reihen*folge, Plural:* - n die FolgeN	Substantiv / Nomen Nom Gen Dat Akk *die der der die* *Worttrennung:* Rei|hen|fol|ge	سفارشات پشت سر هم the order sequence

Nr Artikel Verb-Nr	Deutsch Bedeutungen, Beispiele	Wortart Worttrennung, Grammatik	Persisch Englisch
0729 die	Oma, *Plural:* - s die Oma*S* Kosename für Großmutter	Substantiv / Nomen Nom Gen Dat Akk *die der der die*	مادر بزرگ grandma
0730 die	Zutat, *Plural:* - en die Zutat*EN*	Substantiv / Nomen Nom Gen Dat Akk *die der der die* *Worttrennung:* Zu|tat	مواد سازنده gredient
0731 der	Fisch, *Plural:* - e die Fisch*E* - im Wasser lebendes, durch Kiemen atmendes Wirbeltier mit einem von Schuppen bedeckten Körper und Flossen, mit deren Hilfe es sich fortbewegt - Tierkreiszeichen für die Zeit vom 20.2. bis 20.3.	Substantiv / Nomen Nom Gen Dat Akk *der des dem den* *Rechtschreibung* *Worttrennung:* Fisch	ماهی fish
0732 die Sg.	Petersilie Herkunft: lateinisch petroselinon < griechisch petrosélinon = Felsen-, Steineppich Petersilienhochzeit: Feier des Hochzeitstags nach zwölf[einhalb]jähriger Ehe	Substantiv / Nomen Nom Gen Dat Akk *die der der die* *Worttrennung:*Pe|ter|si|lie	جعفری parsley
0733 der Sg.	Schnitt*lauch* - Pflanze mit röhrenartigen, grasähnlichen Blättern, die klein geschnitten besonders als Salatgewürz verwendet werden	Substantiv / Nomen Nom Gen Dat Akk *der des dem den* Schnitt|lauch	پیازچه chives
0734 2 LERNEN WRS	*dran sein* *dran* bin, *dran* war, bin *dran* gewes*EN* - wer ist dran *(am Telefon)*? - die Suppe schmeckt nicht, weil kein Salz dran ist	Verb *Rechtschreibung* *Worttrennung:* *dran sein*	نوبت کسی بودن to be one´s turn
0735 das WRS	Stück, *Plural:* - e die Stück*E* 3 Stück USB-Stick	Substantiv / Nomen Nom Gen Dat Akk *das des dem das*	تکه piece
0736	am Stück, *Plural:* die Stücke *Möchten* Sie Käse am Stück oder *geschnitten*?	Substantiv / Nomen Stück	یک تکه in one piece, unsliced
0737	ein bisschen	Pronomen / Indefinitpronomen	کم a little (*here: not much*)
0738	mehr		$$$$$
0739	o.k. *Abkürzung für* okay, Abkürzungen: O. K., o. k. abgemacht, einverstanden Gebrauch: umgangssprachlich Wissenswertes: Dieses Wort stand 1954 erstmals im Rechtschreibduden. Herkunft: englisch-amerikanisch okay, Herkunft ungeklärt	Adjektiv	مخفف خوب o.k.
0740 die	Tüte, *Plural:* - n die Tüte*N* 1. meist aus festerem Papier bestehendes, trichterförmiges oder rechteckiges Verpackungsmittel - eine Tüte mit Bonbons; Lohntüte, Plastiktüte, 2. beutelartiges Gerät, mit dem ein polizeilicher Alkoholtest bei einem Autofahrer durchgeführt wird - in die Tüte blasen *(sich einem Alkoholtest unterziehen)*	Substantiv / Nomen Nom Gen Dat Akk *die der der die* Tü|te	کیسه های کاغذی paper bag
0741 WRS	vorn(e) - auf der zugewandten, vorderen Seite, Vorderseite, im vorderen Teil; noch einmal von vorn, *umgangssprachlich:* vorne beginnen; vorn, *umgangssprachlich:* vorne sitzen, stehen, liegen	Adverb vorn, vor|ne *Gleichlautendes Wort:* Präposition + Artikel	جلوی in front
0742	rechts auf der rechten Seite, auf der rechten Seite von etwas - rechts vom Eingang - politisch rechts stehende Kreise Gleichlautendes Wort: Präposition mit Genitiv	Adverb	درست right

Nr	Artikel Verb-Nr	Deutsch Bedeutungen, Beispiele	Wortart Worttrennung, Grammatik	Persisch Englisch
0743		links - links *ist* das Schwimmbad Politik: kommunistisch, linksgerichtet, sozialistisch, linksorientiert;	Adverb	چپ left
0744	die	Ausnahm*e, Plural:* - n die AusnahmeN Abweichung von der geltenden Regel Sonderfall	Substantiv / Nomen Nom Gen Dat Akk *die der der die* Aus | nah | me	استثنا exception
0745	der Sg.	Alkohol, alkoholisches Getränk *Wortverbindungen:* Substantive: Droge, Medikament, Tablette, Zigarette Verben: verfallen, trunken, ausschenken, konsumieren, riechen, verbieten, vertragen Adjektive: rein, hochprozentig,	Substantiv / Nomen Nom Gen Dat Akk *der des dem den* *Rechtschreibung* *Worttrennung:* Al | ko | hol	الکل alcohol
0746	das	Fremd*wort* *Plural:* "- er die WörtER, *Umlaut im Plural* aus einer fremden Sprache übernommenes oder in der übernehmenden Sprache mit Wörtern oder Wortteilen aus einer fremden Sprache gebildetes Wort	Substantiv / Nomen Nom Gen Dat Akk *das des dem das* *Worttrennung:* Fremd|wort	واژه خارجی foreign word
0747		zählbar Du *kannst* zählen (Bücher, Handys)	Adjektiv zähl|bar	قابل شمارش countable
0748	der	K*uss, Plural:* "- e die KüssE, *Umlaut im Plural* [sanft] drückende Berührung mit den [leicht gespitzten, leicht geöffneten] Lippen (als Zeichen der Zuneigung oder Verehrung, zur Begrüßung o. Ä.)	Substantiv / Nomen Nom Gen Dat Akk *der des dem den*	بوسیدن kiss
0752	der Sg.	Appetit Lust, Verlangen, etwas [Bestimmtes] zu essen	Substantiv / Nomen Nom Gen Dat Akk *der des dem den* Ap | pe | tit	اشتها appetite
0753		Guten Appetit! *Wunschformel vor dem Essen*	Substantiv / Nomen *Worttrennung:* Ap|pe|tit	نوش جان Bon appetit!
0754	der	Ham*burger, Plural:* – die Burger - zwischen den getoasteten Hälften eines Brötchens servierte heiße Frikadelle aus Rinderhackfleisch	Substantiv / Nomen Nom Gen Dat Akk *der des dem den* Ham|bur|ger	همبرگر hamburger
0755	das	Ripp*chen, Plural:* – die Rippchen - Fleisch aus dem Bereich der Rippen mit den dazugehörenden Knochen (besonders vom Schwein) - Verkleinerungsform zu Rippe Verkleinerungsformen **TIPP** -chen und –lein machen alles klein!	Substantiv / Nomen Nom Gen Dat Akk *das des dem das* *Rechtschreibung* *Worttrennung:* Ripp|chen	گوشت دنده ribs
0756	das	Kasseler *Rippchen, Plural:* – die Rippchen hier: gepökeltes und geräuchertes Schweinefleisch von Rippe, Kamm, Schulter oder Bauch Herkunft ungeklärt; vielleicht nach der Stadt Kassel	Substantiv / Nomen Nom Gen Dat Akk *das des dem das* Kas|se|ler	گوشت دنده نمکی salted pock ribs
0757	das Sg.	Sauer*kraut* fein gehobelter, mit Salz, Gewürzen [und Wein] der Gärung ausgesetzter und auf diese Weise konservierter Weißkohl, der gekocht oder roh gegessen wird Herkunft: im 14. Jahrhundert sawer craut	Substantiv / Nomen Nom Gen Dat Akk *das des dem das* *Worttrennung:* Sau|er|kraut	کلم ترش sauerkraut
0758	der	Frankfurter-*Kranz, Plural:* "- e die KränzE, *Umlaut im Plural* Regel 90: Von geografischen Namen abgeleitete Wörter auf „-er" schreibt man immer groß - das Ulmer Münster - eine Kölner Firma - die Schweizer Uhrenindustrie - die Wiener Kaffeehäuser	Substantiv / Nomen *der des dem den* *Rechtschreibung* *Worttrennung:* Frank|fur|ter Kranz	فرانکفورتر-کرانز (شیرینی) frankfurter ring (*pastry*)

Nr / Verb-Nr	Artikel	Deutsch / Bedeutungen, Beispiele	Wortart / Worttrennung, Grammatik	Persisch / Englisch
0759		- Gericht aus dünnen, kleinen Fleischscheibchen [in einer Soße]	substantiviertes Adjektiv *Worttrennung:* Ge|schnet|zel|tes	رف گوشت با سس (موریخی) dish of small strips of meat with sauce
0760	der	Berliner, *Plural:* – die Berliner *ein Gebäck* in schwimmendem Fett gebackenes, meist mit Marmelade gefülltes, kugelförmiges Gebäckstück aus Hefeteig	Substantiv / Nomen Nom Gen Dat Akk *der des dem den Rechtschreibung Worttrennung:* Ber|li|ner	شیرینی خمیری yeasty pastry
0761	das	Allerlei	Substantiv / Nomen Nom Gen Dat Akk *das des dem das* Al|ler|lei	مخلوط سبزیجات mixture vegetable dish
0762	das Sg.	Leipziger *Allerlei* Gemüsegericht aus jungen Möhren, Erbsen, Spargel usw. Quelle eismann.de	Substantiv / Nomen Nom Gen Dat Akk *das des dem das* Leip|zi|ger Al|ler|lei	مخلوط سبزیجات لایپزیگی mixture vegetable dish from Leipzig
0763	die	Weiß*wurst*, *Plural:* ”- e die Würst*E*, Umlaut im Plural aus passiertem Kalbfleisch und Kräutern hergestellte Brühwurst von weißlicher Farbe; Weißwurstäquator, der als nördliche Grenze Bayerns oder Süddeutschlands gedacht, etwa dem Lauf des Mains entsprechende Linie Herkunft: südlich dieser Linie ist die Weißwurst ein beliebtes Essen	Substantiv / Nomen Nom Gen Dat Akk *die der der die Rechtschreibung Worttrennung:* Weiß|wurst Weiß|wurst|äqua|tor	سس سفید white sausage
0764	die	Münchener Weiß*wurst*, *Plural:* ”- e die Würst*E*, *Umlaut im Plural* aus passiertem Kalbfleisch und Kräutern hergestellte Brühwurst von weißlicher Farbe *Weißwurstäquator*: als nördliche Grenze Bayerns oder Süddeutschlands gedacht, etwa dem Lauf des Mains entsprechende Linie: nördlich des Weißwurstäquators - Deutschland nördlich von Bayern	Substantiv / Nomen Nom Gen Dat Akk *die der der die* Weiß|wurst Weiß|wurst|äqua|tor	سس سفید مونیخی white sausage from Munich
0765	das	Wiener Schnitzel, *Plural:* – die Schnitzel - Wiener Schnitzel (*paniertes Schnitzel vom Kalb*)	Substantiv / Nomen Nom Gen Dat Akk *das des dem das Worttrennung:* Wie|ner Schnit|zel	کتلت گوشت گوساله Viennese veal escalope / schnitzel
0766		typisch, typischer, am typischsten - typisch Mann; eine typisch deutsche Eigenart Herkunft: spätlateinisch typicus < griechisch typikós = figürlich, bildlich	Adjektiv ty|pisch	عادی typical
0767	das	Gericht, *Plural:* - e die Gericht*E* / die Speise - als Mahlzeit zubereitete Speise	Substantiv / Nomen Nom Gen Dat Akk *das des dem das Worttrennung:* Ge|richt	رف dish, meal
0768	der	Städte*name*, *Plural:* - n die Name*N*	Substantiv / Nomen Nom Gen Dat Akk *der des dem den*	نام شهر name of a city
0769	die	Kart*e*, *Plural:* - n die Karte*N* Ansichtskarte, Postkarte, Speisekarte; Menü Fahrausweis, Fahrkarte, Fahrschein, Ticket; Einlasskarte, Eintrittskarte, Ticket; Blatt, Spielkarte	Substantiv / Nomen Nom Gen Dat Akk *die der der die Rechtschreibung*	نقشه map

Nr	Artikel Verb-Nr	Deutsch Bedeutungen, Beispiele	Wortart Worttrennung, Grammatik	Persisch Englisch
		Landkarte, Plan Herkunft: spätmittelhochdeutsch karte = steifes Blatt Papier < französisch carte < lateinisch charta < griechisch chártēs = Blatt der ägyptischen Papyrusstaude, daraus zubereitetes Papier, dünnes Blatt usw.; wohl aus dem Ägyptischen	*Worttrennung:* Kar|te	
0770	die	Paella, *Plural:* - s die PaellaS spanisches Gericht aus Reis mit verschiedenen Fleisch- und Fischsorten, Muscheln, Krebsen und Gemüsen	Substantiv / Nomen Nom Gen Dat Akk *die der der die* Pa|el|la	پائلا paela
0771	die Pl.	Spaghetti, Pluralwort / Pluraletantum *Grammatik:* Substantiv, das nur als Plural vorkommt - lange, dünne, schnurartige Nudeln Herkunft: italienisch spaghetto, Verkleinerungsform von: spago = dünne Schnur, Herkunft ungeklärt	Substantiv / Nomen Nom Gen Dat Akk *die der der die* Spa|ghet|ti, Spa|get|ti	اسپاگتی spaghetti
0772	das	Wortfeld, *Plural:* - er die FeldER - Gruppe von Wörtern, die inhaltlich eng benachbart bzw. sinnverwandt sind	Substantiv / Nomen Nom Gen Dat Akk *das des dem das* Wort|feld	کلمات متعلق به یک موضوع words belonging to a topic
0773	das Sg. WRS	Essen Moslems *essen* kein Schweinefleisch. mit Messer und Gabel essen den Teller leer essen die Kinder essen mich noch arm *Wortverbindungen:* Substantiv / Nomen: Mittag, Brot, Fleisch, Ramadan, Fasten Adjektive: satt, gemeinsam, roh, koscher, halal, vegetarisch, heiß, gut	Substantiv / Nomen Nom Gen Dat Akk *das des dem das* *Rechtschreibung Worttrennung:* Es|sen	غذا food
0774	der	Schweinebraten, *Plural:* – die Braten - Braten aus Schweinefleisch	Substantiv / Nomen Nom Gen Dat Akk *der des dem den* Schwei|ne|bra|ten	گوشت خوک کباب شده roast pork
0775	das	Würstchen, *Plural:* – die Würstchen 1. Verkleinerungsform zu Wurst Verkleinerungsformen TIPP – chen und –lein machen alles klein! 2. armseliger, unbedeutender Mensch	Substantiv / Nomen Nom Gen Dat Akk *das des dem das* *Worttrennung:* Würst|chen	سوسیس کوچک small sausage
0776	das	Frankfurter *Würstchen, Plural:* – die Würstchen - Verkleinerungsform zu Wurst - armseliger, unbedeutender Mensch Verkleinerungsformen TIPP -chen und –lein machen alles klein!	Substantiv / Nomen Nom Gen Dat Akk *das des dem das* *Rechtschreibung Worttrennung:* Frank|fur|ter Würst|chen	سوسیس هات داگی frankfurters
0777	die	Bratwurst, *Plural:* ”- e die WürstE, *Umlaut im Plural* - [überwiegend aus Schweinefleisch bestehende] zum Braten bestimmte oder gebratene Wurst	Substantiv / Nomen Nom Gen Dat Akk *die der der die* *Worttrennung:* Brat|wurst	سوسیس سرخ کرده sausage for frying
0778	die	Thüringer Bratwurst, *Plural:* ”- e die WürstE, *Umlaut im Plural* - [überwiegend aus Schweinefleisch bestehende] zum Braten bestimmte oder gebratene Wurst	Substantiv / Nomen Nom Gen Dat Akk *die der der die* Thü|rin|ger Brat|wurst	سوسیس سرخ شده تورینگن frying sausage from Thuringia
0779	der WRS	Wein, *Plural:* - e die WeinE	Substantiv / Nomen Nom Gen Dat Akk *der des dem den*	مشروب wine
0780	die	Apfelsaftschorle, *Plural:* - n die SchorleN Getränk aus Apfelsaft und Mineralwasser	Substantiv / Nomen Nom Gen Dat Akk	آب سیب مخلوط شده با آب معدنی

Nr Verb-Nr	Artikel	Deutsch Bedeutungen, Beispiele	Wortart Worttrennung, Grammatik	Persisch Englisch
			die der der die *Worttrennung:* Ap|fel|saft|schor|le	apple juice mixted with mineral water
0781	das	Känn*chen, Plural:* – die Kännchen Verkleinerungsform zu Kanne **TIPP** -chen und –lein machen alles klein!	Substantiv / Nomen Nom Gen Dat Akk *das des dem das* *Worttrennung:* Känn|chen	قوطی/جعبه کوچک small can / pot (*for coffee or tea*)
0782	die	Tass*e, Plural:* - n die Tasse*N* Herkunft: französisch tasse < arabisch ṭās(aʰ) < persisch ṭašt = Becken, Untertasse	Substantiv / Nomen Nom Gen Dat Akk *die der der die* *Worttrennung:* Tas|se	فنجان cup
0783	das	Besteck, *Plural:* - e die Besteck*E* Satz Messer, Gabel, Löffel; Essbesteck	Substantiv / Nomen Nom Gen Dat Akk *das des dem das* *Worttrennung:* Be|steck	کارد و چنگ⬚ silver ware, cutlery
0784	das Sg.	Geschirr - Gesamtheit der [zusammengehörenden] Gefäße aus Porzelan, Steingut o. Ä., die man zum Essen und Trinken benutzt - Gesamtheit der Gefäße und Geräte, die man zum Kochen und Essen benutzt - Riemenzeug, mit dem Zugtiere vor den Wagen gespannt werden	Substantiv / Nomen Nom Gen Dat Akk *das des dem das* *Rechtschreibung* *Worttrennung:* Ge|schirr	⬚روف dishes
0786	der	Löffel, *Plural:* – die Löffel	Substantiv / Nomen Nom Gen Dat Akk *der des dem den* Löf|fel	قاشق spoon
0787	das WRS	Messer, *Plural:* – die Messer 1.aus einer Klinge, die mit einer Schneide versehen ist, und einem Griff bestehendes Gerät zum Schneiden - etwas mit dem Messer zerkleinern 2. Skalpell - unters Messer müssen (umgangssprachlich; *sich operieren lassen müssen* 3. mit einer Schneide versehene Leiste oder Platte aus gehärtetem Stahl: Technik: die Messer des Rasenmähers	Substantiv / Nomen Nom Gen Dat Akk *das des dem das* *Worttrennung:* Mes|ser	چاقو knife
0788	die	Gabel, *Plural:* - n die Gabel*N* Essgerät mit zwei oder mehr Zinken, das beim Essen zum Zerlegen, zum Aufnehmen oder Vorlegen von Speisen dient	Substantiv / Nomen Nom Gen Dat Akk *die der der die* *Rechtschreibung* *Worttrennung:* Ga|bel	چنگ⬚ fork
0789	der	Teller, *Plural:* – die Teller 1. Teil des Geschirrs von runder (flacher oder tieferer) Form, von dem Speisen gegessen werden Herkunft : mittelhochdeutsch tel[l]er, telier, aus dem Romanischen, im Sinne von »Vorlegeteller zum Zerteilen des Fleisches« zu spätlateinisch taliare = spalten, schneiden, zerlegen, zu lateinisch talea = abgeschnittenes Stück	Substantiv / Nomen Nom Gen Dat Akk *der des dem den* Tel|ler	بشقاب plate
0790 e, te, t	4	*schmecken* *schmeckE, schmeckTE, habe geschmeckT*	*Verb* *Worttrennung:* schme|cken	چشیدن to taste
0791	die Pl.	Pommes = Pommes frites Pluralwort / Pluraletantum *Grammatik*: Substantiv, das nur als Plural vorkommt	Substantiv / Nomen Nom Gen Dat Akk *die der der die* Pom|mes	چیپس فرانسوی french fries, chips
0792	die	Brat*kartoffel, Plural:* - n die Kartoffel*N* - Gericht aus Bratkartoffeln Pluralwort / Pluraletantum Grammatik: Substantiv, das nur als Plural vorkommt	Substantiv / Nomen Nom Gen Dat Akk *die der der die* *Worttrennung:*	سیب زمینی سرخ شده خانگی home-fried

Nr / Artikel Verb-Nr	Deutsch Bedeutungen, Beispiele	Wortart Worttrennung, Grammatik	Persisch Englisch
	Bratkartoffelverhältnis -von einem Mann bestimmter äußerer Annehmlichkeiten wegen unterhaltenes Verhältnis, bei dem von seiner Seite keine wirkliche Bindung besteht	Brat|kar|tof|fel *Grammatik* nur *Pl.* gebräuchlich	potatoes
0793 die WRS	Speise*karte*, *Plural:* - n die Karte*N* - Verzeichnis der in einer Gaststätte erhältlichen Speisen auf einer Karte, in einer Mappe o. Ä.	Substantiv / Nomen Nom Gen Dat Akk *die der der die* Spei|se|kar|te	منو menu
0794 die WRS	Speis*e*, *Plural:* - n die Speise*N* zubereitete Nahrung als einzelnes Essen; Gericht	Substantiv / Nomen Nom Gen Dat Akk *die der der die* Spei|se	رف غذا dish, food
0795 *4 ge* e, te, t	*bestellen* bestell*E*, bestell*TE*, habe bestell*T* - *das Essen bestellen; das Aufgebot bestellen (sich zur Trauung anmelden); Theaterkarten bestellen; den Acker, das Land bestellen*	*Verb* Worttrennung: be|stel|len *Grammatik*: ~~ge~~ Partizip ohne ge	سفارش دادن to order
0796	golden, goldener / goldner, am goldesten Oh, das Baby *ist* so goldig	Adjektiv attributiv gol | den	طلایی golden
0797 der	Adler, *Plural:* – die Adler großer Greifvogel mit kräftigem Hakenschnabel	Substantiv / Nomen Nom Gen Dat Akk *der des dem den* *Rechtschreibung* *Worttrennung:* Ad | ler	عقاب eagle
0798 das	Restaurant, *Plural:* - s die Restaurant*S* - Gaststätte, in der Essen serviert wird; Speisegaststätte Herkunft: französisch restaurant, substantiviertes 1. Partizip von: restaurer, ↑restaurieren; ursprünglich = Imbiss	Substantiv / Nomen Nom Gen Dat Akk *das des dem das* *Worttrennung:* Res|tau|rant Re|s|tau|rant	رستوران restaurant
0799 die	Küch*e*, *Plural:* - n die Küche*N* - Raum zum Kochen, Backen, Zubereiten der Speisen - Kücheneinrichtung - Art der Speise, des Zubereitens eine deutsche, gutbürgerliche, regionale Küche - Küchenpersonal, die Küche hat heute frei	Substantiv / Nomen Nom Gen Dat Akk *die der der die* Kü|che	آشپزخانه kitchen
0800 die	Tages*suppe*, *Plural:* - n die Suppe*n* - auf der Tageskarte eines Restaurants stehende Suppe	Substantiv / Nomen Nom Gen Dat Akk *die der der die* Ta|ges|sup|pe	سو منوی روز today´s soup on the menu
0801 die	Tomaten*suppe*, *Plural:* - n die Suppe*N* - aus gekochten, passierten Tomaten zubereitete, hergestellte Suppe	Substantiv / Nomen Nom Gen Dat Akk *die der der die* To|ma|ten|sup|pe	سو گوجه tomato soup
0802 WRS Sy.	kalt, kälter, am kältesten 1. wenig oder keine Wärme enthaltend, ausstrahlend; von niedriger Temperatur - kaltes Wasser 2. vom Gefühl unbeeinflusst; nüchtern; - er hat sich von ihren Tränen nicht bewegen lassen, sondern ist bis zum Schluss kalt geblieben 3. abweisend; ohne jedes Mitgefühl - sie fragte mich kalt, was ich wünsche 4. von negativen Gefühlen - kalte Wut packte ihn	Adjektiv *Rechtschreibung* *Worttrennung:* käl|ter, käl|tes|te *Antonyme:* heiß	سرد cold
0803 die WRS	Vorspeisen*platte*, *Plural:* - n die Platte*N*	Substantiv / Nomen Nom Gen Dat Akk *die der der die* Vor|spei|sen|plat|te	رف پیش غذا dish of appetizers
0804 das	Fleisch*gericht*, *Plural:* - e die Gericht*E*	Substantiv / Nomen	رف گوشت

Nr Verb-Nr	Artikel	Deutsch Bedeutungen, Beispiele	Wortart Worttrennung, Grammatik	Persisch Englisch
		Gericht, in dem Fleisch enthalten ist	Nom Gen Dat Akk das des dem das Worttrennung: Fleisch|ge|richt	meat dish
0805	das	Fisch*gericht* *Plural:* - e die Gericht*E* Gericht, zu dem zubereiteter Fisch gehört	Substantiv / Nomen Nom Gen Dat Akk das des dem das Worttrennung: Fisch|ge|richt	رف ماهی fish dish
0806	das	Zigeuner*schnitzel, Plural:* – die Schnitzel unpaniertes Kalbs- oder Schweineschnitzel in einer Soße mit in Streifen geschnittenen Paprikaschoten, Zwiebeln, Tomaten o. Ä.	Substantiv / Nomen Nom Gen Dat Akk das des dem das Zi|geu|ner|schnit|zel	کتلت باسس تند cutlet in spicy sauce
0807	das	Rinder*steak, Plural:* - s die Steak*S* nur kurz gebratene oder zu bratende Fleischscheibe aus der Lende (besonders von Rind oder Kalb) Herkunft: englisch steak < altisländisch steik = Braten, zu: steikja = braten, ursprünglich = an den Bratspieß stecken	Substantiv / Nomen Nom Gen Dat Akk das des dem das Rechtschreibung Worttrennung: Rin|der|steak	استیک گوشت گاو beef steak
0808	der	Semmel*knödel, Plural:* – die Knödel - aus Semmeln, Butter, Mehl, Eiern und Gewürzen zubereiteter Knödel	Substantiv / Nomen Nom Gen Dat Akk der des dem den Sem|mel|knö|del	$$$$ bread dumplings
0809	das der	Rinder*gulasch,* *Plural:* - e / s die Gulasch*E*, die Gulasch*S* - Gulasch aus Rindfleisch	Substantiv / Nomen Nom Gen Dat Akk das des dem das Worttrennung: Rin|der|gu|lasch	تاس کباب گاو، stew from cubed beef
0810	das	Puten*schnitzel, Plural:* - die Puten*schnitzel* Schnitzel aus dem Fleisch einer Pute	Substantiv / Nomen Nom Gen Dat Akk das des dem das Worttrennung: Pu|ten|schnit|zel	کتلت بوقلمون turkey cutlet
0811 92 a-u-a		*backen* *backE, buk, backte, habe gebackEN* - Kuchen, Plätzchen backen - der Kuchen muss eine Stunde bei 175 ° backen	*Verb* Worttrennung: ba|cken *Grammatik* Stammvokalwechsel	پختن to bake
0812		grün, grüner, am grünsten regelmäßige Steigerung Das Gras *ist* so schön grün	Adjektiv attributiv *Worttrennung:* grün	سبز green
0813	das	Heringsfilet, *Plural:* - s die Filet*S* - Filet vom Hering	Substantiv / Nomen Nom Gen Dat Akk das des dem das He|rings|fi|let	فیله شاه ماهی filet of herring
0814	die	Sahne*soße, Plural:* - n die Soße*N* - mit Sahne zubereitete Soße; Rahmsoße	Substantiv / Nomen Nom Gen Dat Akk die der der die Sah|ne|so|ße, Sah|ne|sau|ce	سس خامه ای cream sauce
0815	die meist Pl.	Salz*kartoffel, Plural:* - n die Kartoffel*N* - ohne Schale in Salzwasser gekochte Kartoffel	Substantiv / Nomen Nom Gen Dat Akk die der der die Salz|kar|tof|fel	سیب زمینی آب پز pealed boiled potatoas
0816		vegetarisch fleischlos, pflanzlich	Adjektiv ve|ge|ta|risch	سبزی خوار vegetarian
0817	die	Gemüse*lasagne* *Plural:* - n die Lasagne*N* Lasagne, die kein Fleisch enthält	Substantiv / Nomen Nom Gen Dat Akk die der der die Worttrennung: Ge|mü|se| la|sa|gne	لازانیای سبزیجات vegetable lasagne
0818	der	Risotto, *Plural:* - s die Risotto*S*	Substantiv / Nomen Nom Gen Dat Akk	رف برنج ایتالیایی

Nr Artikel Verb-Nr	Deutsch Bedeutungen, Beispiele	Wortart Worttrennung, Grammatik	Persisch Englisch
	Gericht aus Reis, Butter und Parmesan	*der des dem den* Ri|sot|to	Italian rice dish
0819	frisch frisch, frischer, am frischesten *Haben* sie frische Eier?	Adjektiv attributiv e-Erweiterung im Superlativ	تازه fresh
0820 der	Pilz, *Plural:* - e die Pilz*E*	Substantiv / Nomen Nom Gen Dat Akk *der des dem den*	قارچ mushroom
0821 die	Jahres*zeit*, *Plural:* - en die Zeit*EN* einer der vier Zeitabschnitte Frühling, Sommer, Herbst und Winter, in die das Jahr eingeteilt ist	Substantiv / Nomen Nom Gen Dat Akk *die der der die* Jah|res|zeit	فصل season
0822 die	Calzone, *Plural:* – die Calzone zusammengeklappte, gefüllte Pizza	Substantiv / Nomen Nom Gen Dat Akk *die der der die* *Worttrennung:* Cal | zo | ne	پیتزا مخصو ☐ کلزون a special pizza dish
0823 das	Nudel*gericht*, *Plural:* - e die Gericht*E* Gericht aus Nudeln	Substantiv / Nomen Nom Gen Dat Akk *das des dem das* Nu|del|ge|richt	ماکارانی pasta dish
0824 die	Hackfleisch*soße*, *Plural:* - n die Soße*N* Hackfleisch - rohes, durch den Fleischwolf getriebenes Fleisch von Schwein oder Rind Gehacktes; (österreichisch) Faschiertes; (umgangssprachlich, besonders norddeutsch) Hack; (norddeutsch) Hackepeter	Substantiv / Nomen Nom Gen Dat Akk *die der der die* *Rechtschreibung* *Worttrennung:* Hack|fleisch|so|ße, Sau|ce	سس گوشت ground meat sauce
0825 die	Lasagne, *Plural:* -n die Lasagne*N*	Substantiv / Nomen Nom Gen Dat Akk *die der der die* La|sa|gne	لازانیا Italian layered pasta dish
0826 die	Famili*e* *Plural:* - n die Familie*N* aus einem Elternpaar oder einem Elternteil und mindestens einem Kind bestehende [Lebens]gemeinschaft	Substantiv / Nomen Nom Gen Dat Akk *die der der die* *Worttrennung:* Fa|mi|lie	خانواده family
0827 26 i-a-a	*bringen* bring*E*, brach*TE*, habe brach*T*	*Verb trennbar* *Worttrennung:* brin|gen Stammvokalwechsel	آوردن to bring
0828	gleich Moment, *ich* komme gleich - wie heißt das gleich? - wenn er nicht mitspielt, können wir gleich zu Hause bleiben	Adverb unflektierbare Wortart *Rechtschreibung* *Worttrennung:* gleich	مستقیما، برابر right away (*I´ll bring the enu right away.*)
0829 die WRS	Supp*e*, *Plural:* - n die Suppe*N* warme oder kalte flüssige Speise [mit Einlage], die vor dem Hauptgericht oder als selbstständiges Gericht serviert wird Synonyme zu Suppe: Bouillon, Brühe, Brühsuppe;	Substantiv / Nomen Nom Gen Dat Akk *die der der die* Sup|pe	سو ☐ soup
0830 der Sg.	Weizen *Gleichlautendes Wort:* das Weizen Kurzform für: Weizenbier	Substantiv / Nomen Nom Gen Dat Akk *der des dem den* Wei|zen	گندم wheat
0831 das	Weizen*bier*, *Plural:* - e die Bier*E* (meist helles) obergäriges Bier, zu dessen Herstellung je zur Hälfte aus Gerste und aus Weizen gewonnenes Malz verwendet wird; Weißbier; Kurzform: Weizen	Substantiv / Nomen Nom Gen Dat Akk *das des dem das* Wei|zen|bier	آبجو گندم wheat beer

Nr	Artikel Verb-Nr	Deutsch Bedeutungen, Beispiele	Wortart Worttrennung, Grammatik	Persisch Englisch
0832	das	Dessert, _Plural:_ - s die Dessert*S* Dieses Wort gehört zum Wortschatz des Zertifikats Deutsch. französisch dessert, zu: desservir = die Speisen abtragen, zu: servir, ↑servieren	Substantiv / Nomen Nom Gen Dat Akk _das des dem das_ _Rechtschreibung_ _Worttrennung:_ Des|sert	دسر dessert
0833		gemischt, gemischter, am gemischtesten Ich _mag_ einen gemischten Salat	Adjektiv attributiv ge | mischt e-Erweiterung im Superlativ	مخلوط mixed
0834	das	Eis Sg. _Speiseeis_	Substantiv / Nomen Nom Gen Dat Akk _das des dem das_	بستنی ice cream
0835		heiß, heißer, am heißesten *-+ Der Tee _ist_ heiß - heiß geliebt, ersehnt, begehrt, laufen, machen, umkämpft, umstritten	Adjektiv Adjektive, unflektiert und attributiv e-Erweiterung im Superlativ	داغ hot
0836	die	Him_beere,_ _Plural:_ - n die Beere*N* (zu den Rosengewächsen gehörende) als stachliger Strauch wachsende Pflanze mit hellgrünen, gefiederten Blättern, kleinen, weißen Blüten und roten, aus vielen kleinen Früchtchen zusammengesetzten, essbaren Beeren	Substantiv / Nomen Nom Gen Dat Akk _die der der die_ _Worttrennung:_ Him|bee|re	تمشک raspberry
0837	das Sg.	Vanille_eis_ - Speiseeis mit Vanillegeschmack	Substantiv / Nomen Nom Gen Dat Akk _das des dem das_ Va|nil|le|eis	بستنی وانیلی vanilla ice cream
0838		alkoholisch Alkoholische Getränke _sind_ im Kino verboten	Adjektiv, attributiv _Rechtschreibung_ _Worttrennung:_ al | ko | ho | lisch	الکلی alcoholic
0839		vom = von dem + _D._; Bier vom Fass	Präposition + Artikel = von dem + _D._	از of the, from the _(beer from keg)_
0840	das	Fass _Plural:_ "- er die Fäss*ER*, _Umlaut im Plural_	Substantiv / Nomen Nom Gen Dat Akk _das des dem das_	بشکه keg, barrel
0841	der	Weiß_wein, Plural:_ - e die Wein*E* - [aus hellen Trauben hergestellter] heller, gelblicher Wein	Substantiv / Nomen Nom Gen Dat Akk _der des dem den_ Weiß|wein	شراب سفید white wine
0842	WRS	trocken - trockene Luft - es war im Ganzen ein sehr trockenes Jahr - das Brot ist trocken geworden - sie hat trockene Haut - ohne Aufstrich, Belag, ohne Beilage, [flüssige] Zutat - trockene Alkoholiker; er ist seit 20 Jahren trocken - unsere Kleine ist noch nicht trocken - der Sekt ist extra trocken - das Thema ist mir zu trocken - eine trockene Antwort - er hat einen trockenen Humor - ein trockenes Lachen	Adjektiv tro|cken	خشک dry
0843	die	Weißwein_schorle,_ _Plural:_ - n die Schorle*N* Getränk aus mit Mineralwasser gemischtem Wein	Substantiv / Nomen Nom Gen Dat Akk _die der der die_ Weiß|wein|schor|le	شراب سفید راکی drink of white wine mixed with carbonated water

Nr	Artikel Verb-Nr	Deutsch Bedeutungen, Beispiele	Wortart Worttrennung, Grammatik	Persisch Englisch
0844	der	Rot*wein*, *Plural:* - e die Wein*E*	Substantiv / Nomen Nom Gen Dat Akk *der des dem den* Rot|wein	شراب قرمز red wine
0845		alkoholfrei ohne Steigerungsform Moslems *trinken* nur alkoholfreies Bier	Adjektiv, attributiv *Rechtschreibung Worttrennung:* al | ko | hol | frei *Grammatik:* ,*,	بدون الکل without alcohol
0846	die	Limonade, *Plural:* -n die Limonade*N*	Substantiv / Nomen Nom Gen Dat Akk *die der der die* Li|mo|na|de	لیموناد lemonade
0847	WRS	warm, wärmer, am wärmsten eine verhältnismäßig hohe Temperatur - ein warmer Wind eifrig, lebhaft, nachdrücklich: warme Zustimmung herzlich, tief empfunden, von Herzen - warme Anteilnahme, Herzlichkeit schwul: er ist warm	Adjektiv wär|mer, wärms|te Steigerung mit Umlaut	گرم warm
0848		inclusive - einschließlich; - bis zum 15. Juli inklusive	Adverb in|klu|si|ve	شامل inclusive (*abbr. incl*)
0849	das	Prozent, *Plural:* - e die Prozent*E* aber: 10 Prozent *Zeichen:* % 10 Prozent *oder 10* %	Substantiv / Nomen Nom Gen Dat Akk *das des dem das Worttrennung:* Pro|zent	درصد percent (*Symbol %*)
0850	die Sg.	Mehrwert*steuer,* Abkürzungen: Mw.-St., MwSt. von einem Unternehmen auf den Verkaufspreis eines Produktes aufgeschlagene Umsatzsteuer, die an das Finanzamt abgeführt wird	Substantiv / Nomen Nom Gen Dat Akk *die der der die* Mehr|wert|steu|er	مالیات بر ارزش افزوده Value Added Tax
0851	das	Bedienungs*geld Plural:* - er die Geld*ER* (in der Gastronomie) Preisaufschlag für die Bedienung	Substantiv / Nomen Nom Gen Dat Akk *das des dem das* Be|die|nungs|geld	انعام پیش خدمت waiter´s fee
0852	der	Tomaten*salat, Plural:* - e die Salat*E* aus in Scheiben geschnittenen Tomaten mit gehackten Zwiebeln, Gewürzen, Speiseöl oder saurer Sahne o. Ä. zubereiteter Salat	Substantiv / Nomen Nom Gen Dat Akk *der des dem den* To|ma|ten|sa|lat	سالاد گوجه tomato salad
0853	die WRS	Rechn*ung, Plural:* - en die Rechnung*EN* - Berechnung von Soll und Haben - schriftliche Aufstellung über verkaufte Waren oder erbrachte Dienstleistungen mit der Angabe des Preises, der dafür zu zahlen ist	Substantiv / Nomen Nom Gen Dat Akk *die der der die* Rech|nung	صورتحساب bill, check
0854	der	Fehler, *Plural:* – die Fehler - sie hat im Diktat 10 Fehler - einen Fehler begehen, machen - charakterliche, körperliche Fehler haben - Textilien, Porzellan mit kleinen Fehlern	Substantiv / Nomen Nom Gen Dat Akk *der des dem den Rechtschreibung Worttrennung:* Feh|ler	اشتباه mistake
0855		getrennt ohne Steigerungsform - *meine Eltern* leben *getrennt* - *wir* zahlen *die Getränkerechnung getrennt*	Adjektiv attributiv ge | trennt	جداگانه separately
0856	4 e, te, t	trennen *trennE, trennTE, habe getrennT*	*Verb* sich A *Worttrennung:* tren|nen	جدا کردن to separate
0857	die	Imbiss*bude, Plural:* - n die Bude*N* Verkaufsstand, Kiosk, an dem ein kleiner Imbiss eingenommen werden kann	Substantiv / Nomen Nom Gen Dat Akk *die der der die* Im|biss|bu|de	میان وعده ی سبک snack stand
0858	die	Rindswurst,	Substantiv / Nomen	سوسیس گوشت گاو

Nr	Artikel Verb-Nr	Deutsch Bedeutungen, Beispiele	Wortart Worttrennung, Grammatik	Persisch Englisch
		Plural: "- e die Würst_E_, <u>Umlaut im Plural</u>	Nom Gen Dat Akk die der der die Rinds|wurst	beef sausage
0859	die	Curry_wurst_ _Plural:_ "- e die Würst_E_, <u>Umlaut im Plural</u> mit Curry bestreute, mit einer Currysoße oder Ketchup übergossene Bratwurst	Substantiv / Nomen Nom Gen Dat Akk die der der die _Worttrennung:_ Cur|ry| wurst	سوسیس با سس کاری sausage with curry sauce
0860	WRS	rot, röter, am rötesten - die Roten (_umgangssprachlich für_ die Sozialisten, Kommunisten u. a.)	Adjektiv Regel R 72, R 88, R 89	red
0861		weiß Die Wolke _ist_ weiß	Adjektiv <u>_Gleichlautendes Wort:_</u> weiß / wissen	سفید white
0862	die	Frika_delle_, _Plural:_ - n die Frikadelle_N_ gebratener [flacher] Kloß aus gehacktem Fleisch; deutsches Beefsteak, Bulette	Substantiv / Nomen Nom Gen Dat Akk die der der die _Worttrennung:_ Fri|ka|del|le	کوفته meat ball
0863	das	Hähn_chen_ _Plural:_ – die Hähn_chen_ - Verkleinerungsform zu Hahn - Brathähnchen	Substantiv / Nomen Nom Gen Dat Akk das des dem das Hähn|chen	مرغ chicken
0864	das	Schnitzel_bröt_chen, _Plural:_ – die Brötchen Verkleinerungsformen TIPP -chen und –lein machen alles klein!	Substantiv / Nomen Nom Gen Dat Akk das des dem das _Worttrennung:_ Schnit|zelbröt|chen	ساندویچ کتلت sandwich filled with escalope / cutlet
0865		belegtes Brötchen _Magst_ du ein belegtes Brötchen? quelle baeckerei-mueller-darmstadt.de	Adjektiv + Nomen	ساندویچ با نون گرد roll topped with food
0866	das	Herings_bröt_chen, _Plural:_ – die Brötchen Hering: (in großen Schwärmen besonders in den nördlichen Meeren auftretender) Fisch mit grünlich blauem Rücken und silberglänzenden, leicht gewölbten Körperseiten, der als Speisefisch verwendet wird	Substantiv / Nomen Nom Gen Dat Akk das des dem das He|rings|bröt|chen	ساندویچ شاه ماهی herring roll
0867	das	Lachs_bröt_chen, _Plural:_ – die Brötchen - mit Räucherlachs belegtes Brötchen	Substantiv / Nomen Nom Gen Dat Akk das des dem das _Worttrennung:_ Lachs|bröt|chen	ساندویچ سالمون salmon roll
0868	die	Port_ion_, _Plural:_ - en die Portion_EN_ Herkunft: lateinisch portio = (An)teil, wohl zu: pars (Genitiv: partis) = Teil	Substantiv / Nomen Nom Gen Dat Akk die der der die Por|ti|on	وعده غذایی portion
0869	der Sg.	Hunger - ich habe Hunger wie ein Wolf - Hunger auf ein gebratenes Hühnchen - in den Nachkriegsjahren herrschte großer Hunger	Substantiv / Nomen Nom Gen Dat Akk der des dem den _Worttrennung:_ Hun|ger	گرسنه hunger
0870	der	Cheese_burger_, _Plural:_ – die Burger _Hamburger, der zusätzlich eine Scheibe Käse enthält_ <u>Herkunft:</u> _englisch cheeseburger, zu: cheese = Käse und hamburger, ↑Hamburger_	Substantiv / Nomen Nom Gen Dat Akk der des dem den _Worttrennung:_ Cheese|bur|ger	چیزبرگر cheeseburger
0871	4,18 ~~ge~~ WRS	probieren probier_E_, probier_TE_, habe probier_T_	_Verb_ _Worttrennung:_ pro|bie|ren <u>Grammatik</u>	چشیدن to taste, to try

Nr Artikel Verb-Nr	Deutsch Bedeutungen, Beispiele	Wortart Worttrennung, Grammatik	Persisch Englisch
	- *lasst* mich mal *probieren*, das Feuer *anzuzünden* - die Suppe *probieren*	~~ge~~ Partizip ohne ge	
0872 der	Gemüse*burger*, *Plural:* – die Burger Ein Veggie-Burger (Wortbildung aus *Vegetarian Burger*, „vegetarischer Burger") ist ein Hamburger, der kein Fleisch enthält. Quelle: Wikipedia	Substantiv / Nomen Nom Gen Dat Akk *der des dem den* *Worttrennung:* Ge|mü|se|bur|ger	برگر گیاهی vegetarian burger
0873 der Sg.	Senf *** aus gemahlenen Senfkörnern mit Essig und Gewürzen hergestellte gelbbraune, breiige, würzig bis scharf schmeckende Masse	Substantiv / Nomen Nom Gen Dat Akk *der des dem den*	خردل Elmastarda mustard
0874 der	Vor*schlag*, *Plural:* ”- e die Schläg*E*, <u>Umlaut im Plural</u> Herkunft: Lehnübersetzung von italienisch appoggiatura; mittelhochdeutsch vürslac = Sperrbefestigung; Voranschlag	Substantiv / Nomen Nom Gen Dat Akk *der des dem den* Vor|schlag	پیشنهاد suggestion
0875 die	Sie-*Form*, *Plural:* - en die Form*EN* Nominativ: Sie, Dativ: Ihnen, Akkusativ: Sie	Substantiv / Nomen Nom Gen Dat Akk *die der der die*	آدرس رسمی formal address
0876 die	du-*Form*, *Plural:* - en die Form*EN* du schreib*ST*; du arbeite*ST*; du trink*ST*; du arbeite*ST* du denk*ST*; du lern*ST*	Substantiv / Nomen Nom Gen Dat Akk *die der der die*	آدرس غیر رسمی informal address
0877 die	ihr-*Form* *Plural:* - en die Form*EN*	Substantiv / Nomen Nom Gen Dat Akk *die der der die*	حالت جمع plural form
0878	Igitt! oft als Übertreibung empfundener Ausruf der Ablehnung, Zurückweisung voller Ekel, Abscheu Herkunft: verhüllend für: o Gott, ogottogott - igitt, eine Spinne!	Interjektion	اخ! Yikes!
0879 die	Idee, *Plural:* -n die Idee*N* - für eine Idee kämpfen	Substantiv / Nomen Nom Gen Dat Akk *die der der die*	نظر idea
0880	international Herkunft: englisch international, aus ↑inter-, Inter- und ↑national, geprägt von dem englischen Sozialphilosophen und Juristen J. Bentham (1748–1832) im Sinne von »zwischen den Nationen (bestehend)«: ein internationaler Wettkampf (mit Teilnehmenden aus mehreren Staaten) - die Finanz - Krise ist international	Adjektiv *Rechtschreibung* *Worttrennung:* in|ter|na|ti|o|nal	بین المللی international
0881 die	Kneip*e*, *Plural:* - n die Kneipe*N* - kleines, einfaches, aber auch gemütliches Lokal, das man v. a. aufsucht, um dort etwas Alkoholisches zu trinken: für solche Veranstaltungen vorgesehener Raum Herkunft: aus studentensprachlich Kneipschenke = schlechte, kleine Schenke und das dort abgehaltene Trinkgelage, auch: (enges) Zimmer des Studenten; wahrscheinlich im Sinne von »enger Raum «	Substantiv / Nomen Nom Gen Dat Akk *die der der die* *Worttrennung:* Knei|pe	میخانه tavern
0882 das	Lebensmittel*geschäft*, *Plural:* - e die Geschäft*E* - Geschäft, in dem Lebensmittel verkauft werden	Substantiv / Nomen Nom Gen Dat Akk *das des dem das* Le|bens|mit|tel|ge|schäft	بقالی grocery shop
0883 das	Lieblings*essen*, *Plural:* – die Essen	Substantiv / Nomen Nom Gen Dat Akk *das des dem das* Lieb|lings|es|sen	غذای مورد علاقه favorite dish
0884	zuerst Wer *kam* zuerst?	Adverb *Worttrennung:* zu|erst	ابتدا first, at first
0886 das	Früh*stück*	Substantiv / Nomen	صبحانه

Nr	Artikel Verb-Nr	Deutsch Bedeutungen, Beispiele	Wortart Worttrennung, Grammatik	Persisch Englisch
	Sg.	am Morgen, am [frühen] Vormittag eingenommene Mahlzeit - Frühstückspause	Nom Gen Dat Akk *das des dem das* *Worttrennung: Früh|stück*	breakfirst
0887	WRS	falsch - falsche Zähne - sein Pass war falsch - falsch verbunden sein *(einen anderen Telefonpartner bekommen, als man ursprünglich wollte)*	Adjektiv fal|scher, fal|sches|te	غلط wrong, false
0888	der	Notiz*zettel*, *Plural:* – die Zettel Zettel mit, für Notizen Einkaufszettel, Merkzettel, Schmierzettel; salopp: Fresszettel	Substantiv / Nomen Nom Gen Dat Akk *der des dem den* *Worttrennung: No|tiz|zet|tel*	موضوعات مهم memo sheet
0889	die	Lese*technik*, *Plural:* -en die Technik*EN*	Substantiv / Nomen Nom Gen Dat Akk *die der der die* *Worttrennung: Le|se|tech|nik*	روش خواندن reading technique
0890	das	Thema, *Plural:* die Themen Synonyme zu Thema: Angelegenheit, Aufgabe, Aufgabenstellung, Betreff, Frage[stellung], Gegenstand, Objekt, Problem, Problem atik, Problemstellung, Punkt, Sache, Stoff, Thematik, Th emenstellung; bildungssprachlich: Materie Herkunft: lateinisch thema < griechisch théma = Satz, abzuhandelnder Gegenstand, eigentlich = das (Auf)gesetzte, zu: tithénai = setzen, stellen, legen	Substantiv / Nomen Nom Gen Dat Akk *das des dem das* *Rechtschreibung* *Worttrennung:* The|ma	موضوع topic, theme
0891	das	Stich*wort*, *Plural:* - e / "- er die Wört*ER*, die Wort*E* - Wort, das in einem Lexikon, Wörterbuch o. Ä. behandelt wird [und in alphabetischer Reihenfolge zu finden ist]	Substantiv / Nomen Nom Gen Dat Akk *das des dem das* *Worttrennung: Stich|wort*	کلمه کلیدی Keyword
0892		genau, genauer, am genauesten genausten *Schreiben* Sie Ihre Adresse genau *auf*	Adjektiv attributiv *Worttrennung: ge | nau* e-Erweiterung im Superlativ	دقیق exact, precise
0893	der	Haupt*satz*, *Plural:* "- e die Sätz*E*, <u>Umlaut im Plural</u> 1. (Sprachwissenschaft) (allein oder als übergeordneter Satz in einem Satzgefüge stehender) selbstständiger Satz 2. grundlegender Satz einer Wissenschaft 3. (Musik) das Hauptthema in der Grundtonart vorführender erster Teil der Exposition	Substantiv / Nomen Nom Gen Dat Akk *der des dem den* *Rechtschreibung* *Worttrennung: Haupt|satz*	بند قانونی main clause
0894	der	Neben*satz*, *Plural:* "- e die Sätz*E*, <u>Umlaut im Plural</u> 1. untergeordneter Satz, Gliedsatz; 2. beiläufig gemachte Bemerkung	Substantiv / Nomen Nom Gen Dat Akk *der des dem den* Ne|ben|satz	بند قانونی فرعی sub clause
0895		weil - meine Mutter *kommt* nicht, weil sie keine Zeit *hat* *Regel*: Nebensatz mit weil, Verb am Satzende	Konjunktion	زیرا because
0896		während im Verlauf von; bezeichnet eine Zeitdauer, in deren Verlauf etwas stattfindet o. Ä.	Präposition wäh|rend *Gleichlautendes Wort:* während, Konjunktion	هنگام، درطو□ while, during
0897		wenn - ich *rufe* dich *an*, wenn ich Zeit *habe* - wenn nötig, komme ich sofort	Konjunktion	اگر، در صورتیکه if, when
0898	die	Grafik, *Plural:* - en die Grafiken eine farbige Grafik; Schaubild, Illustration Synonyme: Illustration, Zeichnung	Substantiv / Nomen Nom Gen Dat Akk *die der der die* Gra|fik, Gra|phik	کشیدن drawing, graph
0899	die	Konjunktion, Bindewort, *Plural:* - en die Konjunktion*EN* Sprachwissenschaft: Wort, das [Glied]sätze, Haupt- und Gliedsatz oder Satzglieder verbindet (z. B. und,	Substantiv / Nomen Nom Gen Dat Akk *die der der die* Kon|junk|ti|on	رابطه، ارتباط conjunction

Nr	Artikel Verb-Nr	Deutsch Bedeutungen, Beispiele	Wortart Worttrennung, Grammatik	Persisch Englisch
		obwohl); Abkürzung: Konj.		
0900		als - dein Telefon war immer besetzt, als ich dich anrief - der Rock ist billiger als die Hose	Konjunktion modal in Satzteilen und Gliedsätzen	از ، نسبت به than - Your phone was always busy when I called you. - *The skirt is cheaper than the pants.*
0901		damit .. mit diesem Handy	Adverb unflektierbare Wortart *Worttrennung:* da | mit	به طوری که so that
0902		dass Ich weiß, dass du kein Geld hast. *»das« oder »dass«?* <u>Mit nur einem s schreibt man das bezügliche Fürwort (RelativproPlural) »das«:</u> - Er betrachtete das Bild, **das** an der Wand hing. *»Das« bezieht sich auf ein Substantiv / Nomen im vorangegangenen (Haupt)satz und lässt sich meist durch »welches« ersetzen.* *Ebenfalls mit nur einem s schreibt man das DemonstrativproPlural »das«:* - **Das** habe ich nicht gewollt. *Hier lässt sich »das« meist durch »dieses« ersetzen. Schließlich wird auch der sächliche Artikel mit nur einem s geschrieben:* - Sie hoffte, **das** Krankenhaus bald verlassen zu können. *Auch hier lässt sich »das« meist durch »dieses« ersetzen.* *In allen anderen Fällen handelt es sich um die mit <u>zwei s zu</u> schreibende Konjunktion (das Bindewort) »dass«:Ich weiß, dass es schon ziemlich spät ist. Dass es schon ziemlich spät ist, weiß ich. Die Konjunktion »dass« verbindet Nebensätze meist mit Hauptsätzen, in denen Verben wie »behaupten, bestätigen, denken, glauben, hoffen, meinen, sagen, versprechen, wissen« usw. vorkommen. Sie kann NICHT durch »dieses« oder »welches« ersetzt werden.*	Konjunktion Bindewort *Regel:* *Grammatik* Nebensatz mit *dasss*, Verb am Satzende	که Konjunktion *Rechtschreibung* *Worttrennung:* dass
0903		obwohl - obwohl es regnete, gingen wir spazieren *Regel*: Nebensatz mit obwohl, Verb am Satzende	Konjunktion *Worttrennung:* ob|wohl	باا این وجود although
0904		nachdem - nachdem wir gelernt haben, machen wir eine Pause. - gleich nachdem Maxim angerufen hatte, waren Mohsen und Mehdi zum Flughafen gefahren	Konjunktion *Worttrennung:* nach|dem *Regel:* Nebensatz mit *nachdem*, Verb am Satzende	پس از after
0905	der	Kellner, *Plural:* - die Kellner Berufsbezeichnung; Angestellter in einer Gaststätte, der die Gäste bedient	Substantiv / Nomen Nom Gen Dat Akk *der des dem den* Kell|ner	پیش خدمت مرد waiter
0905	die	Kellnerin, *Plural:* - nen die Kellnerin*NEN* *n-Verdoppelung im Plural bei Singularendung „in"* weibliche Form zu Kellner	Substantiv / Nomen Nom Gen Dat Akk *die der der die* Kell |ne|rin	پیش خدمت زن waitress
0906	der WRS	Gast, *Plural:* ''- e die Gäst*E*, <u>Umlaut im Plural</u> - wir haben heute Gäste	Substantiv / Nomen Nom Gen Dat Akk	مهمان guest

Nr / Verb-Nr	Artikel	Deutsch Bedeutungen, Beispiele	Wortart Worttrennung, Grammatik	Persisch Englisch
			der des dem den Worttrennung: Gast	
0907	der	Service, *Plural:* - s die Service*S* 1. (im gastronomischen Bereich) Bedienung und Betreuung von Gästen; 2. Kundendienst; 3. Dienstleistung; 4. Inspektion, Wartung ; 5. Tennis Herkunft: englisch service = Dienst, Bedienung < (alt)französisch service < lateinisch servitium = Sklavendienst, zu: servire, servieren	Substantiv / Nomen Nom Gen Dat Akk *der des dem den* Ser|vice	خدمات service
0908	die	Steuer, *Plural:* - n die Steuer*N* - Abgabe, Abzüge, Finanzamt, Finanzbehörde, Steuerbehörde	Substantiv / Nomen Nom Gen Dat Akk *die der der die* Steu|er	مالیات tax
0910	der	Stuhl, *Plural:* ”- e die Stühl*E*, *Umlaut im Plural* mit vier Beinen, einer Rückenlehne und gelegentlich Armlehnen versehenes Sitzmöbel für eine Person	Substantiv / Nomen Nom Gen Dat Akk *der des dem den*	صندلی chair
0911		besetzt *ohne Steigerungsform* Deine Telefonnummer *ist* immer besetzt	Adjektiv *Worttrennung:* be|setzt	مشغول□، گرفته شده taken (*Is the seat taken?*)
0912	4 e, te, t ~~ge~~	besetzen besetz*E*, besetz*TE*, habe besetz*T* - die Toilette ist besetzt (*nicht frei*) - ein Land besetzen	Verb *Worttrennung:* be|set|zen *Grammatik:* ~~ge~~ Partizip ohne ge	گرفتن to take (*a seat*)
0913	die	Schorle, *Plural:* - n die Schorle*N* - Getränk aus mit Mineralwasser gemischtem Wein oder [Apfel]saft	Substantiv / Nomen Nom Gen Dat Akk *die der der die* Schor|le	آبمیوه یا شراب مخلوط شده با آب juice or wine watered down with mineral water
0914		letzt- Das letzte Wort bestimmt den Artikel.	Adjektiv	آخرین، واپسین last (*The last word determines the article.*)
0915	4 ~~ge~~ e, te, t	bestimmen bestimm*E*, bestimm*TE*, habe bestimm*T* - den Preis bestimmen	Verb *Worttrennung:* be|stim|men ~~ge~~ Partizip ohne ge	خاتمه یافتن to determine
0916	der WRS	Freund, *Plural:* - e die Freund*E* - mein Freund Klaus - sie hat einen festen Freund - sein neuer Freund ist zu ihm gezogen - ein Freund des Weins, guter Musik - meine politischen Freunde - wie gehts, alter Freund?	Substantiv / Nomen Nom Gen Dat Akk *der des dem den* *Worttrennung:* Freund	دوست مذکر friend boy
0916	die	Freundin, *Plural:* - nen die Freundin*NEN* *n-Verdoppelung im Plural bei Singularendung „in"* weibliche Form zu Freund - meine beste Freundin - seine Freundin hat ihn verlassen - er hat eine neue, feste Freundin - eine Freundin von Prosecco - Projekt der Freundinnen der Darmstädter Straßenkinder - meine politischen Freundinnen - wie gehts, alte Freundin? *Wendungen, Redensarten, Sprichwörter* keine Freundin von etwas sein (etwas nicht schätzen und es daher nicht [gern] tun: sie ist keine Freundin von Make-up und bunten Fingernägeln)	Substantiv / Nomen Nom Gen Dat Akk *die der der die* *Rechtschreibung* *Worttrennung:* Freun|din	دوست مونث friend girl
0917	der	Imperativsatz, *Plural:* ”- e die Sätz*E*,	Substantiv / Nomen	جمله امری

Nr	Artikel Verb-Nr	Deutsch Bedeutungen, Beispiele	Wortart Worttrennung, Grammatik	Persisch Englisch
		Umlaut im Plural Satz, der einen Befehl, eine Aufforderung, eine Bitte ausdrückt	Nom Gen Dat Akk *der des dem den* Im|pe|ra|tiv|satz	imperative phrase
0918	das *Sg.*	Präsens - Zeitform, mit der ein verbales Geschehen oder Sein aus der Sicht des Sprechers als gegenwärtig charakterisiert wird; Gegenwart - Verbform im Präsens - das Präsens von »essen« lautet »ich esse«	Substantiv / Nomen Nom Gen Dat Akk *das des dem das* Rechtschreibung *Worttrennung:* Prä|sens	زمان□ ۱□ ساده simple present
0919	der	Imperativ, *Plural:* -e die Imperativ*E, meist* Sg. befehlend, zwingend, bindend	Substantiv / Nomen Nom Gen Dat Akk *der des dem den* im|pe|ra|tiv	امرى imperative
0923	der	Kopf, *Plural:* "- e die Köpf*E, Umlaut im Plural*	Substantiv / Nomen Nom Gen Dat Akk *der des dem den*	سر head
0924	das	Wiederholungs*spiel, Plural:* - e die Spiel*E* - Spiel, das wiederholt wird [weil im ersten Spiel keine Entscheidung erzielt wurde]	Substantiv / Nomen Nom Gen Dat Akk *das des dem das* Wie|der|ho|lungs|spiel	تکرار بازی repetition game
0925	der WRS	Start, *Plural:* - s die Start*s* Beginn eines Wettlaufs, -rennens, -schwimmens o. Ä.	Substantiv / Nomen Nom Gen Dat Akk *der des dem den*	شروع start
0926	*47* e-a-a e-te-t	*nennen* *nenn*E, *nann*TE, *habe gen*ann*T* (jemandem) einen bestimmten Namen *geben*	*Verb* *Worttrennung:* nen|nen Stammvokalwechsel	نامیدن to name
0927	*4* e, te, t	*zählen* *zähl*E, *zähl*TE, *habe gezähl*T - ich *zähle* bis drei	*Verb* *Worttrennung:* zäh|len	شمردن to count (*to count from 1 to 10*)
0928		je für jede einzelne Person oder Sache; pro - die Kosten *betragen* 30 Euro je [angebrochene] Stunde, je beschäftigte Arbeitskraft - die Bluse und die Hose *kosten* je 10 €. (Bluse *kostet* 10€ und die Hose *kostet* 10€) auch wie ein Adverb *gebraucht* und keine Rektion ausübend: - je erwachsener Teilnehmer; je Studierende[r]	Adverb / Präposition / Konjunktion / Interjektion	هر each, per
0929	die WRS	Reih*e, Plural:* - n die Reihe*N*	Substantiv / Nomen Nom Gen Dat Akk *die der der die* Rei|he	لیست، فهرست list, row
0930	der	Laptop, *Plural:* - s die Laptop*S* - kleiner tragbarer Personal Computer	Substantiv / Nomen Nom Gen Dat Akk *der des dem den* Lap|top	لپ تا□ laptop
0931	das	Gegen*teil, Plural:* - e die Gegenteil*E* etwas (z. B. eine Eigenschaft, Aussage) oder jemand, das bzw. der etwas, jemand anderem völlig entgegengesetzt ist	Substantiv / Nomen Nom Gen Dat Akk *das des dem das* *Worttrennung:* Ge|gen|teil	برعکس، در مقابل contracy, opposite
0932	der Sg.	Deutsch*unterricht* [Schul]unterricht in deutscher Sprache und Literatur	Substantiv / Nomen Nom Gen Dat Akk *der des dem den* Deutsch|un|ter|richt	کلاس آلمانی German class
0933	der	Wochen*tag, Plural:* - e die Tag*E* - Tag der Woche außer Sonntag; Werktag	Substantiv / Nomen Nom Gen Dat Akk *der des dem den* Wo|chen|tag	روزهای هفته day of the week
0934	die	Obst*sorte, Plural:* - n die Sorte*N* Sorte von Obst	Substantiv / Nomen Nom Gen Dat Akk	نوعی میوه kind of fruit

Nr	Artikel Verb-Nr	Deutsch Bedeutungen, Beispiele	Wortart Worttrennung, Grammatik	Persisch Englisch
			die der der die Obst|sor|te	
0935		Pluralform		$$$$$
0936		ihr-Form		$$$$$
0937	der R 69, 70	Vormit*tag, Plural:* - e die Tag*E* - Zeit zwischen Morgen und Mittag heute Vormittag [Regel 69]; des Vormittags, *aber* [Regel 70]: vormittags	Substantiv / Nomen Nom Gen Dat Akk *der des dem den* Vor|mit|tag	صبح زود second-plural form
0938	4 e, te, t ~~ge~~	*verkaufen* verkauf*E*, verkauf*TE*, habe verkauf*T*	Verb sichA *Worttrennung:* ver|kau|fen ~~ge~~ Partizip ohne ge	فروختن to sell
0939	4 e, te, t ~~ge~~	*bezahlen* bezahl*E*, bezahl*TE*, habe bezahl*T* - die Miete bezahlen; 100 Euro bezahlen - das Essen bezahlen	Verb *Worttrennung:* be|zah|len *Grammatik:* ~~ge~~ Partizip ohne ge	پرداختن to pay
0940	26 i-a-a	*mit.bringen* bring*E* mit, brach*TE* mit, habe mitgebrach*T* mit sich tragend, bei sich habend, an einen bestimmten Ort, eine bestimmte Stelle bringen	*Verb trennbar* *Worttrennung:* mit|brin|gen *Grammatik* Stammvokalwechsel	همراه شدن to bring along
0941	das Sg.	Trinken - Getränk, Getränke - für Essen und Trinken sorgen	Substantiv / Nomen Nom Gen Dat Akk *das des dem das* *Worttrennung:* Trin|ken	نوشیدن drinking
0942	die	Statistik, *Plural:* - en die Statistik*EN* - Wissenschaft von der zahlenmäßigen Erfassung, Untersuchung und Auswertung von Massenerscheinungen	Substantiv / Nomen Nom Gen Dat Akk *die der der die* Sta|tis|tik	آمار statistics
0943	das	Erfrischungs*getränk* *Plural:* - e die Getränk*E*	Substantiv / Nomen Nom Gen Dat Akk *das des dem das* Er|fri|schungs|ge|tränk	نوشابه گازدار refreshment drink
0944	das Sg.	Frisch*obst*	Substantiv / Nomen Nom Gen Dat Akk *das des dem das*	میوه تازه fresh fruit
0945	der	Frucht*saft, Plural:* "- e die Säft*E, Umlaut im Plural* aus frischen Früchten gewonnener Saft Synonyme: Saft; (landschaftlich) Most	Substantiv / Nomen Nom Gen Dat Akk *der des dem den* *Worttrennung:* Frucht|saft	آبمیوه fruit juice
0946		häufig, häufiger, am häufigsten Die Mutter *geht* häufig zu dem Arzt	Adjektiv unflektiert und attributiv	اغلب frequently
0947	die	Mutter*sprache,* *Plural:* - n die Sprache*N* Sprache, die ein Mensch als Kind (von den Eltern) erlernt [und primär im Sprachgebrauch] hat - Adams Muttersprache ist Somalisch Herkunft: wohl nach mittellateinisch lingua materna	Substantiv / Nomen Nom Gen Dat Akk *die der der die* Mut|ter|spra|che	زبان مادری mother tongue
0948	die Sg.	Erd*e* - fruchtbare, lockere, feuchte, sandige Erde - auf heimatlicher, fremder Erde kämpfen - die Erde dreht sich um die Sonne	Substantiv / Nomen *Plural: Sg.* *Grammatik:* ohne Plural Nom Gen Dat Akk *die der der die* *Worttrennung:* Er|de	جهان *here:* world, globe
0949	die Sg.	An*zahl* - eine Zahl von Personen - Menge von Sachen	Substantiv / Nomen Nom Gen Dat Akk *die der der die*	شماره number

Nr Artikel Verb-Nr	Deutsch Bedeutungen, Beispiele	Wortart Worttrennung, Grammatik	Persisch Englisch
		Rechtschreibung *Worttrennung:* An | zahl	
0950 der	Bundes*bürger* *Plural:* – die Bürger - Bürger der Bundesrepublik Deutschland	Substantiv / Nomen Nom Gen Dat Akk *der des dem den* *Worttrennung:* Bun|des|bür|ger	شهروند آلمانی federal citizen
0950 die	Bundesbürgerin *Plural:* - nen die Bürgerin*NEN* *n-Verdoppelung im Plural bei Singularendung „in"* weibliche Form zu Bundes*bürger*	Substantiv / Nomen Nom Gen Dat Akk *die der der die* *Worttrennung:* Bun|des|bür|ge|rin	شهروندان آلمانی federal citizen
0951 der WRS	Mensch, *Plural:* - en die Mensch*EN* a. mit der Fähigkeit zu logischem Denken und zur Sprache, zur sittlichen Entscheidung und Erkenntnis von Gut und Böse ausgestattetes höchstentwickeltes Lebewesen: der schöpferische Mensch b. menschliches Lebewesen, Individuum - ein Mensch von Fleisch und Blut *(ein wirklicher, lebendiger Mensch)* c. bestimmte Person, Persönlichkeit - ein gesunder, kranker Mensch d. als burschikose Anrede, oft auch ohne persönlichen Bezug in Ausrufen des Staunens, Erschreckens, der Bewunderung Grammatik: ohne Plural salopp: Mensch, da hast du aber Glück gehabt!	Substantiv / Nomen Nom Gen Dat Akk *der des dem den*	بشر person, human being
0952	davon Ich *habe* nicht davon - von dieser Stelle, diesem Gegenstand - von dieser Stelle als Ausgangspunkt - von dieser Sache, Angelegenheit [als	Adverb unflektierbare Wortart *Rechtschreibung* *Worttrennung:* da | von	از این of this, of these
0953 das	Telefon*buch*, *Plural:* "- er die Büch*ER*, Umlaut im Plural - [amtliches] Verzeichnis der Inhaber eines Telefonanschlusses in einem bestimmten Bezirk	Substantiv / Nomen Nom Gen Dat Akk das des dem das Te|le|fon|buch	دفتر تلفن telephone book
0954 die	Lös*ung*, *Plural:* - en die Lösung*EN*	Substantiv / Nomen Nom Gen Dat Akk *die der der die* Lö|sung	راه□ل solution
0955 5 i-a-u	*singen* sing*E*, s*a*ng, habe ges*u*ng*EN* - wir *singen* die Nationalhymne	*Verb* *Worttrennung:* sin|gen Stammvokalwechsel	خواندن، آواز خواندن to sing
0956 der WRS	Sinn, *Plural:* - e die Sinn*E* - Fähigkeit der Wahrnehmung und Empfindung (die in den Sinnesorganen ihren Sitz hat)	Substantiv / Nomen Nom Gen Dat Akk *der des dem den*	س□ sense
0957 4 e, te, t	*drauf.kriegen* krieg*E* drauf, krieg*TE* drauf, habe draufgekrieg*T* umgangssprachlich 1. scharf getadelt, streng bestraft werden. 2. besiegt werden. 3. einen Schicksalsschlag erleiden.	*Verb* Präsens *E* Präteritum *TE* Perfekt *T* *Worttrennung:* drauf|krie|gen	بازپس گیری *colloquial for:* to retain (*How do i retain these words?*)
0958	endlich - wann bist du endlich fertig? - (umgangssprachlich) na endlich! Endlich *ist* Sommer da eine endliche Zahl	Adjektiv *Rechtschreibung* *Worttrennung:* end | lich	سرانجام finally

Nr	Artikel Verb-Nr	Deutsch Bedeutungen, Beispiele	Wortart Worttrennung, Grammatik	Persisch Englisch
		Synonyme: begrenzt, nicht von Dauer, ohne Bestand, sterblich, vergänglich, vom Verfall / Vergehen / Tod bedroht, zeitlich gebunden Grammatik: Dieses Wort oder diese Verbindung ist rechtschreiblich schwierig		
0959	4 e, te, t	hin.kriegen kriegE hin, kriegTE hin, habe hingekriegT umgangssprachlich - [mit Geschick] zustande bringen, fertigbringen	Verb trennbar Rechtschreibung Worttrennung: hin|krie|gen	مدیریت کردن colloquial for: to manage
0960		manchmal - nicht regelmäßig, unterschiedlich häufig, mehr oder weniger oft; hin und wieder Manchmal trinke ich auch Alkohol - in einigen Fällen Synonyme: ab und an, ab und zu, dann und wann, das ein oder andere Mal, des Öfteren, gelegentlich, hier und da, hin und wieder, mitunter, öfter, sporadisch, stellenweise, streckenweise, vereinzelt, von Zeit zu Zeit, zeitweilig, zeitweise, zuzeiten; gehoben: bisweilen, zuweilen; landschaftlich: öfters; Wissenschaft: okkasionell	Adverb manch|mal	گاهی sometimes
0961		schwer, schwerer, am schwersten, schwerste - von großem Gewicht; nicht leicht; der Koffer ist schwer	Adjektiv schwe|rer, schwers|te	سخت، دشوار difficult, heavy
0962		täglich tägliches Brot; täglicher Bedarf Moslems beten täglich	Adjektiv Worttrennung: täg|lich	روزانه daily
0963		beim = bei dem + D.	Präposition + Artikel	در at, at the
0964		finden - sie hat im Zug eine Uhr gefunden	Verb Rechtschreibung Worttrennung: fin|den	پیدا کردن to find
0965	37 e-i-a ge	vergehen vergehE, verging, ist vergangEN - die Zeit vergeht schnell; die Jahre sind vergangen; vergangene Zeiten; sich vergehen	Verb Worttrennung: ver|ge|hen ge Partizip ohne ge Stammvokalwechsel	گذشتن از to pass by
0966	die	Plage, Plural: - n die PlageN etwas, was jemandem anhaltend zusetzt, was jemand als äußerst unangenehm, quälend empfindet - Katastrophe, Kreuz, Last, Mühsal, Not, Qual, Übel; Bürde, Geißel, Joch; Herkunft: spätalthochdeutsch plāga = Strafe des Himmels; Missgeschick; Qual, Not < lateinisch plaga < griechisch plagá (plēgḗ) = Schlag	Substantiv / Nomen Nom Gen Dat Akk die der der die Pla|ge	درد، سختی hardship, burden
0967	der	Gouda Eigenname niederländische Stadt bei Rotterdam	Substantiv / Nomen Nom Gen Dat Akk der des dem den Worttrennung: Gou|da	Käse
0968		satt Danke, ich bin satt	Adjektiv	به تنگ آمده to have had enough, to be fed up
0969	4 e, te, t	weiter.machen machE weiter, machTE weiter, habe weiter gemachT	Verb trennbar Worttrennung: wei|ter|ma|chen	ادامه دادن to continue
0970	90 i-o-o	wollen will, wollTE, habe gewollT - er will uns morgen besuchen	Verb Modalverb Worttrennung: wol|len Stammvokalwechsel	خواستن to want

Nr Artikel Verb-Nr	Deutsch Bedeutungen, Beispiele	Wortart Worttrennung, Grammatik	Persisch Englisch
	LERNEN		
0971 der	Lern*plan, Plural:* "- e die Plän*E, Umlaut im Plural*	Substantiv / Nomen Nom Gen Dat Akk *der des dem den*	برنامه درسی study plan
0972 die	Haus*aufgabe* *Plural:* - n die Aufgabe*N*	Substantiv / Nomen Nom Gen Dat Akk *die der der die* Haus|auf|ga|be	تکلیف روزانه homework
0973	weiter, weiter- Frau Schachner schreibt weitere neue Bücher	Adverb Adjektiv wei|ter	بیشتر further *Collect further examples.*
0974	*können*	*Verb* *Worttrennung:* kön|nen	توانستن can, to be able to
0975 4 e, te, t ~~ge~~	*erfragen* *erfrag*E, *erfrag*TE, *habe erfrag*T - durch Fragen in Erfahrung *bringen*	*Verb* *Worttrennung:* er|fra|gen ~~ge~~ Partizip ohne ge	پرسیدن to question, to interrogate
0977	Willkommen in Darmstadt	Adjektiv	به دارمشتات خوش آمدید Welcome to Darmstadt
0979	willkommen - jemandem sehr passend, angenehm; erwünscht In Fügungen wie *Herzlich willkommen!* oder *Seien Sie willkommen!* schreibt man *willkommen* klein, da es hier als Adjektiv verwendet wird. Großgeschrieben wird *willkommen* nur, wenn es als Substantiv gebraucht wird: *Sie hatten ihm ein herzliches Willkommen bereitet.*	Adjektiv will|kom|men	خوش آمدید welcome
0980 die	Bürgerberat*ung* *Plural:* - en die Beratung*EN* Beratungsstelle für Bürger der Bundesrepublik Deutschland	Substantiv / Nomen Nom Gen Dat Akk *die der der die* *Worttrennung:* Bür|ger|be|ra|tung	مشاور شهروندی public information
0981 das	Rat*haus, Plural:* "- er die Häus*ER, Umlaut im Plural* - Gebäude, das Sitz der Gemeindeverwaltung und der kommunalen Ämter ist	Substantiv / Nomen Nom Gen Dat Akk *das des dem das* *Worttrennung:* Rat|haus	سالن شهر town / city hall
0982 der	Pass, *Plural:* "- e die Päss*E*, Umlaut im Plural 1. amtliches Dokument (mit Angaben zur Person, [biometrischen Daten,] Lichtbild und Unterschrift des Inhabers bzw. der Inhaberin), das der Legitimation besonders bei Reisen ins Ausland Herkunft: gekürzt aus älter passbrif, passport < französisch passeport = Geleitbrief, Passierschein, zu: passer = überschreiten (passieren) und port = Durchgangdient 2. (im Hochgebirge) niedrigster Punkt zwischen zwei Bergrücken oder Kämmen, der einen Übergang über einen Gebirgszug ermöglicht Herkunft: französisch pas (vgl. italienisch passo, niederländisch pas) < lateinisch passus = Schritt 3. gezieltes Zuspielen, gezielte Ballabgabe an einen Spieler, eine Spielerin der eigenen Mannschaft Herkunft: englisch pass (Fußball)	Substantiv / Nomen Nom Gen Dat Akk *der des dem den*	پاسپورت passport
0983 das	Wohn*geld, Plural:* - er die Geld*ER* - vom Staat gewährter Zuschuss besonders zur Wohnungsmiete - Gesetz, das die Gewährung von Wohngeld regelt	Substantiv / Nomen Nom Gen Dat Akk *das des dem das* Wohn|geld	کمک هزینه مسکن housing allowance
0984 das	Bad	Substantiv / Nomen	□مام

Nr Verb-Nr	Artikel	Deutsch Bedeutungen, Beispiele	Wortart Worttrennung, Grammatik	Persisch Englisch
		Plural: "- er die BädER, *Umlaut im Plural* Badezimmer	Nom Gen Dat Akk das des dem das	bathroom
0986	die	Ahn*ung*, *Plural:* - en die Ahnung*EN* undeutliches, dunkles Vorgefühl - eine dunkle, düstere Ahnung *Wortverbindungen*: Substantive: Vermutung, Gefühl, Angst, Andeutung Verben: bestätigen, beschleichen, überkommen Adjektive: leise, düster, vage, dunkel, blass	Substantiv / Nomen Nom Gen Dat Akk die der der die Rechtschreibung Worttrennung: Ah | nung	نظر idea (*no idea*)
0987	das	*Fußball*spiel *Plural:* - e die Spiel*E* Spiel im Fußball	Substantiv / Nomen Nom Gen Dat Akk das des dem das Worttrennung: Fuß|ball|spie	بازی فوتبا☐ soccer / football match
0988	das	Einwohnermelde*amt* *Plural:* "- er die Ämt*ER*, *Umlaut im Plural* Behörde, die für die An- und Abmeldung meldepflichtiger Personen zuständig ist	Substantiv / Nomen Rechtschreibung Worttrennung: Ein|woh|ner|mel|de|amt	اداره ثبت ا☐وا☐ شهروندان resident´s registration office
0989	das	Ausländer*amt* *Plural:* "- er die Ämt*ER*, *Umlaut im Plural*	Substantiv / Nomen Nom Gen Dat Akk das des dem das Aus|län|der|amt	اداره اتباع خارجی office for foreign citizens
0990	die	Straßen*bahn*, *Plural:* - en die Bahn*EN* - schienengebundenes, mit elektrischer Energie betriebenes Verkehrsmittel für den Stadtverkehr	Substantiv / Nomen Nom Gen Dat Akk die der der die Stra|ßen|bahn	تراموای شهری streetcar, tram
0991	die Sg.	Post *Synonyme zu Post:* Postfiliale; (früher) Postamt, Poststelle, Briefsendung, Paketsendung, Postgut, Postsendung, Sendung, Lieferung, [Post]zustellung *Herkunft*: unter Einfluss von französisch poste < italienisch posta = Poststation < spätlateinisch posita (statio oder mansio) = festgesetzt(er Aufenthaltsort), zu lateinisch positum	Substantiv / Nomen Nom Gen Dat Akk die der der die	اداره پست post office
0992	der Sg.	Reichs*tag* 1. im Deutschen Reich bis 1806 Versammlung der deutschen Reichsstände 2. Volksvertretung im Norddeutschen Bund von 1867 bis 1871 und im Deutschen Reich von 1871 bis 1945 3. im Deutschen Reich von 1919 bis 1933 mit der Legislative betraute Volksvertretung 4. (in bestimmten Staaten) Parlament 5. Gebäude in Berlin, in dem (seit 1999) die Plenarsitzungen des Deutschen Bundestags stattfinden	Substantiv / Nomen Nom Gen Dat Akk der des dem den Reichs|tag	مجلس آلمان در برلین German Parlament building in Berlin
0993	das	Internet*café*, *Plural:* - s die Cafe*S* Café, in dem den Gästen Computer mit Internetanschluss zur Verfügung stehen	Substantiv / Nomen Nom Gen Dat Akk das des dem das In|ter|net|ca|fé	کافی نت Internetcafé
0994	das	*Fußball*stadion *Plural:* die Stad*IEN* Substantiv, Neutrum - Sportstadion für Fußballspiele	Substantiv / Nomen Nom Gen Dat Akk das des dem das Worttrennung: Fuß|ball|sta|di|on	استودیم فوتبا☐ soccer / football stadium
0995	die Sg.	Näh*e* 1. geringe Entfernung; in der Nähe der Firma 2. geringe zeitliche Entfernung [von etwas Bevorstehendem]; das Ziel war in greifbarer Nähe 3. jemandes Nahsein; enge Beziehung - jemandes Nähe suchen	Substantiv / Nomen Nom Gen Dat Akk die der der die Nä|he	محله، مجاورت neighborhood, vicinity
0996	die	*Straßenbahn*linie, *Plural:* - n die Linie*N*	Substantiv / Nomen	خط تراموا

Nr	Artikel Verb-Nr	Deutsch Bedeutungen, Beispiele	Wortart Worttrennung, Grammatik	Persisch Englisch
		- *von einer Straßenbahn befahrene Verkehrsverbindung* - *Fahrzeug einer bestimmten Straßenbahnlinie*	Nom Gen Dat Akk *die der der die* Stra|ßen|bahn|li|nie	streetcar line
0997	die	U-Bahn-*Linie, Plural:* - n die Linie*n* Untergrundbahn-Linie Schnellbahn, die unterirdisch geführt ist	Substantiv / Nomen Nom Gen Dat Akk *die der der die* Un|ter|grund|bahn	خط زیر زمینی underground line
0998	die WRS	Stat*ion, Plural:* - en die Station*EN* Bahnhof, Bahnstation, Halt, Haltepunkt, Haltestelle	Substantiv / Nomen Nom Gen Dat Akk *die der der die* Sta|ti|on	ایستگاه stop
0999	die	Haus*nummer, Plural:* - n die Nummer*N* Nummer, mit der die einzelnen Häuser einer Straße bezeichnet sind	Substantiv / Nomen Nom Gen Dat Akk *die der der die* Haus|num|mer	پلاک خانه house number
1000	*4* *e, te, t* ~~ge~~	*verschicken* *verschickE, verschickTE, habe verschickT* - Einladungen *verschicken*	*Verb* *Worttrennung:* ver|schi|cken *Grammatik:* ~~ge~~ Partizip ohne	گذراندن to send
1001	die	Halte*stelle* *Plural:* - n die Stelle*N* - Stelle, an der öffentliche Verkehrsmittel anhalten, um Fahrgäste aus- oder einsteigen zu lassen - Halt, Haltepunkt, Station	Substantiv / Nomen Nom Gen Dat Akk *die der der die* *Worttrennung:* Hal|te|stel|le	توقف کردن stop
1002	der	Netz*plan, Plural:* ”- e die Plän*E,* Umlaut im Plural 1. (Wirtschaft) mithilfe der Netzplantechnik erstellter Plan in grafischer Darstellung, wobei die Einzeltätigkeiten in ihrer zeitlichen Reihenfolge durch Kreise (bzw. Punkte) und Strecken abgebildet werden 2. Liniennetzplan Plan, der einen Überblick über ein Liniennetz gibt	Substantiv / Nomen Nom Gen Dat Akk *der des dem den* Netz|plan	نقشه □مل و نقل map of the transportation
1003		dort Dort *finden* Sie die neuesten Handys an jenem Platz, Ort; da Grammatik: *Getrenntschreibung in Verbindung mit Verben, wenn der Hauptakzent auf dem Verb liegt: sich dort auskennen; von dort gekommen sein; sie wird dort wohnen; Zusammenschreibung in Verbindung mit Verben, wenn der Hauptakzent auf »dort« liegt: sie sind gleich dortgeblieben* man hat ihn einige Zeit dortbehalten	Adverb unflektierbare Wortart *Rechtschreibung* *Worttrennung:* dort	آنجا there
1004	die	Richt*ung, Plural:* - en die Richtung*EN* Synonyme zu Richt*ung :* Fahrtrichtung, Kurs, Route, Verlauf, Weg, Entwicklung, Schule, Strömung, Trend [Entwicklungs]tendenz,	Substantiv / Nomen Nom Gen Dat Akk *die der der die* Rich|tung	جهت direction
1005	*42* *a-ie-a*	*halten* *haltE, hielt, habe gehaltEN* - ich werde dich freihalten *(für dich bezahlen);* die Ausfahrt frei halten	*Verb trennbar* *Worttrennung:* frei|hal|ten *Grammatik* Stammvokalwechsel	توقف کردن to stop
1006		direkt 1. ohne Umweg, in gerader Richtung 2. unverzüglich, sofort, ohne Aufenthalt; 3. in unmittelbarer Nähe Sie *kommen* hier direkt zum Hauptbahnhof - direkte Rede *(Sprachwissenschaft wörtliche Rede)*	Adjektiv di|rekt Antonym: indirekt	مستقیم direct
1007	die	Universität, *Plural:* - en die Universität*EN* Synonyme zu Universität: Akademie, Fachhochschule, Hochschule, Kolleg; (Jargon) Uni; (scherzhaft) Unität; (bildungssprachlich, oft scherzhaft) Alma Mater; (Amtssprache) Lehranstalt; (Hochschulwesen) Gesamthochschule	Substantiv / Nomen Nom Gen Dat Akk *die der der die* Uni|ver|si|tät	دانشگاه university

Nr Artikel Verb-Nr	Deutsch Bedeutungen, Beispiele	Wortart Worttrenung, Grammatik	Persisch Englisch
1008 die	Linie, *Plural:* - n die LinieN	Substantiv / Nomen Nom Gen Dat Akk *die der der die* Li|nie	خط line
1009 24 ei-ie-ie sein	*um.steigen* *steigE um, stieg um, bin umgestiegEN* - in Köln *müssen* wir [in den ICE, nach Darmstadt] *umsteigen*	*Verb trennbar* *Worttrennung:* um|stei|gen *Grammatik* Stammvokalwechsel	قطار / خط عوض کردن to change trains / buses
1010 der	Standort, *Plural:* - e die OrtE Ort, Punkt, an dem jemand, etwas steht, sich befindet	Substantiv / Nomen Nom Gen Dat Akk *der des dem den* Stand|ort	موقعیت location
1011 der	Hauptbahn*hof* *Plural:* "- e die HöfE, *Umlaut im Plural* - größter, besonders für den Personenverkehr wichtigster Bahnhof einer Stadt	Substantiv / Nomen Nom Gen Dat Akk *der des dem den* Haupt|bahn|hof	ایستگاه اصلی main station
1012 das WRS	Ziel, *Plural:* - e die ZielE	Substantiv / Nomen Nom Gen Dat Akk *das des dem das:*	مقصد destination
1013 die	Halle, *Plural:* - n die HalleN - größeres Gebäude, das [vorwiegend] aus einem einzigen hohen Raum besteht - größerer, oft repräsentativen Zwecken, als Entree, Empfangshalle, allgemeiner Aufenthaltsraum o. Ä. dienender Raum in einem [öffentlichen] Gebäude	Substantiv / Nomen Nom Gen Dat Akk *die der der die* *Worttrennung:* Hal|le	سالن اجتماعات assembly hall
1014 die	Kirche, *Plural:* - n die KircheN 1. geweihtes Gebäude mit einem oder mehreren [Glocken]türmen, in dem die Mitglieder einer christlichen Glaubensgemeinschaft Gottesdienst abhalten, beten, liturgische Handlungen vollziehen u. a. - eine kleine, katholische, evangelische, gotische, romanische Kirche 2. einer bestimmten Konfession angehörende, in einer festen Organisationsform zusammengeschlossene christliche Glaubensgemeinschaft - die katholische, evangelische, orthodoxe Kirche 3. durch die Geistlichen, den Klerus repräsentierte, auf bestimmte Weise organisierte und verwaltete Institution der christlichen Glaubensgemeinschaft - die Trennung von Kirche und Staat Herkunft: mittelhochdeutsch kirche, althochdeutsch kiricha < spätgriechisch kyrikón = Gotteshaus, zu älter: kyriakón, eigentlich = das zum Herrn gehörende (Haus), zu: kýrios = Herr	Substantiv / Nomen Nom Gen Dat Akk *die der der die* Kir|che	کلیسا church
1015 das	Zentrum, *Plural:* die Zentren Herkunft: lateinisch centrum = Mittelpunkt < griechisch kéntron, eigentlich = Stachel(stab); ruhender Zirkelschenkel, zu: kenteĭn = (ein)stechen	Substantiv / Nomen Nom Gen Dat Akk *das des dem das* *Worttrennung:* Zen|trum, Zen|t|rum	مرکز center
1016	weich, weicher, am weichsten Die Wolle *ist* weich	Adjektiv	آرام soft (*You pronounce these sounds soft / hard*)
1017 der	Bus, *Plural:* - se die BusSE - großer Kraftwagen mit vielen Sitzen zur Beförderung von Personen - Sammelleitung zur Datenübertragung zwischen mehreren Funktionseinheiten eines Computers	Substantiv / Nomen Nom Gen Dat Akk *der des dem den*	اتوبوس bus
1018 die	Bahn *Plural:* - en die BahnEN	Substantiv / Nomen Nom Gen Dat Akk *die der der die*	قطار train, tram,

Nr Artikel Verb-Nr	Deutsch Bedeutungen, Beispiele	Wortart Worttrennung, Grammatik	Persisch Englisch
1019	hart, härter, am härtesten 1. nicht weich oder elastisch, sondern fest und widerstandsfähig; kaum nachgebend: hartes Brot 2. in Bezug auf Geld stabil, sicher - eine harte Währung; in harten Dollars bezahlen 3. (in Bezug auf Wasser) kalkhaltig - Leitungswasser ist härter als Quellwasser 4. abgehärtet, robust und widerstandsfähig - Cowboys sind harte Kerle 5. mühevoll, schwer [erträglich] - harte Arbeit; es ist hart, im Exil leben zu müssen 6. ohne Mitgefühl; unbarmherzig, streng - ein harter politischer Kurs; er ist einer der härtesten *(strengsten, unnachgiebigsten, rücksichtslosesten)* Trainer 7. (von jemandes Äußerem) nicht mild, empfindsam, weich, sondern scharf und streng: ein hartes Gesicht 8. von großer [als unangenehm empfundener] Stärke, Intensität: ein harter Winter 9. heftig, wuchtig: ein harter Aufprall; hart aneinandergeraten *(sich heftig streiten)* 10. ganz dicht, nahe Grammatik: in Verbindung mit Präposition hart an der Grenze des Erlaubten	Adjektiv Adjektive, unflektiert und attributive e-Erweiterung im Superlativ, Steigerung mit Umlaut	streetcar سخت hard
1020 der	Treff*punkt, Plural:* - e die Punkt*E* Synonyme zu Treff*punkt:* Meetingpoint, Sammelplatz, Sammelpunkt, Sammelstelle, Versammlungsort; gehoben: Sammelstätte; umgangssprachlich: Treff	Substantiv / Nomen Nom Gen Dat Akk *der des dem den* Treff|punkt	میعادگاه، محل جلسه meeting point
1021 4 e, te, t	*parken* *park*E*, park*TE*, habe gepark*T	*Verb* *Worttrennung:* par|ken	پارک کردن to park
1023 der	Zug, *Plural:* "- e die Züg*E*, *Umlaut im Plural* Bahn, Eisenbahn *Gleichlautendes Wort:* Eigenname	Substantiv / Nomen Nom Gen Dat Akk *der des dem den*	قطار train
1024 die	S-Bahn, *Plural:* - en die Bahn*EN* - elektrisch betriebene, auf Schienen laufende Bahn für den Personenverkehr in Großstädten und Stadtregionen	Substantiv / Nomen Nom Gen Dat Akk *die der der die*	قطار شهری city train
1025 das	Pils, Pilsener, *Plural:* - die Pils helles, stark schäumendes, etwas bitter schmeckendes Bier Herkunft: gekürzt aus Pils[e]ner Bier; nach der tschechischen Stadt Pilsen (tschechisch Plzeň)	Substantiv / Nomen Nom Gen Dat Akk *das des dem das* *Worttrennung:* Pil|se|ner	نوعی شراب سبک Pilsen beer (*light beer*)
1026 der	Markt, *Plural:* "- e die Märkt*E*, *Umlaut im Plural* Verkaufsveranstaltung, zu der in regelmäßigen Abständen an einem bestimmten Platz Händler und Händlerinnen zusammenkommen, um Waren des täglichen Bedarfs an [fliegenden] Ständen zu verkaufen	Substantiv / Nomen Nom Gen Dat Akk *der des dem den*	فروشگاه market
1027 die	*Innen*stadt, *Plural:* "- e die Städt*E*, *Umlaut im Plural* *innerer Teil des Stadtgebietes größerer Städte, durch den meist die Hauptgeschäftsstraßen führen; City, Zentrum*	Substantiv / Nomen Nom Gen Dat Akk *die der der die* In|nen|stadt	مرکز شهر city center
1028	geschlossen, geschlossener / geschlossner / geschloßner, am geschlossensten von der Rechtschreibreform betroffen Geschlosssner, -er,-e,-es,-en,-em Neu, nach Reform einzige Variante	Adjektiv attributiv *Rechtschreibung* *Worttrennung:* ge | schlos | sen e-Tilgung bei en	بسته، تعطیل closed

Nr	Artikel Verb-Nr	Deutsch Bedeutungen, Beispiele	Wortart Worttrennung, Grammatik	Persisch Englisch
		Die Apotheke *ist* geschlossen		
1029	die	*Prä*position, *Plural:* - en die Präposition*EN* Wort, das Wörter zueinander in Beziehung setzt und ein bestimmtes (räumliches, zeitliches o. ä.) Verhältnis angibt; Verhältniswort (z. B. an, auf, bei, für, wegen, zu)	Substantiv / Nomen Nom Gen Dat Akk *die der der die* Prä|po|si|ti|on	رف اضافه preposition
1030	der	Dativ, *Plural:* - e die Dativ*E* Kasus, Wemfall, dritter Fall - die Präposition »bei« regiert heute ausschließlich den Dativ - das Substantiv / Nomen steht im Dativ	Substantiv / Nomen Nom Gen Dat Akk *der des dem den* *Rechtschreibung* *Worttrennung:* Da|tiv	الت مفعولى dativ
1031	24 ei-ie-ie sein	*aus.steigen* steig*E* aus, stieg aus, bin ausgestieg*EN* *Wortverbindungen:* *Substantive:* Vertrag, Auto, Fahrer, Haltestelle, *Adjektive:* endgültig, vorzeitig, endlich, einfach	*Verb trennbar* Worttrennung: aus|stei|gen *Grammatik* Stammvokalwechsel *Antonymen:*einsteigen	شعله ور شدن، راه افتادن to get off / out
1032	das	Ticket, *Plural:* - s die Ticket*S* Synonyme zu Ticket: Fahrausweis, Fahrkarte, Fahrtausweis, Flugkarte, Flugschein, Karte; Billett; [Einlass]karte, Eintrittskarte Herkunft: englisch ticket, eigentlich = Zettel altfranzösisch e(s)tiquet(te) = französisch étiquette, Etikette	Substantiv / Nomen Nom Gen Dat Akk *das des dem das* *Rechtschreibung* *Worttrennung:* Ti|cket	بليط ticket
1033	der	Fahr*er*, *Plural:* – die Fahrer jemand, der fährt, ein Fahrzeug führt	Substantiv / Nomen Nom Gen Dat Akk *der des dem den* *Worttrennung:* Fah|rer	راننده driver
1033	die	Fahrerin, *Plural:* - nen die Fahrerin*NEN*, *n-Verdoppelung im Plural bei Singularendung „in"* weibliche Form zu Fahrer	Substantiv / Nomen Nom Gen Dat Akk *die der der die* *Worttrennung:* Fah|re|rin	رانندگان driver
1034	das	Café, *Plural:* - s die Cafe*S* Gaststätte, die vorwiegend Kaffee und Kuchen anbietet; Kaffeehaus *Mit dem Wort das Café wird eine Gaststätte bezeichnet, die in erster Linie Kaffee und Kuchen anbietet (die Schreibung »das Kaffee« ist in diesem Zusammenhang nicht mehr üblich). Demgegenüber bezieht sich der Kaffee (mit Betonung auf der ersten oder zweiten Silbe) auf die Kaffeepflanze bzw. deren bohnenförmigen Samen und das daraus gewonnene Getränk und auch auf die Kaffeemahlzeit am Morgen und am Nachmittag.*	Substantiv / Nomen Nom Gen Dat Akk *das des dem das*	كافه café
1035	die	Dativ*form*, *Plural:* - en die Form*EN* Nominativ Dativ Akkusativ *der Mann dem Mann den Mann* *das Kind dem Kind das Kind* *die Frau der Frau die Frau* **auswendig lernen!!!**	Substantiv / Nomen Nom Gen Dat Akk *die der der die* *Worttrennung:* Da|tiv|form	الت مفعولى dative form
1036	der	Kolleg*e*, *Plural:* - n die Kollege*N* Arbeitskamerad, Arbeitskameradin, Berufsgenosse, Berufsgenossin, Berufskamerad, Mitarbeiter, Berufskameradin, Mitarbeiterin; salopp: Kumpel; scherzhaft: Kollega	Substantiv / Nomen Nom Gen Dat Akk *der des dem den* *Worttrennung:* Kol|le|ge	همكار colleague
1036	die	Kollegin, *Plural:* - nen die Kollegin*NEN* *n-Verdoppelung im Plural bei Singularendung „in"* weibliche Form zu der Kollege	Substantiv / Nomen Nom Gen Dat Akk *die der der die* Kol|le|gin	
1037	der	VW-*Käfer*, *Plural:* – die Käfer	Substantiv / Nomen Nom Gen Dat Akk *der des dem den*	ماشين مد vw the VW Bug (*car*)

Nr	Artikel Verb-Nr	Deutsch / Bedeutungen, Beispiele	Wortart / Worttrennung, Grammatik	Persisch / Englisch
1038	der	Arbeits*tag* *Plural:* - e, die Tag*E* Tag, an dem [berufliche] Arbeit geleistet wird oder zu leisten ist	Substantiv / Nomen Nom Gen Dat Akk *der des dem den* Ar | beits | tag	روز کاری workday
1039	das	Stadt*zentrum, Plural:* - die Zentren - Innenstadt; City	Substantiv / Nomen Nom Gen Dat Akk *das des dem das* *Worttrennung:* Stadt|zen|trum	مرکز شهر city center
1040	der	Wochen*markt, Plural:* "- e die Märkt*E, Umlaut im Plural* - regelmäßig an einem oder mehreren Wochentagen stattfindender Markt (besonders für Gemüse, Obst, Geflügel, Blumen)	Substantiv / Nomen Nom Gen Dat Akk *der des dem den* Wo|chen|markt	بازار هفتگی، weekly market
1041	die	Firma, *Plural:* die Firm*EN* - kaufmännischer Betrieb, gewerbliches Unternehmen - Sippschaft, Gesellschaft Synonyme: Betrieb, Fabrik, Geschäft, Konzern, Unternehmen, Werk; (früher) Manufaktur	Substantiv / Nomen Plural Nom Gen Dat Akk *die der der die* *Worttrennung:* Fir|ma	شرکت company
1042	4 e, te, t ~~ge~~	*nummerieren* *nummerierE, nummerierTE, habe nummerierT* *mit [fortlaufenden] Nummern* versehen	*Verb* *Worttrennung:* num|me|rie|ren ~~ge~~ Partizip ohne ge	عددگذاری کردن to number
1043	das	*Personal*büro, *Plural:* - s die Büro*S*	Substantiv / Nomen Nom Gen Dat Akk *das des dem das* Per|so|nal|bü|ro	دفتر شخصی office of personnel management
1044	die	*Kantine, Plural:* - n die Kantine*N* restaurantähnliche Einrichtung in Betrieben, Kasernen o. Ä. *Herkunft: französisch cantine = Soldatenschenke, eigentlich = Flaschenkeller < italienisch cantina = Keller: in der Kantine essen*	Substantiv / Nomen Nom Gen Dat Akk *die der der die* Rechtschreibung Worttrennung: Kan|ti|ne	کافه تریا cafeteria
1045	die	Bank, *Geldinstitut, Plural:* - en die Bank*EN*	Substantiv / Nomen Nom Gen Dat Akk *die der der die*	بانک bank
1046	die	Sparkasse, *Plural:* - n die Sparkasse*N* [öffentlich-rechtliches] Geld- und Kreditinstitut (das früher hauptsächlich Spareinlagen betreute)	Substantiv / Nomen Nom Gen Dat Akk *die der der die* Spar|kas|se	صندوق پس انداز savings bank
1047	die	Monats*karte, Plural:* - n die Karte*N* jeweils für einen Kalendermonat gültige Karte	Substantiv / Nomen Nom Gen Dat Akk *die der der die* Mo|nats|kar|te	دوره پرداخت ماهیانه monthly pass / ticket
1048	der	Aus*druck,Plural:* "- e, die Drück*E, Umlaut im Plural* 1. Wort, Bezeichnung 2. sprachlicher Stil, Ausdrucksweise 2.a. Aussagekraft, künstlerische Gestaltung 3. äußeres, sichtbares Zeichen 4. Miene, [Gesichts]zug	Substantiv / Nomen Nom Gen Dat Akk *der des dem den* Rechtschreibung Worttrennung: Aus | druck	بیان expression
1049	die	Situa*tion, Plural:* - en die Situation*EN* Gegebenheit, [Gesamt]lage, Position, Sachlage, Stand [der Dinge], Umstände, Verhältnisse; (bildungssprachlich) Konstellation, Status	Substantiv / Nomen Nom Gen Dat Akk *die der der die* Si|tu|a|ti|on	موقعیت situation
1050	die WRS	Möglich*keit, Plural:* - en die Möglichkeit*EN* 1.etwas Mögliches, mögliches Verhalten, Vorgehen, Verfahren; möglicher Weg: du musst zwischen diesen	Substantiv / Nomen Nom Gen Dat Akk *die der der die*	امکان possibility

Nr	Artikel Verb-Nr	Deutsch Bedeutungen, Beispiele	Wortart Worttrennung, Grammatik	Persisch Englisch
		beiden Möglichkeiten wählen 2. das Möglichsein, Sich-verwirklichen-Lassen Grammatik: ohne Plural es besteht die Möglichkeit (es ist möglich, lässt sich einrichten), dass wir mitfahren können 3. das Denkbarsein: wir zweifeln nicht an der Möglichkeit, dass er es war 4. etwas eröffnende Gelegenheit oder Chance - die Möglichkeit zu gewinnen 5. Fähigkeiten, Mittel Grammatik: Pluraletantum Substantiv, das nur als Plural vorkommt - diese Wohnung übersteigt seine [finanziellen] Möglichkeiten	Mög|lich|keit	
1051	4 e, te, t	aus.füllen füllE aus, füllTE aus, habe ausgefüllT Sie müssen viele Formulare ausfüllen	Verb trennbar Rechtschreibung Worttrennung: aus|fül|len	پر کردن to fill in
1052	das WRS	Konto, Plural: die KontEN - Kontonummer, Bankverbindung - ein laufendes Konto (Bankkonto für laufende Ein- und Auszahlungen)	Substantiv / Nomen Nom Gen Dat Akk das des dem das Kon|to	☐ساب account
1053	4 e, te, t sichA	eröffnen eröffnE, eröffneTE, habe eröffneT - ein [neues] Geschäft eröffnen - ein Konto bei der Bank eröffnen	Verb Rechtschreibung Worttrennung: er|öff|nen	باز کردن to open
1054	das	Girokonto Plural: die KontEN Konto, über das Girogeschäfte durch Scheck oder Überweisung abgewickelt werden	Substantiv / Nomen Nom Gen Dat Akk das des dem das Gi|ro|kon|to	بررسی کردن checking / current account
1055	der	Personalbogen, Plural: – die Bogen, die Bögen Bogen, Formular mit einer Aufstellung von Daten einer Person	Substantiv / Nomen Nom Gen Dat Akk der des dem den Per|so|nal|bo|gen	پرسشنامه شخصی personal data sheet
1056		gegenüber Die Apotheke ist genau gegenüber - auf der entgegengesetzten Seite; Ludwigshafen liegt Mannheim gegenüber; sie ist älteren Leuten gegenüber besonders höflich; gegenüber dem vergangenen Jahr verdient er mehr	Adverb / Präposition unflektierbare Wortart Worttrennung: ge | gen | über Grammatik: Präposition mit Dativ	برعکس across
1057	die	Zone, Plural: - n die ZoneN Hekunft: lateinisch zona = (Erd)gürtel < griechisch zṓnē, zu: zōnnýnai = sich gürten	Substantiv / Nomen Nom Gen Dat Akk die der der die Zo|ne	منطقه zone
1058	der	Nachname, Plural: - n die NameN - Familienname [mit vorangestelltem Geburtsnamen*] - * Familienname einer Person vor ihrer Verheiratung	Substantiv / Nomen Nom Gen Dat Akk der des dem den	نام خانوادگی last name
1059	das	Gehalt, Plural: ”- er die GehältER, Umlaut im Plural - regelmäßige monatliche Bezahlung der Beamten und Angestellten - gedanklicher Inhalt; geistiger, ideeller Wert - Anteil eines bestimmten Stoffes in einer Mischung oder in einem anderen Stoff	Substantiv / Nomen Nom Gen Dat Akk das des dem das Rechtschreibung Worttrennung: Ge|halt	☐قوق salary
1060	die WRS	Notiz, Plural: - en die NotizEN 1. kurze, stichwortartige schriftliche Aufzeichnung (die jemandem als Gedächtnisstütze dienen soll) Grammatik: meist im Plural - sich bei einem Vortrag Notizen machen 2. kurze Zeitungsmeldung Grammatik: meist Singular - in der Zeitung fand sich nur eine knappe Notiz über den Vorfall	Substantiv / Nomen Nom Gen Dat Akk die der der die No|tiz	توجه note

Nr	Artikel Verb-Nr	Deutsch Bedeutungen, Beispiele	Wortart Worttrenung, Grammatik	Persisch Englisch
		3. Notierung: Gebrauch: Börsenwesen Herkunft: lateinisch notitia = Kenntnis, Nachricht, zu: notum, 2. Partizip von: noscere = kennenlernen, erkennen		
1061	die	*U*-Bahn, *Plural:* - en die Bahn*EN* *Untergrundbahn*	Substantiv / Nomen Nom Gen Dat Akk *die der der die* Un|ter|grund|bahn	قطار زیرزمینی، مترو underground train, subway
1062	der	Sprachkurs, *Plural:* - e die Kurs*E* - Kurs in einer Fremdsprache	Substantiv / Nomen Nom Gen Dat Akk der des dem den Sprach|kurs	کلاس زبان language course
1063	60 LERNEN	*müssen* *muss, muss*TE*, habe gemuss*T* - wir müssen Deutsch lernen*	*Verb Modalverb* *Worttrennung:* müs|sen Stammvokalwechsel	باید must
1064	4 g̶e̶ e, te, t	*verteilen* *verteilE, verteilTE, habe verteilT* - Geschenke verteilen*	*Verb sichA* *Worttrennung:* ver|tei|len g̶e̶ Partizip ohne ge	پخش کردن to distribute
1065	der	Fahr*plan* *Plural:* "- e die Pläne*E*, *Umlaut im Plural* auf dem, im Fahrplan nachsehen, wann der nächste Zug abfährt *Synonyme:* Abfahrtstafel, Ankunftstafel, Fahrplanheft, Fahrzeiten, Kursbuch, Verkehrsverbindungen	Substantiv / Nomen Nom Gen Dat Akk *der des dem den* Rechtschreibung *Worttrennung:* Fahr|plan	برنامه□رکت اتوبوس/قطار bus / train ... schedule
1066	die	Verkehrs*verbindung*, *Plural:* -en die Bindung*EN* - Verbindung von Orten o. Ä. durch Verkehrswege, Verkehrsmittel	Substantiv / Nomen Nom Gen Dat Akk *die der der die* Ver|kehrs|ver|bin|dung	شبکه ی□مل و نقل connection (*in traffic*)
1067	43 ä–i–a	*auf.hängen* *hängE auf, hing auf, aufgehangEN* - ich hänge ein Bild auf; Telefonhörer, Gardinen aufhängen; die Nachbarin hängt ihre Wäsche auf. - er hat sich aufgehängt; den Mörder [an einem Baum] aufhängen	*Verb trennbar* Rechtschreibung *Worttrennung:* auf|hän|gen *Grammatik:* Stammvokalwechsel	چسبیدن به، آویزان شدن به to hang up
1068	die	Sehenswürdigkeit *Plural:* - en die Sehenswürdigkeiten - etwas wegen seiner Einmaligkeit, außergewöhnlichen Schönheit, Kuriosität o. Ä. besonders Sehenswertes, was nur an einem bestimmten Ort zu finden ist und deshalb besonders für Touristen von besonderem Interesse ist	Substantiv / Nomen Nom Gen Dat Akk *die der der die* Se|hens|wür|dig|keit	معرض دید sight
1069	der	Stadt*plan*, *Plural:* "- e die Pläne*E*, *Umlaut im Plural* - Plan einer Stadt [auf einem zusammenfaltbaren Blatt]	Substantiv / Nomen Nom Gen Dat Akk *der des dem den* Stadt|plan	نقشه شهری city map
1070	der	Spazier*gang*, *Plural:* "- e die Gäng*E*, *Umlaut im Plural* - Gang zur Erholung, zum Vergnügen	Substantiv / Nomen Nom Gen Dat Akk *der des dem den* Spa|zier|gang	قدم زدن walk
1071		geradeaus *Gehen* Sie bitte geradeaus in gerader Richtung weiter, ohne die Richtung zu ändern	Adverb unflektierbare Wortart *Worttrennung:* ge | ra | de | aus	مستقیم straight ahead
1072	der Sg.	Norden dem Süden entgegengesetzte Himmelsrichtung, in der die Sonne nachts ihren tiefsten Stand erreicht (gewöhnlich in Verbindung mit einer Präposition) Grammatik: meist ohne Artikel - der Wind weht aus Norden Gebiet der nördlichen Länder; nördlicher Bereich der Erde, besonders Skandinavien	Substantiv / Nomen Nom Gen Dat Akk *der des dem den* Nor|den	شما□ North

Nr Verb-Nr	Artikel	Deutsch Bedeutungen, Beispiele	Wortart Worttrennung, Grammatik	Persisch Englisch
		- das raue Klima des Nordens; der hohe, höchste Norden *(die weit nördlich gelegenen Gebiete der Erde)*		
1073	der Sg.	Osten	Substantiv / Nomen Nom Gen Dat Akk *der des dem den* Os|ten	شرق East
1074	der Sg.	Süden dem Norden entgegengesetzte Himmelsrichtung, in der die Sonne am Mittag ihren höchsten Stand erreicht (gewöhnlich in Verbindung mit einer Präposition) Grammatik: meist ohne Artikel	Substantiv / Nomen Nom Gen Dat Akk *der des dem den* Sü|den	جنوب South
1075	der Sg. WRS	Westen Synonyme zu Westen: West; bildungssprachlich) Okzidet; Abend, Abendland, die Alte Welt, Europa; die Neue Welt, [Nord]amerika, USA, Vereinigte Staaten von Amerika; bildungssprachlich) westliche Hemisphäre; umgangssprachlich) die Staaten; NATO-Staaten; früher) Erste Welt; alte Bundesländer, Westdeutschland	Substantiv / Nomen Nom Gen Dat Akk *der des dem den* Wes|ten	غرب West
1076	die	*Kreuz*ung, *Plural:* - en die Kreuzung*EN* - Stelle, an der sich zwei oder mehrere Verkehrswege kreuzen, überschneiden - Biologie, Mischling diese Tulpen sind eine gelungene Kreuzung	Substantiv / Nomen Nom Gen Dat Akk *die der der die* Kreu|zung	تقاطع crossing, intersection
1077		entlang *Gehen Sie am Fluss entlang* *entlanglaufen, du läufst entlang, entlanggelaufen, entlangzulaufen* Grammatik in Zusammensetzungen mit Verben *bei Nachstellung mit Akkusativ,* *bei Voranstellung mit Genitiv, seltener mit Dativ,* *veraltet mit Akkusativ*	Adverb$ *Rechtschreibung* *Worttrennung:* ent|lang…	در امتداد along
1078	der	*Rathaus*platz, *Plural:* "- e die Plätz*E*, *Umlaut im Plural*	Substantiv / Nomen Nom Gen Dat Akk *der des dem den* *Worttrennung:*Rat|haus|platz	میدان تالار شهر town hall square
1079		hinter 1. auf die Rückseite von, auf die abgewandte Seite von Grammatik mit Dativ: hinter dem Haus Grammatik: mit Akkusativ das Buch ist hinter das Regal gefallen 2. in Bezug auf Rang, Reihenfolge an späterer, unbedeutenderer Stelle Grammatik mit Dativ: hinter jemandem zurückstehen Grammatik mit Akkusativ: er ist in seinen Leistungen hinter seine Vorgänger zurückgefallen 3. in Bezug auf eine erlebte, durchlebte, überstandene, durchlaufene Zeit Grammatik mit Dativ: etwas hinter sich *(etwas erlebt, durchlebt, überstanden, durchlaufen)* haben 4. in Bezug auf eine erlebte, durchlebte, überstandene, durchlaufene Zeit Grammatik mit Akkusativ: diese Zustände reichen hinter den *(in die Zeit vor dem)* Ersten Weltkrieg zurück 5. folgend auf; nach Grammatik mit Dativ: hinter jemandem an die Reihe kommen	Präposition + A./D. hin|ter	پشت behind
1080		neben	Präposition mit Dativ und	كنار

Nr	Artikel Verb-Nr	Deutsch Bedeutungen, Beispiele	Wortart Worttrennung, Grammatik	Persisch Englisch
		1.a unmittelbar an der Seite von; dicht bei Grammatik: Dativ - Qian sitzt neben Askim - in Verbindungen mit zwei gleichen Substantiven zur Angabe der Aufeinanderfolge ohne Auslassung: auf dem Parkplatz steht Auto neben Auto *(ein Auto dicht neben dem anderen)* *1.b* unmittelbar an die Seite von; dicht bei Grammatik: mit Akkusativ - Qian stellt die Tasche neben mich - in Verbindung mit zwei gleichen Substantiven zur Angabe der Aufeinanderfolge ohne Auslassung: sie bauten Bungalow neben Bungalow *(einen Bungalow dicht neben den anderen)* *2.* zugleich mit; außer Grammatik: mit Dativ - neben ihrem Beruf hat Askim einen großen Haushalt zu versorgen *3.* verglichen mit; im Vergleich zu Grammatik: mit Dativ - neben ihm bist du ein Waisenknabe	Akkusativ ne|ben	next to
1081		über 1.bezeichnet das Überschreiten einer Quantität, Qualität, Intensität o. Ä.; mehr als - über 80 Gäste sind eingeladen *Grammatik, räumlich, mit Dativ:* - die Lampe hängt über dem Tisch; den Mantel über dem Kleid tragen; sie wohnen über der Straße; *Grammatik, zeitlich, mit Dativ:* Qian ist über der Arbeit, über den Büchern *(beim Lesen der Bücher)* eingeschlafen *Grammatik, mit Dativ:* - mit der Leistung über dem Durchschnitt liegen; etwas liegt über dem Mittelwert; über dem Lärm aufwachen *Grammatik, räumlich, mit Akkusativ:* - das Bild über das Sofa hängen; er legte die Jacke über den Stuhl; über den Platz gehen; Tränen liefen ihr über das Gesicht; der Fluss tritt über die Ufer; unser Weg führte uns über die Altstadt hinaus; über Berlin nach Paris fahren *Grammatik, zeitlich, mit Akkusativ (während):* - ich will über das Wochenende segeln; *Grammatik, zeitlich, mit Akkusativ:* heute über *(in)* drei Wochen; es ist zwei Stunden über die Zeit *Grammatik, mit Akkusativ:* - es geht doch nichts über ein gutes Essen; über Macht verfügen; Schulden über Schulden; das geht über meinen Verstand; erzähl nicht solchen Blödsinn über mich!; eine Rechnung über 500 Euro; sie bekam die Anschrift über einen Freund und die Telefonnummer über die Auskunft; Fluch über dich und dein Haus!; - über etwas weinen, lachen, sprechen, entsetzt sein, reden, sitzen; sich freuen, ärgern, aufregen, einigen *Grammatik, mit Akkusativ, von mehr, als:* - in Mengen über 100 Exemplare	Präposition / Adverb + A./D	بالای over, above more than
1082	WRS	unter Präposition mit Dativ und Akkusativ *Grammatik: mit Dativ* - sie schliefen unter freiem Himmel *(draußen im Freien)*; unter einem Zaun durchkriechen; unter einer Decke	Präposition + A./D. un|ter	زیر under

Nr Verb-Nr	Artikel	Deutsch Bedeutungen, Beispiele	Wortart Worttrennung, Grammatik	Persisch Englisch
		liegen; die Temperatur liegt unter dem Gefrierpunkt; in Mengen unter 100 Stück; etwas geschieht unter Ausnutzung; jemanden unter einer bestimmten Rufnummer erreichen; unter anderem/anderen; Abkürzung: u. a.; der Kessel steht unter Druck zeitlich; unter der Woche hat sie keine Zeit; die Chronik verzeichnet unter dem Datum des 1. Januar 1850 eine große Sturmflut *Modal* - er arbeitete unter Schmerzen weiter; - unter Lebensgefahr; unter der Voraussetzung, Bedingung; unter Aufsicht; *kausal* - unter einer Krankheit leiden *Grammatik: mit Dativ und Akkusativ* *Grammatik: mit Akkusativ* - sich unter die Dusche stellen; er kriecht unter die Decke; unter null sinken; unter Aufsicht; etwas steht unter einem Motto; er geht zu wenig unter Menschen (schließt sich zu sehr ab); den Kessel unter Druck setzen		
1083		zwischen <u>Gleichlautendes Wort:</u> zwischen (Adverb)	Präposition + A./D. zwi|schen	بین between
1084	der	Geld*automat* <u>Plural:</u> - en die Automat*EN* Geldausgabeautomat	Substantiv / Nomen Nom Gen Dat Akk *der des dem den* Worttrennung: Geld|au|to|mat	دستگاه خودپرداز automatic teller machine, ATM
1085	der	Fuß, <u>Plural:</u> ''- e die Füß*E*, <u>Umlaut im Plural</u> Grammatik: der Fuß; Genitiv: des Fußes, <u>Plural:</u> die Füße (als Maßangabe auch: Fuß) - ich habe mir den Fuß verstaucht, gebrochen - der Fuß einer Lampe - am Fuß des Denkmals - der Fuß einer Säule - ein englischer Fuß Synonyme: Fundament, Sockel, Unterbau; (bildungssprachlich) Postament; (Architektur) Piedestal; (Architektur, Technik) Basis	Substantiv / Nomen Nom Gen Dat Akk *der des dem den* Rechtschreibung Worttrennung: Fuß	پا foot
1086		zu Fuß Wir *gehen* jeden Tag *zu Fuß* in die Schule	Präposition + Nomen	پیاده on foot
1087		nachts in der Nacht, während der Nacht - ich *schlafe* nachts sehr schlecht Synonyme zu *nachts*: bei Dunkelheit, bei Nacht, des Nachts, im Dunkeln, in der Nacht, nächtlich, nachtsüber, während der Nacht, zur Nachtzeit; (gehoben) nächtens, nächtlicherweile, zu nächtlicher Stunde; (umgangssprachlich) zu nachtschlafender Zeit	Adverb	شب at night
1088	WRS Regel 72 74 89 134 140 150	groß, größer, am größten Steigerungsformen: größer, größte Regel 72: etwas, nichts, viel, wenig Großes Regel 74: ihr Haus war am größten Regel 89: die großen Ferien der Große *oder* große Lauschangriff Regel 134, Regel 140 *und* Regel 150: Otto der Große (*Abkürzung* d. Gr.), *Genitiv:* Ottos des Großen	Adjektiv attributiv *Rechtschreibung* Worttrennung: groß, grö|ßer, größ|te Steigerung mit Umlaut	بزرگ big
1089	Sg.	Österreich, ohne Artikel Staat im südlichen Mitteleuropa	Substantiv / Nomen Ös|ter|reich	اتریش Austria

Nr	Artikel Verb-Nr	Deutsch Bedeutungen, Beispiele	Wortart Worttrennung, Grammatik	Persisch Englisch
1090	der	Link, *Plural:* - s die Link*S*	Substantiv / Nomen Nom Gen Dat Akk *der des dem den*	پیوند link
1091	WRS	seit dient zur Angabe des Zeitpunkts, zu dem, oder der Zeitspanne, bei deren Beginn ein noch anhaltender Zustand, Vorgang begonnen hat - sie *ist* seit 10 Jahren in Deutschland	Präposition	از آنجا که *here:* for, *also:* since
1092	der	Bahn*hof* *Plural:* "- e die Höf*E*, *Umlaut im Plural*	Substantiv / Nomen Nom Gen Dat Akk *der des dem den* *Rechtschreibung* *Worttrennung:* Bahn|hof	ایستگاه station
1093	der	Frage*artikel*, *Plural:* – die Artikel *Frageartikel:* Was für ein ...? *Singular* maskulin *Nominativ* Was für ein *Dativ* Mit was für einem Aufkleber? *Akkusativ* Was für einen *neutral* ein ein einem Formular? *feminin* eine eine einer Verpackung?	Substantiv / Nomen Nom Gen Dat Akk *der des dem den* *Rechtschreibung* *Worttrennung:* Fra|ge|ar|ti|kel	رف پرسشی interrogative article
1094		Ich *arbeite* bei McDonald... Wo *arbeitest* du?	ich liebe es	من در ..... کار میکنم I work at ...
1096	der	Urlaub, *Plural:* - e die Urlaub*E* arbeitsfreie Zeit, Ferien[zeit], freie Tage, Freizeit, Reisezeit, Urlaubszeit;	Substantiv / Nomen Nom Gen Dat Akk *der des dem den* Ur|laub	استعفا دادن leave (*from work*)
1097	der	Elektrik*er* *Plural:* – die Elektriker der Elektroinstallateur	Substantiv / Nomen Nom Gen Dat Akk *der des dem den* *Worttrennung:* Elek|tri|ker Elek|t|ri|ker	متخصص برق electrician
1097	die	Elektrikerin *Plural:* - nen die Elektrikerin*NEN* *n-Verdoppelung im Plural bei Singularendung „in"* weibliche Form zu Elektrik*er*	Substantiv / Nomen Nom Gen Dat Akk *die der der die* *Worttrennung:* Elek|tri|ke|rin Elek|t|ri|ke|rin	متخصیص برق electrician
1098	*34* *i-a-u* ~~ge~~	*verbinden* *verbindE, verband, habe verbundEN* - Menschen [miteinander] verbinden	*Verb* *Worttrennung:* ver|bin|den *Grammatik:* ~~ge~~ Partizip ohne Stammvokalwechsel	متصل شدن to connect
1099	der *Sg.*	Außen*dienst* Im Außendienst arbeiten Nicht im Büro / Firma	Substantiv / Nomen Nom Gen Dat Akk *der des dem den* *Worttrennung:* Au | ßen | dienst	خدمات خارجی external service
1100	der WRS	Job, *Plural:* - s die Job*S* Aushilfsjob, Gelegenheitsarbeit; (Jargon) Mc-Job Anstellung, Arbeit, Arbeitsplatz, Arbeitsstelle, Arbeitsverhältnis, Beruf, berufliche Tätigkeit, Beschäftigung, Broterwerb, Engagement, Festanstellung, Posten, Stelle, Stellung Herkunft: englisch job, Herkunft ungeklärt	Substantiv / Nomen Nom Gen Dat Akk *der des dem den*	شغل job
1101	der	Beruf, *Plural:* - e die Beruf*E* [erlernte] Arbeit, Tätigkeit, mit der jemand sein Geld verdient; Erwerbstätigkeit - er ist von Beruf Bäcker *(hat den Beruf des Bäckers erlernt)*	Substantiv / Nomen Nom Gen Dat Akk *der des dem den* *Worttrennung:* Be|ruf	رفه profession

Nr Verb-Nr	Artikel	Deutsch Bedeutungen, Beispiele	Wortart Worttrennung, Grammatik	Persisch Englisch
1102	der	Buch*halter* *Plural:* - die Buchhalter - Berufsbezeichnung; jemand, der die Geschäfts-, Rechnungsbücher eines Betriebes führt	Substantiv / Nomen Nom Gen Dat Akk *der des dem den* *Worttrennung:* Buch|hal|ter	ساب دار book keeper
1102	die	Buchhalterin *Plural:* - nen die Buchalterin*NEN* *n-Verdoppelung im Plural bei Singularendung „in"*	Substantiv / Nomen Nom Gen Dat Akk *die der der die* Buch|hal|te|rin	ساب داران book keeper
1103	der	Informatiker, *Plural:* – die Informatiker - Wissenschaftler auf dem Gebiet der Informatik	Substantiv / Nomen Nom Gen Dat Akk *der des dem den* *Worttrennung:* In|for|ma|ti|ker	متخصص كامپيوتر computer scientist
1103	die	Informatikerin, *Plural:* - nen die Informatikerin*NEN* *n-Verdoppelung im Plural bei Singularendung „in"* weibliche Form zu Informatiker - Wissenschaftlerin auf dem Gebiet der Informatik	Substantiv / Nomen Nom Gen Dat Akk *die der der die* In|for|ma|ti|ke|rin	متخصيص كامپيوتر computer scientist
1104	der	Kassierer, *Plural:* – die Kassierer 1. Angestellter eines Unternehmens, der die Kasse führt 2. Kassenwart	Substantiv / Nomen Nom Gen Dat Akk *der des dem den* Kas|sie|rer	صندوقدار cashier
1105		kaufmännisch, kaufmännischer, am kaufmännischsten 1. den Beruf des Kaufmanns betreffend	Adjektiv kauf|män|nisch	شغلى، تجارى business ... *(related)*
1105	die	Kassiererin; *Plural:* - nen die Kassiererin*NEN* *n-Verdoppelung im Plural bei Singularendung „in"* weibliche Form zu Kassierer	Substantiv / Nomen Nom Gen Dat Akk *die der der die* Kas|sie|re|rin	صندوق داران cashier
1106	der	Angestellt*e*, *Plural:* - n die Angestellte*N* männliche Person, die in einem vertraglichen Arbeitsverhältnis mit monatlicher Gehaltszahlung steht; er ist kaufmännischer Angestellte	Substantiv / Nomen Nom Gen Dat Akk *der des dem den* *Rechtschreibung* *Worttrennung:* An|ge|stell|te	كارمندان employee
1107	die	kaufmännische *Angestellte, Plural:* - n Angestellte*N* weibliche Form zu der kaufmännische *Angestellte*	Substantiv / Nomen Nom Gen Dat Akk *die der der die* kauf|män|nische An|ge|stell|te	كارمند اداره (office) clerk
1107	der	kaufmännischer *Angestellter, Plural:* - n die Angestellte*N* 1. Person, die in einem vertraglichen Arbeitsverhältnis mit monatlicher Gehaltszahlung steht 2. Angestellter im Unterschied zur Beamten und zur Arbeiter	Substantiv / Nomen Nom Gen Dat Akk *der des dem den* kauf|män|nischer An|ge|stell|ter	كارمندان اداره (office) clerk
1108	der	Kraftfahrzeug*mechaniker, Plural:*– die Mechaniker - Berufsbezeichnung; Mechaniker, der Kraftfahrzeuge und Motoren wartet und repariert	Substantiv / Nomen Nom Gen Dat Akk *der des dem den* Kraft|fahr|zeug |me|cha|ni|ker	مكانيك ماشين car mechanic
1108	die	Kraftfahrzeug*mechanikerin* *Plural:* - nen die Mechanikerin*NEN* *n-Verdoppelung im Plural bei Singularendung „in"* weibliche Form zu Kraftfahrzeug*mechaniker*	Substantiv / Nomen Nom Gen Dat Akk *die der der die* Kraft|fahr|zeug |me|cha|ni|ke|rin	مكانيك هاى ماشين car mechanic
1109	der	Möbel*packer, Plural:* – die Packer Angestellter einer Spedition, der bei einem Umzug Möbel und Hausrat verpackt und transportiert	Substantiv / Nomen Nom Gen Dat Akk *der des dem den* Mö|bel|pa|cker	ماشين باربر *(furniture)* mover

Nr	Artikel Verb-Nr	Deutsch Bedeutungen, Beispiele	Wortart Worttrennung, Grammatik	Persisch Englisch
1109	die	Möbel*packerin*, *Plural:* - nen die Packerin*NEN* *n-Verdoppelung im Plural bei Singularendung „in"* weibliche Form zu der Möbel*packer*	Substantiv / Nomen Nom Gen Dat Akk *die der der die* Mö|bel|pa|cke|rin	ماشین های باربر (*furniture*) mover
1110	der	Raum*pfleger*, *Plural:* – die Raumpfleger jemand, der gegen Entgelt Räume sauber macht	Substantiv / Nomen Nom Gen Dat Akk *der des dem den* Raum|pfle|ger	نظافتچی cleaning person
1110	die	Raum*pflegerin*, *Plural:* - nen die Raupflegerin*NEN* *n-Verdoppelung im Plural bei Singularendung „in"* weibliche Form zu der Raumpfleger Putzfrau	Substantiv / Nomen Nom Gen Dat Akk *die der der die* Raum|pfle|ge|rin	نظافتچی ها cleaning person
1111	der	Sach*be*arbeiter, *Plural:* – die Sachbearbeiter - jemand, der (beruflich) einen bestimmten Sachbereich zu bearbeiten hat	Substantiv / Nomen Nom Gen Dat Akk *der des dem den* Sach|be|ar|bei|ter	دستیار ، منشی official in charge of
1111	die	Sach*be*arbeiterin, *Plural:* - nen Sachbearbeiterin*NEN* *n-Verdoppelung im Plural bei Singularendung „in"* weibliche Form zu der Sach*be*arbeiter	Substantiv / Nomen Nom Gen Dat Akk *die der der die* Sach|be|ar|bei|te|rin	دستیار ها، منشی ها official in charge of
1112	der	Schreiner, *Plural:* – die Schreiner - Tischler	Substantiv / Nomen Nom Gen Dat Akk *der des dem den* Schrei|ner	نجار carpenter
1112	die	Schreinerin, *Plural:* - nen die Schreinerin*NEN* *n-Verdoppelung im Plural bei Singularendung „in"* weibliche Form zu der Schreiner	Substantiv / Nomen Nom Gen Dat Akk *die der der die* Schrei|ne|rin	نجارها carpenter
1113	der Sg.	Büroall*tag* - tägliches Einerlei, gleichförmiger Ablauf im [Arbeits]leben	Substantiv / Nomen Nom Gen Dat Akk *der des dem den* *Worttrennung:* Bü|ro|all|tag	زندگی اداری daily office routine
1114	der	Chef,*Plural:* - s die Chef*S* 1a. Leiter; 1b. Anführer; 2. saloppe Anrede [an einen Unbekannten] *Herkunft:* französisch chef = (Ober)haupt, über das Vulgärlateinische zu lateinisch capu	Substantiv / Nomen Nom Gen Dat Akk *der des dem den*	بالادست superior
1114	die	Chefin, *Plural:* - nen die Chefin*NEN* *n-Verdoppelung im Plural bei Singularendung "in"* weibliche Form zu Chef; Frau des Chefs	Substantiv / Nomen Nom Gen Dat Akk *die der der die* *Worttrennung:* Che | fin	بالادست ها superior
1115	das WRS	Lager, *Plural:* – die Lager 1. Platz, Raum, Gebäude für die Lagerung des Warenbestandes, -vorrats 2. für das vorübergehende Verbleiben einer größeren Anzahl Menschen eingerichteter [provisorischer] Wohn- oder Übernachtungsplatz 3. Gefangenen-, Straflager 4. Konzentrationslager 5. Gesamtheit von Personen, Staaten o. Ä., die besonders im politischen oder weltanschaulichen Kampf auf derselben Seite stehen	Substantiv / Nomen Nom Gen Dat Akk *das des dem das* *Worttrennung:* La|ger	بورس سهام stock room
1116	4,18 e, te, t ~~ge~~	reparieren raperier*E*, reparier*TE*, habe reparier*T* - einen Schaden *reparieren (beheben)*	*Verb* *Worttrennung:* re|pa|rie|ren ~~ge~~ Partizip ohne ge	تعمیر کردن to repair
1117	die	Buchhalt*ung*,*Plural:* - en die Haltung*EN* - Buchführung - die für die Buchführung verantwortliche Abteilung eines Betriebes	Substantiv / Nomen Nom Gen Dat Akk *die der der die* *Worttrennung:*Buch|hal|tung	□سابداری book keeping

Nr / Verb-Nr	Artikel	Deutsch / Bedeutungen, Beispiele	Wortart / Worttrennung, Grammatik	Persisch / Englisch
1118	die	*Spedit*ion, *Plural:* - en Spedition*EN* *Herkunft: italienisch spedizione = Absendung, Beförderung < lateinisch expeditio*	Substantiv / Nomen Nom Gen Dat Akk *die der der die* Spe|di|ti|on	شرکت□مل و نقل shipping company
1119	das	Programm, *Plural:* - e die Programm*E* - TV Programm - Computerprogramm	Substantiv / Nomen Nom Gen Dat Akk *das des dem das* *Worttrennung:* Pro|gramm	برنامه program
1120 105 +sich A		*pflegen* *pfleg*E, *pfleg*TE, *habe gepfleg*T - die Haare pflegen; Daten pflegen *(auf aktuellem Stand halten);* wie man zu sagen pflegt	Verb *Worttrennung:* pfle|gen Stammvokalwechsel	نگهداری *computer language:* to maintain / keep up
1121	die	Home*page*, *Plural:* - s die Page*S* Leitseite über das Internet als grafische Darstellung abrufbare Datei, die als Ausgangspunkt zu den angebotenen Informationen einer Person, Firma oder Institution dient; Leitseite, Startseite	Substantiv / Nomen Nom Gen Dat Akk *die der der die* *Worttrennung:* Home|page, Home-Page	صفحه اصلی homepage
1122	das	Computer*problem*, *Plural:* - e die Problem*E* *Herkunft*: lateinisch problema < griechisch próblēma = das Vorgelegte; die gestellte (wissenschaftliche) Aufgabe, Streitfrage, zu: probállein (Aoriststamm problē-) = vorwerfen, hinwerfen; aufwerfen	Substantiv / Nomen Nom Gen Dat Akk *das des dem das* Com|pu|ter|pu|ter| pro|b|lem	مشکل کامپیوتری computer problem
1123 63 a-ie-a ge		*beraten* *berat*E, *beri*et, *habe berat EN* - Ich will mir ein neues Handy *kaufen* und unser Handyfachmann Mohamad *muss* mich *beraten.* Mokhtar *hat* aber keine Zeit *zu beraten.*	Verb *Worttrennung:* be|ra|ten *Grammatik*: ge Partizip ohne ge Stammvokalwechsel	توصیه کردن to advice
1124		interessant, interessanter, am interessantesten Herkunft: französisch intéressant, 1. Partizip von: intéresser, ↑ interessieren Das Buch *ist* interessant	Adjektiv unflektiert und attributiv e-Erweiterung im Superlativ in|te|res|sant in|te|r|es|sant	جالب interesting
1125	der	Spaß, *Plural:* "-e die Späße	Substantiv / Nomen Nom Gen Dat Akk *der des dem den*	سرگرم کننده fun
1126	WRS	selbständig, selbstständiger, am selbstständigsten - unabhängig von fremder Hilfe o. Ä.; eigenständig - der Pizzabäcker *ist* selbständig	Adjektiv selbst|stän|dig, selb|stän|dig	مستقل independant
1127	die Sg.	Gleit*zeit, Plural:* Sg. gleitende Arbeitszeit	Substantiv / Nomen Nom Gen Dat Akk *die der der die* *Worttrennung:* Gleit|zeit	وقت آزاد flexitime
1128	der	Bereitschafts*dienst, Plural:* - e die Dienst*E* Dienst auf Abruf für den Notfall	Substantiv / Nomen Nom Gen Dat Akk *der des dem den* *Rechtschreibung* *Worttrennung:* Be|reit|schafts|dienst	خدمات تلفنی service on-call
1129 1 LERNEN		*dabei.haben* *habe dabei, hatte dabei, habe dabei gehabt* - bei sich haben; *Hast* du Geld *dabei*?	Verb trennbar *Rechtschreibung* *Worttrennung:* da|bei|ha|ben	همراه داشتن to have with one
1130		sofort unmittelbar nach einem bestimmten Geschehen; ohne zeitliche Verzögerung; unverzüglich; innerhalb kürzester Frist; *Kannst* du mir sofort *helfen*?	Adverb so|fort	فورا immediately
1131		netto - ohne Verpackung; nach Abzug der Kosten oder Steuern; Ich *verdiene* 1200€, aber netto *bekomme* ich nur 900€	Adverb net|to Antonym: brutto	خالص net (*income*)

Nr Artikel Verb-Nr	Deutsch Bedeutungen, Beispiele	Wortart Worttrennung, Grammatik	Persisch Englisch
1132	Herkunft: italienisch netto, eigentlich = rein, klar nie Ich lüge nie 1. zu keiner Zeit: ich habe dich nie verstanden 2. kein einziges Mal; überhaupt nicht: nie wieder Krieg 3. auf keinen Fall; unter keinen Umständen - das schaffst du nie	Adverb	هرگز never
1133 4 e, te, t ge	verdienen verdienE, verdienTE, habe verdienT - was verdienst du?	Verb Worttrennung: ver|die|nen ge Partizip ohne ge	درآمد داشتن to earn / make (money)
1134	nett, netter, am nettesten 1.a freundlich und liebenswert, im Wesen angenehm - ist deine Lehrerein auch so nett? 1.b hübsch und ansprechend, sodass es jemandem gefällt: eine hübsche, nette Nachbarin 2. ziemlich groß, beträchtlich umgangssprachlich: ein netter Batzen Geld 3. unangenehm; wenig erfreulich umgangssprachlich ironisch: das kann ja nett werden!	Adjektiv	خوب، دلچسب nice, pleasant
1135	unterwegs Mein Vater ist viel unterwegs.	Adverb un|ter|wegs	سر راه on the way
1136 die	Baustelle, Plural: - n die StelleN	Substantiv / Nomen Nom Gen Dat Akk die der der die Rechtschreibung Worttrennung:	محل ساختمان construction site
1137 der	Sommer, Plural: – die Sommer - Jahreszeit zwischen Frühling und Herbst als wärmste Zeit des Jahres	Substantiv / Nomen Nom Gen Dat Akk der des dem den Som|mer	تابستان summer
1138 die	45-Stunden-Woche, Plural: -n die WocheN (ständig wiederkehrende) Folge von 7 Tagen	Substantiv / Nomen Nom Gen Dat Akk die der der die Rechtschreibung Worttrennung: Wo | che	45 ساعت در هفته 45-hour-week
1139 die	Überstunde, Plural: - n die StundeN - Stunde, die zusätzlich zu den festgelegten täglichen Arbeitsstunden gearbeitet wird	Substantiv / Nomen Nom Gen Dat Akk die der der die Über|stun|de	ساعت اضافه کاری overtime
1140 der	Stundenlohn, Plural: "- e die LöhnE, Umlaut im Plural	Substantiv / Nomen Nom Gen Dat Akk der des dem den Stun|den|lohn	دستمزد ساعتی hourly wage
1141 die	Meisterprüfung, Plural: - en die PrüfungEN am Ende eines Meisterlehrgangs abgelegte Prüfung zur Erlangung des Meisterbriefs	Substantiv / Nomen Nom Gen Dat Akk die der der die Meis|ter|prü|fung	مدرک کارشناسی ارشد master craftsman´s diploma
1142	eigen- eigen, eigener / eigner, am eigensten Das sind meine eigene Kinder	Adjektiv attributiv Rechtschreibung Worttrennung: ei | gen, eig[e]ne e-Tilgung bei en im Stammauslaut	مال own (He wants to have his own company)
1143	hoffentlich wie ich sehr hoffe; was zu hoffen ist - hoffentlich ist morgen schönes Wetter; hoffentlich hast du recht; »Kannst du das?« – »Hoffentlich!« (als Antwort auf eine Frage mit dem Ausdruck leichter Skepsis; ich hoffe es!)	Adverb Worttrennung: hof|fent|lich	امیدوارم hopefully

Nr	Artikel Verb-Nr	Deutsch Bedeutungen, Beispiele	Wortart Worttrennung, Grammatik	Persisch Englisch
1144	4 e, te, t	*klappen* *es klappt, es klappTE, es hat geklappT* - den Deckel nach oben klappen; wir hoffen, dass es mit dem Termin klappt *(dass der Termin allen passt, nicht geändert werden muss)*	*Verb* *Rechtschreibung* *Worttrennung:* klap|pen	موفق شدن to work out, succeed
1145		langweilig, langweiliger, am langweiligsten Das Buch *ist* langweilig	Adjektiv lang|wei|lig	کسالت آور boring
1146		arbeitslos ohne Steigerungsform trotz Arbeitsfähigkeit ohne berufliche Arbeit; beschäftigungslos, erwerbslos - Carmen *ist* nicht arbeitslos, sie *sucht* Arbeit	Adjektiv attributiv *Rechtschreibung* *Worttrennung:* ar | beits | los	بیکار unemployed
1147	die	Zeitarbeit*firma, Plural:* - die Firmen - Unternehmen, das an andere Betriebe Beschäftigte in Zeitarbeit vermittelt	Substantiv / Nomen Nom Gen Dat Akk die der der die Zeit|ar|beits|fir|ma	آژانس شغل های موقت temporary work agency
1148	die	Bezahl*ung* *Plural:* - en die Zahlung*EN* - ohne Bezahlung, nur gegen Bezahlung arbeiten	Substantiv / Nomen Nom Gen Dat Akk die der der die *Worttrennung:* Be|zah|lung	پرداخت payment
1149	4 e, te, t R 82	*wechseln* wechsl*E*, wechsle / wechsel*TE*, habe gewechsel*T* - die Bank *wechselt* das Geld	*Verb* *Worttrennung:* wech|seln	عوض کردن to change
1150	90 i-o-o sein LERNEN	*weg.wollen* *will* weg, *wollTE* weg, habe weg *wollen/weggewollT* Ich *will* gleich *weg.* Sie *hat* früh *geheiratet*, weil sie von zu Hause *wegwollte*	*Verb trennbar* *Worttrennung:* weg|wol|len *Grammatik* Stammvokalwechsel	خواستن to want to go away
1151	die	Chanc*e, Plural:* - n die Chance*N* Dieses Wort gehört zum Wortschatz des Zertifikats Deutsch. 1. günstige Gelegenheit, Möglichkeit 2. Aussicht auf Erfolg *Herkunft*: französisch chance < altfranzösisch cheance = (glücklicher) Wurf im Würfelspiel, über das Vulgärlateinische zu lateinisch cadere = fallen	Substantiv / Nomen Nom Gen Dat Akk die der der die *Rechtschreibung* *Worttrennung:* Chan | ce	شانس chance
1152		später - nach einer gewissen Zeit; danach	Adverb spä|ter	بعدا later
1153	78 e-a-a haben + sein LERNEN	*stehen* steh*E*, stand, habe gestand*EN* Wo *steht* das? - das steht nicht im Text - die Brille *steht* dir gut (passt gut) - der Rock *steht* dir gut - du *stehst* vor mir und *siehst* mich an - wo *stehen* die Taxis somewhere to stand; *here:* to be - this is not in the text - here: how s.th. looks good on you - *You stand in front of me and look at me* to be (Where is it?)	*Verb* *Rechtschreibung* *Worttrennung:* ste|hen Stammvokalwechsel	ایستادن s.th is (put)
1154	das	Modal*verb, Plural:* - en die Verb*EN* Verb, das in Verbindung mit einem reinen Infinitiv ein anderes Sein oder Geschehen modifiziert (z. B. sie darf, kann, will fahren)	Substantiv / Nomen Nom Gen Dat Akk das des dem das Mo|dal|verb	شکل فعل modal verb
1155	das	Formular *Plural:* - e die Formular*E* - [amtlicher] Vordruck zur Beantwortung bestimmter	Substantiv / Nomen Nom Gen Dat Akk das des dem das	فرمول form to fill out

Nr / Verb-Nr	Artikel	Deutsch / Bedeutungen, Beispiele	Wortart / Worttrennung, Grammatik	Persisch / Englisch
		Fragen oder für bestimmte Angaben	*Worttrennung:* For|mu|lar	
1156	der	ich – Laut *Plural:* - e die Laut*E*	Substantiv / Nomen Nom Gen Dat Akk *der des dem den*	صدای ایش ich-sound
1157	der	ach – *Laut* *Plural:* -e die Laut*E* etwas Hörbares, Geräusch von kurzer Dauer	Substantiv / Nomen Nom Gen Dat Akk *der des dem den*	صدای اوه ach-sound
1158	der	Arbeits*platz* *Plural:* "- e die Plätz*E, Umlaut im Plural* zum Arbeiten bestimmter Platz	Substantiv / Nomen Nom Gen Dat Akk *der des dem den* Ar | beits | platz	محل کار work place
1159	die	Hand *Plural:* "- e die Händ*E, Umlaut im Plural* von Handwurzel, Mittelhand und fünf Fingern gebildeter unterster Teil des Armes bei Menschen und Affen, der die Funktionen des Haltens, Greifens usw. hat	Substantiv / Nomen Nom Gen Dat Akk *die der der die*	دست hand
1160 e, te, t	*4*	*ein.teilen* teil*E* ein, teil*TE* ein, habe eingeteil*T* *Wortverbindungen:* *Substantive:* Kraft, Zeit *Adjektive:* frei, grob, neu	*Verb trennbar* *Rechtschreibung* *Worttrennung:* ein|tei|len	سازماندهی کردن to organize, to arrange
1161		anstrengend, *anstrengender, am anstrengendsten* Bedeutung: ermüdend, strapaziös *Beispiele:* - ein anstrengendes Leben; anstrengende Arbeit - es war ein anstrengender Tag	Adjektiv attributiv *Rechtschreibung* *Worttrennung:* an | stren | gend	شدید strenuous
1162 e, te, t	*4*	*auf.hören* hör*E* auf, hör*TE* auf, habe aufgehör *T* - der Regen hat aufgehört *Wortverbindungen:* *Substantive:* Regen, Unsinn, Trinken, Sport, Jahr *Adjektive:* endlich, früh, endgültig, abrupt,plötzlich	*Verb trennbar* *Präsens E* *Präteritum TE* *Perfekt T* *Worttrennung:* auf|hö|ren	توقف کردن to stop
1163	die	Luft, *Plural:* "- e die Lüft*E*	Substantiv / Nomen Nom Gen Dat Akk *die der der die*	هوا air
1164	der	Kontakt, *Plural:* - e die Kontakte	Substantiv / Nomen Nom Gen Dat Akk *der des dem den* Kon|takt	تماس contact
1165		kreativ - schöpferisch; Ideen habend und diese gestalterisch verwirklichend	Adjektiv *Worttrennung:* kre|a|tiv	خلاق creative
1166		*sicher* - ein sicherer Arbeitsplatz *Gleichlautendes Wort:* sicher, Adverb - das ist sicher richtig	Adjektiv si|cher	امن safe
1167		bezahlt sich bezahlt machen *(lohnen)*	Adjektiv be|zahlt	پرداخت شده paid
1168	der	*Lkw (= Lastkraftwagen), Plural:* - s die LKW*S*	Substantiv / Nomen Nom Gen Dat Akk *der des dem den*	کامیون truck
1169		von Beruf Was *sind* Sie vom Beruf?	Präposition + Nomen	יִرفه ای by profession / trade (*cook by profession*)
1170	die	Stellen*anzeige, Plural:* - n die Anzeige*N* - Anzeige einer freien Stelle	Substantiv / Nomen Nom Gen Dat Akk *die der der die* Stel|len|an|zei|ge	آگهی بازرگانی job ad
1171	WRS	jung, jünger, am jüngsten	Adjektiv jün|ger, jüngs|te	جوان young

Nr	Artikel Verb-Nr	Deutsch Bedeutungen, Beispiele	Wortart Worttrennung, Grammatik	Persisch Englisch
1172			Antonyme: alt	شغل ثابت
		fest, fester, am festesten Die Mutter *hält* das Kind fest an der Hand feste Kosten; fester Wohnsitz; festes Gehalt - der Kranke bekommt wieder feste Nahrung - ein festes Tuch, Gewebe; festes Schuhwerk; die feste Schale eines Krebses; sie wohnen in festen Häusern; der Betrunkene ist nicht mehr fest auf den Füßen; Synonyme: dick, eisern, erstarrt, hart [wie Stahl], kompakt, stählern, starr, steif, steinern, wie versteinert; abgehärtet, beständig, bruchsicher, geschützt, haltbar, kräftig, langlebig, massiv, nicht anfällig, robust, solide, stabil, stark, strapazierfähig, unempfindlich, unerschütterlich, unverwüstlich, unzerbrechlich, unzerstörbar	Adjektiv attributiv e-Erweiterung im Superlativ	*in a job situation:* permanent
1173	die WRS	Stelle, *Plural:* - n die StelleN Arbeitsstelle, Arbeitsplatz	Substantiv / Nomen Nom Gen Dat Akk die der der die Stel|le	سمت کاری position (*work position*)
1174	die	Arbeits*zeit* *Plural:* - en die ZeitEN für die Arbeit vorgesehene oder festgelegte Zeitspanne	Substantiv / Nomen Nom Gen Dat Akk die der der die Ar | beits | zeit	ساعت کاری working hour
1175	die	Aus*bildung*, *Plural:* - en die BildungEN - das Ausbilden, das Ausgebildetwerden - eine gute Ausbildung ist das Wichtigste für beruflichen Erfolg	Substantiv / Nomen Nom Gen Dat Akk die der der die Aus | bil | dung	آموزش☐رفه ای job training
1176	der	Konjunktiv, *Plural:* - e die KonjunktivE Modus, mit dem etwas nur mittelbar und ohne Gewähr wiedergegeben, als möglich vorgestellt, irreal dargestellt wird; Möglichkeitsform: z. B. sie sagte, sie sei krank; wenn er Zeit hätte, käme er noch	Substantiv / Nomen Nom Gen Dat Akk der des dem den Kon|junk|tiv Antonyme: Indikativ	وجه شرطی subjunctive
1177	das	Grammatik*gedicht* *Plural:* - e die GedichtE	Substantiv / Nomen Nom Gen Dat Akk das des dem das Gram|ma|tik|ge|dicht	دستور زبان شعری grammar poem
1178	der	Traum*beruf*, *Plural:* - e die BerufE - idealer Beruf; Beruf, wie er ersehnt, erträumt wird	Substantiv / Nomen Nom Gen Dat Akk der des dem den Traum|be|ruf	شغل رویایی dream job
1179	der	Künstler, *Plural:* – die Künstler	Substantiv / Nomen Nom Gen Dat Akk der des dem den Künst|ler	هنرمند artist
1179	die	Künstlerin, *Plural:* - nen die KünstlerinNEN *n-Verdoppelung im Plural bei Singularendung „in"* weibliche Form zu Künstler	Substantiv / Nomen Nom Gen Dat Akk die der der die Künst|le|rin	هنرمندان artist
1180	4 e, te, t	*malen* *malE, malTE, habe gemalT* 1. mit Pinsel und Farbe ein Bild herstellen 2. mit Farbe streichen; Farbe auf etwas auftragen	*Verb* *Rechtschreibung* Worttrennung: ma|len	نقاشی کردن to paint
1181	der	Physiker, *Plural:* – die Physiker Wissenschaftler auf dem Gebiet der Physik	Substantiv / Nomen Nom Gen Dat Akk der des dem den Phy|si|ker	فیزیک دان physicist
1181	die	Physikerin, *Plural:* - nen die PhysikerinNEN *n-Verdoppelung im Plural bei Singularendung „in"* weibliche Form zu Physiker	Substantiv / Nomen Nom Gen Dat Akk die der der die Phy|si|ke|rin	فیزیک دانان physicist

Nr Artikel Verb-Nr	Deutsch Bedeutungen, Beispiele	Wortart Worttrennung, Grammatik	Persisch Englisch
1182 der	Steward, *Plural:* - s die Steward*S* - Betreuer der Passagiere an Bord von Schiffen (Berufsbezeichnung), Flugbegleiter Herkunft: englisch steward < altenglisch stigweard = Verwalter	Substantiv / Nomen Nom Gen Dat Akk der des dem den Ste|ward	مباشر steward
1182 die	Stewardess, *Plural:* - en die Stewardess*EN* weibliche Form zu Steward	Substantiv / Nomen Nom Gen Dat Akk die der der die Ste|war|dess	مباشران stewardess
1183 88 ie-o-o haben + sein	*fliegen* flieg*E*, flog, bin geflog*EN* - Tarek ist heute nach Damaskus geflogen - haben - mein Puls fliegt; ich fliege die Maschine zum ersten Mal; bei Nebel fliegt es sich schlecht - Medikamente in das Katastrophengebiet fliegen	*Verb* *Rechtschreibung* *Worttrennung:* flie|gen *Grammatik* Stammvokalwechsel	پرواز کردن to fly
1184 der	Minister, *Plural:* – die Minister Mitglied der Regierung eines Staates oder Landes, das einen bestimmten Geschäftsbereich verwaltet	Substantiv / Nomen Nom Gen Dat Akk der des dem den *Worttrennung:* Mi|nis|ter	نخست وزیر minister (*polit.*), secretary (*polit.*) Aussenminister August 2015
1184 die	Ministerin, *Plural:* - nen die Ministerin*NEN* *n-Verdoppelung im Plural bei Singularendung „in"* weibliche Form zu der Minister	Substantiv / Nomen Nom Gen Dat Akk die der der die Mi|nis|te|rin	نخست وزیران minister (*polit.*), secretary (*polit.*)
1186 57 ü-o-o WRS	*lügen* lüg*E*, log, habe gelog*EN* - bewusst und absichtsvoll die Unwahrheit sagen	*Verb* *Worttrennung:* lü|gen Stammvokalwechsel	دروغ گفتن to lie
1187 die Sg.	Kreativität - schöpferische Kraft, kreatives Vermögen - mit der sprachlichen Kompetenz verbundene Fähigkeit, neue, nie gehörte Sätze zu bilden und zu verstehen	Substantiv / Nomen Nom Gen Dat Akk die der der die Kre|a|ti|vi|tät	خلاقیت creativity
1188 der WRS	Erfind*er*, *Plural:* – die Erfinder jemand, der etwas erfindet , einen Gegenstand, eine Verfahrensweise, einen neuen Gedanken o. Ä. als Erster hervorbringt Beispiel: Gutenberg war der Erfinder der Buchdruckerkunst Wendungen, Redensarten, Sprichwörter das ist nicht im Sinne des Erfinders *umgangssprachlich:* das ist nicht so gedacht gewesen	Substantiv / Nomen Nom Gen Dat Akk der des dem den *Worttrennung:* Er|fin|der	مخترع inventor
1188 die	Erfinderin *Plural:* - nen die Erfinderin*NEN* *n-Verdoppelung im Plural bei Singularendung „in"* weibliche Form zu Erfind*er*	Substantiv / Nomen Nom Gen Dat Akk die der der die Er|fin|de|rin	مخترعان inventor
1189 der	Millionär, *Plural:* - e die Millionär*E* Besitzer eines Vermögens im Wert von mindestens einer Million einer bestimmten Währung (z. B. Euro)	Substantiv / Nomen Nom Gen Dat Akk der des dem den Mil|li|o|när	میلیونر millionaire
1189 die	Millionärin, *Plural:* - nen die Millionärin*NEN* *n-Verdoppelung im Plural bei Singularendung „in"* weibliche Form zu Millionär	Substantiv / Nomen Nom Gen Dat Akk die der der die Mil|li|o|nä|rin	میلیونرها millionaire
1190 die	Realität, *Plural:* - en die Realität*EN* 1. Wirklichkeit; 2. reale Seinsweise; 3. tatsächliche	Substantiv / Nomen Nom Gen Dat Akk	واقعبت reality

Nr Artikel Verb-Nr	Deutsch Bedeutungen, Beispiele	Wortart Worttrennung, Grammatik	Persisch Englisch
	Gegebenheit, Tatsache	*die der der die* Re|a|li|tät	
1191 der	Politiker, *Plural:*– die Politiker jemand, der (meist als Mitglied einer Partei) ein politisches Amt ausübt	Substantiv / Nomen Nom Gen Dat Akk *der des dem den* Po|li|ti|ker	سیاستمدار politician
1191 die	Politikerin, *Plural:* - nen die Politikerin*NEN* *n-Verdoppelung im Plural bei Singularendung „in"* weibliche Form zu der Politiker	Substantiv / Nomen Nom Gen Dat Akk *die der der die* Po|li|ti|ke|rin	سیاستمداران politician
1192	brutto Ich *verdiene* brutto 11€ in der Stunde	Adverb brut|to	درشت، زیاد gross (*income*)
1193 der	Apparat *Plural:* - e die Apparat*E* aus mehreren Bauelementen zusammengesetztes technisches Gerät	Substantiv / Nomen Nom Gen Dat Akk *der des dem den* Ap|pa|rat	تلفن telephone
1194 4, 11 e, te, t sichA	*melden* meld*E*, melde*TE*, habe gemelde*T* bekannt machen, berichten; mitteilen	*Verb* *Worttrennung:* mel|den	پاسخ دادن *here:* to answer
1195 4 e, te, t ~~ge~~	*begrüßen* begrüß*E*, begrüß*TE*, habe begrüß*T* *Wortverbindungen:* *Substantive*: Entscheidung, Gast, Urteil, Vorschlag, Ankündigung, Handschlag, Initiative *Adjektive*: ausdrücklich, einheilig, berschwänglich, freudlich, stürmisch, grundsätzlich	*Verb* *Rechtschreibung* *Worttrennung:* be|grü|ßen *Grammatik:* ~~ge~~ Partizip ohne ge	خوش آمد گویی to welcome, to say hello
1196 4 e, te, t ~~ge~~	*reagieren* reagier*E*, reagier*TE*, habe reagier*T* auf etwas reagieren	*Verb* *Worttrennung:* re|agie|ren ~~ge~~ Partizip ohne ge	واکنش نشان دادن to react
1197 4 e, te, t	*nach.fragen* frag*E* nach, frag*TE* nach, habe nachgefrag*T* sich nach etwas erkundigen; um etwas erbitten; noch einmal, wiederholt fragen, um eine zufriedenstellende Antwort zu bekommen: um Genehmigung *nachfragen*	*Verb trennbar* *Präsens e* *Präteritum TE* *Perfekt T* *Worttrennung:* nach|fra|gen	پرسیدن to inquire, to ask again
1198 4 e, te, t ~~ge~~	*verwählen* verwähl*E*, verwähl*TE*, habe verwähl*T* (beim Telefonieren) versehentlich eine falsche Nummer wählen; ich habe mich *verwählt*	*Verb* *Rechtschreibung* *Worttrennung:* ver|wäh|len ~~ge~~ Partizip ohne ge	شماره اشتباه گرفتن to misdial
1199 24 ei-ie-ie	*auf.schreiben* schreib*E* auf, schrieb auf, habe aufgeschrieb*EN* - ich schreibe mir etwas auf - schreiben Sie die Handynummer auf	*Verb trennbar* *Worttrennung:* auf|schrei|ben *Grammatik* Stammvokalwechsel	نوت برداری کردن to note, to write down
1200 die	Bedeut*ung* *Plural:* - en die Deutung*EN* Sinn, der in Handlungen, Gegebenheiten, Dingen, Erscheinungen liegt - die Bedeutung eines Traumes erklären - die ursprüngliche, eigentliche, übertragene Bedeutung - die Bedeutung des Wortes hat sich gewandelt - »Geist« hat mehrere Bedeutungen	Substantiv / Nomen Nom Gen Dat Akk *die der der die* Be|deu|tung	meaning
1202	Gesund und fit *Sind* wir gesund und fit?	Adjektiv attributiv e-Erweiterung im Superlativ, Steigerung mit Umlaut ge | sund	سالم و سر☐آ☐ Healthy and Well
1204	gesund, gesunder / gesünder, am gesundesten / gesündesten Steigerung mit Umlaut	Adjektiv attributiv e-Erweiterung im Superlativ ge | sund	سلامت healthy

Nr	Artikel Verb-Nr	Deutsch Bedeutungen, Beispiele	Wortart Worttrenung, Grammatik	Persisch Englisch
1205		fit, fitter, am fittesten fit sein; sich fit halten; ein fitter Bursche; die fitteste Läuferin wird gewinnen - eine fitte Sportlerin; fit sein, bleiben; er hält sich durch tägliches körperliches Training fit; man muss heutzutage fit im Beruf sein; Schüler für den Alltag, ein Land für die Zukunft fit machen	Adjektiv attributiv *Rechtschreibung* *Worttrennung:* fit e-Erweiterung im Superlativ	خوب well
1206	der	Finger, *Plural:* – die Finger Synonymen: (salopp) Griffel; (Anatomie) Akren; (Anatomie, Medizin) Digiti	Substantiv / Nomen Nom Gen Dat Akk *der des dem den* *Worttrennung:* Fin|ger	انگشت finger
1207	das	*Ohr, Plural:* - en die OhrEN 	Substantiv / Nomen Nom Gen Dat Akk *das des dem das*	گوش ear
1208	das	Haar *Plural:* - e die HaarE	Substantiv / Nomen Nom Gen Dat Akk *das des dem das*	مو hair
1209	das	Gesicht, *Plural:* - er die GesichtER 	Substantiv / Nomen Nom Gen Dat Akk *das des dem das* *Rechtschreibung* *Worttrennung:* Ge|sicht	صورت face
1210	das	Auge *Plural:* - n die AugeN Sehorgan des Menschen und vieler Tiere - die Augen strahlen, glänzen, leuchten, tränen	Substantiv / Nomen Nom Gen Dat Akk *das des dem das* *Worttrennung:* Au|ge Achtung -e das	چشم eye
1211	die	Nase, *Plural:* - n die NaseN 1.a Geruchsorgan (von Menschen und Tieren) - sich die Nase putzen 1.b. Geruchssinn - Micky (der Hund von Frau Schachner) hat eine gute Nase 1.c. Spürsinn, Gespür - meine Nase hat mich nicht getäuscht 2.a Bug eines Schiffes, Flugzeugs; Vorderteil eines Autos 2.b Vorsprung an einer Felswand oder einem Gebäude 2.c hakenförmiger Ansatz (z. B. an einem Dachziegel, einem Hobel) 3. herablaufender Farb-, Lacktropfen 4. in Flüssen lebender, relativ großer Karpfenfisch mit einem einer Nase ähnlichen Oberkiefer	Substantiv / Nomen Nom Gen Dat Akk *die der der die* Na|se	بینی nose
1212	der WRS	Mund, *Plural:* ”- er die MündER, *Umlaut im Plural* 1. durch Unter- und Oberkiefer gebildete, durch die Lippen verschließbare Öffnung im unteren Teil des menschlichen Gesichts, die zur Nahrungsaufnahme und zur Hervorbringung sprachlicher Laute dient - aus dem Mund riechen (*einen üblen Mundgeruch haben*) - der Verunglückte wurde von Mund zu Mund beatmet 2. im germanischen Recht Gewalt des Hausherrn über die in der Hausgemeinschaft lebenden, von ihm zu schützenden Personen (Vormundschaft) - Mündel, Person, die unter Vormundschaft steht	Substantiv / Nomen Nom Gen Dat Akk *der des dem den*	دهان mouth

Nr Artikel Verb-Nr	Deutsch Bedeutungen, Beispiele	Wortart Worttrenung, Grammatik	Persisch Englisch
	Synonyme zu Mündel: Schützling; Pflegekind, Pflegesohn, Pflegetochter; landschaftlich: Ziehkind; Rechtssprache, sonst gehoben: Schutzbefohlene, Schutzbefohlener, Pflegling Herkunft: mittelhochdeutsch, althochdeutsch munt = (Rechts)schutz, Schirm		
1213 der	Hals *Plural:* ”- e die Häls*E*, *Umlaut im Plural* (beim Menschen und bestimmten Wirbeltieren) Körperteil, der Rumpf und Kopf miteinander verbindet und besonders die Bewegung des Kopfes ermöglicht	Substantiv / Nomen Nom Gen Dat Akk *der des dem den*	گردن neck
1214 das	Herz, *Plural:* - en die Herz*EN* von Herzen kommen; zu Herzen gehen, nehmen; mit Herz und Hand	Substantiv / Nomen Nom Gen Dat Akk *das des dem das*	قلب heart
1215 die WRS	Schulter, *Plural:* - n die Schulter*n* (beim Menschen) oberer Teil des Rumpfes zu beiden Seiten des Halses, mit dem die Arme verbunden sind	Substantiv / Nomen Nom Gen Dat Akk *die der der die* Schul|ter	شانه shoulder
1216 die WRS	Brust *Plural:* ”- e die Brüst*E*, *Umlaut im Plural* - dem Kind die Brust geben *(es stillen)*	Substantiv / Nomen Nom Gen Dat Akk *die der der die*	قفسه سينه chest, *woman:* breast
1217 der	Arm *Plural:* - e, die Arm*E* besonders zum Greifen und Halten dienendes, aus Ober- und Unterarm [sowie Hand] bestehendes Körperglied an der rechten bzw. linken Schulter des Menschen (und des Affen)	Substantiv / Nomen Nom Gen Dat Akk *der des dem den* *Worttrennung:* Arm	بازو arm
1218 der	Bauch *Plural:* ”- e die Bäuch*E*, *Umlaut im Plural*	Substantiv / Nomen Nom Gen Dat Akk *der des dem den*	معده stomach
1219 der WRS	Rücken, *Plural:* – die Rücken Gleichlautendes Wort: Rücken (Substantiv, Neutrum) 1. hintere Seite des Rumpfes beim Menschen zwischen Nacken und Lenden; obere Seite des Rumpfes bei [Wirbel]tieren 2. länglicher oder flächiger oberer oder hinterer Teil von etwas; der Rücken eines Buches, Messers, Sessels	Substantiv / Nomen Nom Gen Dat Akk *der des dem den* Rü|cken	كمر back
1220 das	Bein *Plural:* - e die Bein*E*	Substantiv / Nomen Nom Gen Dat Akk *das des dem das*	پا leg
1221 das	Kni*e*, *Plural:* – die Knie 1a. vorderer Teil des Kniegelenks mit der Kniescheibe - der Rock reicht bis ans, bis zum, knapp übers Knie	Substantiv / Nomen Nom Gen Dat Akk *das des dem das*	زانو knee
1222 die	Zehe, *Plural:* -n die Zehen	Substantiv / Nomen Nom Gen Dat Akk *die der der die*	شست پا toe
1223 der	Körper, *Plural:* – die Körper - der menschliche, tierische Körper	Substantiv / Nomen Nom Gen Dat Akk *der des dem den* Kör|per	بدن body
1224 4 e, te, t	*zeigen* *zeigE, zeigTE, habe gezeigT*	*Verb +sichA* *Worttrennung:* zei|gen	نشان دادن to show
1225 der	Körper*teil*, *Plural:* - e die Teil*E*	Substantiv / Nomen Nom Gen Dat Akk *der des dem den* Kör|per|teil	عضوى ار بدن part of te body
1226 das	Ärzte*haus* *Plural:* ”- er die Häus*ER*, *Umlaut im Plural*	Substantiv / Nomen Nom Gen Dat Akk *das des dem das* *Worttrennung:*	پزشک خانگى joint medical practice

Nr	Artikel Verb-Nr	Deutsch Bedeutungen, Beispiele	Wortart Worttrennung, Grammatik	Persisch Englisch
			Ärz|te|haus	
1227	das Sg.	Bauch*weh* Bauchschmerz	Substantiv / Nomen Nom Gen Dat Akk *das des dem das* *Worttrennung:* Bauch|weh	درد معده stomage ache
1228	der	Internist, *Plural:* - en die Internist*EN* Facharzt für innere Krankheiten	Substantiv / Nomen Nom Gen Dat Akk *der des dem den* In|ter|nist	پزشک متخصص داخلی internist
1228	die	Internistin, *Plural:* - nen die Internistin*NEN* *n-Verdoppelung im Plural bei Singularendung „in"* weibliche Form zu Internist	Substantiv / Nomen Nom Gen Dat Akk *die der der die* In|ter|nis|tin	پزشکان متخصص داخلی internist
1229	der	Arzt*besuch*, *Plural:* - e, die Besuch*E* - Besuch der Sprechstunde eines Arztes der einer Ärztin - (selten) Besuch, den ein Arzt, eine Ärztin jemandem zu Hause abstattet	Substantiv / Nomen Nom Gen Dat Akk *der des dem den* *Worttrennung:* Arzt | be | such	ملاقات دکتر medical visit
1230	der	Arzt *Plural:* "- e, die Ärzt*E*, *Umlaut im Plural* (Berufsbezeichnung) jemand, der nach Medizinstudium und klinischer Ausbildung die staatliche Zulassung (Approbation) erhalten hat, Kranke zu behandeln	Substantiv / Nomen Nom Gen Dat Akk *der des dem den* *Rechtschreibung Worttrennung:* Arzt	دکتر doctor
1230	die	Ärztin *Plural:* - nen die Ärztin*NEN* *n-Verdoppelung im Plural bei Singularendung „in"* weibliche Form zu Arzt	Substantiv / Nomen Nom Gen Dat Akk *die der der die* Ärz | tin	دکترها doctor
1231	die Sg.	Gripp*e* volkstümlich: [mit Kopfschmerzen und Fieber verbundene] Erkältungskrankheit Medizin: Virusgrippe Synonyme: Atemwegserkrankung, Erkältung; Influenza; (Medizin) grippaler Infekt	Substantiv / Nomen Nom Gen Dat Akk *die der der die* *Rechtschreibung Worttrennung:* Grip|pe|mit|tel	آنفولانزا flu
1232	der	Haus*arzt* *** *Plural:* "- e die Hausärzt*E*, *Umlaut im Plural*	Substantiv / Nomen Nom Gen Dat Akk *der des dem den* Haus|arzt	دکتر خانوادگی family doctor
1232	die	Haus*ärztin* *Plural:* - nen die Hausärzti*NEN* *n-Verdoppelung im Plural bei Singularendung „in"* weibliche Form zu Haus*arzt*	Substantiv / Nomen Nom Gen Dat Akk *die der der die* Haus|ärz|tin	دکترهای خانوادگی family doctor
1233	die	Versicherten*karte*, *Plural:* - n die Karte*N*	Substantiv / Nomen Nom Gen Dat Akk *die der der die*	کارت بیمه درمانی health insurance card
1234	25 e-a-o sichD etw. sichA haben + sein	*brechen* brech*E*, brach, habe gebroch*EN* *Wortverbindungen:* Substantive: Genick, Herz, Tabu, Schweigen, Damm, Rekord, Zaun *Adjektive:* unvermittelt, endgültig, mehrfach, radikal *Wendungen, Redensarten, Sprichwörter* brechend voll sein (überfüllt sein)	*Verb* *gebrochen* Infinitiv mit *zu*: zu brechen *Rechtschreibung Worttrennung:* bre|chen *Grammatik* Stammvokalwechsel	شکستن to breake
1235	der	Hör*test*, *Plural:* - s die Test*S* - Test der Hörschärfe	Substantiv / Nomen Nom Gen Dat Akk *der des dem den*	تست شنوایی hearing test

Nr	Artikel Verb-Nr	Deutsch Bedeutungen, Beispiele	Wortart Worttrennung, Grammatik	Persisch Englisch
			Hör|test	
1236	der	Termin, *Plural:* - e die Termin*E* - (für etwas Bestimmtes) festgelegter Zeitpunkt; Tag, bis zu dem oder an dem etwas geschehen soll - einen Termin [beim Arzt] haben *(angemeldet sein)* Herkunft: mittelhochdeutsch termin < mittellateinisch terminus = Zahlungsfrist, Termin; inhaltlich abgegrenzter Begriff < lateinisch terminus = Ziel, Ende, eigentlich = Grenzzeichen, Grenze	Substantiv / Nomen Nom Gen Dat Akk *der des dem den* Ter|min	قرار ملاقات appointment
1237	die	Tablett*e*, *Plural:* - n die Tablette*N* - besonders Arzneimittel von der Form eines kleinen runden, mehr oder weniger flachen Scheibchens (zum Einnehmen) Synonyme zu Tablette: Dragee, Kapsel, Pastille, Pille	Substantiv / Nomen Nom Gen Dat Akk *die der der die* Ta|blet|te Ta|b|let|te	قر □ pill
1238	der	Zahn*schmerz, Plural:* - en die Schmerz*EN*, meist *Pl.* - von einem kranken Zahn oder der Umgebung eines Zahns ausgehender Schmerz	Substantiv / Nomen Nom Gen Dat Akk *der des dem den* Zahn|schmerz	دندان درد toothache
1239	*4* e, te, t ~~ge~~	*verstauchen* *verstauch*E, *verstauch*TE, *habe verstauch*T	*Verb* *Worttrennung:* ver|stau|chen ~~ge~~ Partizip ohne ge	پیچ خوردن to sprain
1240	der	Hals-Nasen-Ohren-*Arzt* *Plural:* "- e die Ärzt*E*, *Umlaut im Plural*	Substantiv / Nomen Nom Gen Dat Akk *der des dem den*	دکتر گوش، □لق و بینی ENT doctor
1240	die	Hals-Nasen-Ohren-*Ärztin* *Plural:* - nen die Ärztin*NEN* *n-Verdoppelung im Plural bei Singularendung „in"*	Substantiv / Nomen Nom Gen Dat Akk *die der der die*	دکتران گوش، □لق و بینی ENT doctor
1241	der	Haut*arzt* *Plural:* "- e die Ärzt*E*, *Umlaut im Plural* - Facharzt für Haut- und oft auch Geschlechtskrankheiten; Dermatologe	Substantiv / Nomen Nom Gen Dat Akk *der des dem den* Haut|arzt	متخصص امراض پوست dermatologist
1241	die	Haut*ärztin* *Plural:* - nen die Ärztinnen *n-Verdoppelung im Plural bei Singularendung „in"* weibliche Form zu Haut*arzt*	Substantiv / Nomen Nom Gen Dat Akk *die der der die* Haut|ärz|tin	متخصیص امراض پوست dermatologist
1242	die Sg.	Karies akuter oder chronischer Zerfall der harten Substanz der Zähne Herkunft: lateinisch caries = Morschheit, Fäulnis	Substantiv / Nomen Nom Gen Dat Akk *die der der die* Ka|ri|es	پوسیدگی دندان tooth decay
1243	der	Orthopäde, *Plural:* - n die Orthopäde*N* Facharzt für Orthopädie	Substantiv / Nomen Nom Gen Dat Akk *der des dem den* Or|tho|pä|de	پزشک ستخوان orthopedist
1243	die	Orthopädin, *Plural:* - nen die Orthopedin*NEN* *n-Verdoppelung im Plural bei Singularendung „in"* weibliche Form zu Orthopäde	Substantiv / Nomen Nom Gen Dat Akk *die der der die* Or|tho|pä|din	پزشکان ستخوان orthopedist
1244	der	Röntgen*arzt, Plural:* "- e die Ärzt*E*, *Umlaut im Plural*	Substantiv / Nomen Nom Gen Dat Akk *der des dem den* Rönt|gen|arzt	رادیولوژیست radiologist
1244	die	Röntgen*ärztin, Plural:* - nen die Ärztin*NEN* *n-Verdoppelung im Plural bei Singularendung „in"* weibliche Form zu Röntgen*arzt*	Substantiv / Nomen Nom Gen Dat Akk *die der der die* Rönt|gen|ärz|tin	رادیولوژیست ها radiologist
1245	der	Unfall*arzt, Plural:* "- e die Ärzt*E*, *Umlaut im Plural* Arzt, der bei Unfällen gerufen, aufgesucht wird	Substantiv / Nomen Nom Gen Dat Akk *der des dem den* Un|fall|arzt	دکتر اورژانس emergency doctor

Nr	Artikel Verb-Nr	Deutsch Bedeutungen, Beispiele	Wortart Worttrennung, Grammatik	Persisch Englisch
1245	die	Unfallärztin, *Plural:* - nen die Ärztin*NEN* *n-Verdoppelung im Plural bei Singularendung „in"* weibliche Form zu Unfallarzt	Substantiv / Nomen Nom Gen Dat Akk die der der die Un|fall|ärz|tin	emergency doctor
1246	der	Zahnarzt, *Plural:* "- e die Ärzt*E*, Umlaut im Plural - Arzt für Zahnheilkunde	Substantiv / Nomen Nom Gen Dat Akk der des dem den Zahn|arzt	دندان پزشک dentist
1246	die	Zahnärztin, *Plural:* - nen die Ärztin*NEN* *n-Verdoppelung im Plural bei Singularendung „in"* weibliche Form zu der Zahnarzt	Substantiv / Nomen Nom Gen Dat Akk die der der die Zahn|ärz|tin	دندان پزشکان dentist
1247	die	Apothek*e* *Plural:* - n die Apotheke*N* Geschäft, in dem Arzneimittel verkauft werden	Substantiv / Nomen Nom Gen Dat Akk die der der die Apo | the | ke	داروخانه pharmacy
1248	der meist *Pl.*	Rücken*schmerz* , *Plural:* - en die Schmerz*EN* - Schmerz im Bereich des Rückens	Substantiv / Nomen Nom Gen Dat Akk der des dem den Rü|cken|schmerz	کمر درد back pain
1249	der	Kopf*schmerz*, *Plural:* - en die Schmerz*EN*, meist *Pl.* - Schmerz im Kopf	Substantiv / Nomen Nom Gen Dat Akk der des dem den Kopf|schmerz	سر درد headache
1250	das	Schmerz*mittel*, *Plural:* – die Mittel - den Schmerz stillendes Mittel	Substantiv / Nomen Nom Gen Dat Akk das des dem das *Worttrennung:* Schmerz|mit|tel	داروهای ضد درد pain medication
1251	das	Grippe*mittel* *Plural:* – die Mittel Arzneimittel, Medizin	Substantiv / Nomen Nom Gen Dat Akk das des dem das Grip|pe	دارو آنفولانزا flu medication
1252	der	Husten*saft*, *Plural:* "- e die Säft*E*, *Umlaut im Plural* flüssiges Hustenmittel	Substantiv / Nomen Nom Gen Dat Akk der des dem den *Worttrennung:* Hus|ten|saft	شربت سرفه cough syrup
1253	das	Kranken*haus*, *Plural:* "- er die Häus*ER*, *Umlaut im Plural* - Gebäude, in dem sich Kranke [über längere Zeit] zur Untersuchung und Behandlung aufhalten	Substantiv / Nomen Nom Gen Dat Akk das des dem das *Worttrennung:* Kran|ken|haus	بیمارستان hospital
1254	die	Sprechstunden*hilfe*, *Plural:* - n die Hilfe*N* - Arzthelferin	Substantiv / Nomen Nom Gen Dat Akk die der der die Sprech|stun|den|hil|fe	دستیار پزشک doctor´s assistant
1255	der	Apothek*er*, *Plural:* - die Apotheker Berufsbezeichnung; jemand, der aufgrund seiner Berufsausbildung und seiner Approbation berechtigt ist, eine Apotheke zu betreiben	Substantiv / Nomen Nom Gen Dat Akk der des dem den Apo | the | ker	داروساز pharmacist
1255	die	Apothekerin *Plural:* - nen die Apothekerin*NEN* *n-Verdoppelung im Plural bei Singularendung „in"* weibliche Form zu Apotheker	Substantiv / Nomen Nom Gen Dat Akk die der der die Apo | the | ke | rin	داروسازان pharmacist
1256	die	Krank*meldung*, *Plural:* - en die Meldung*EN* - Mitteilung an den Arbeitgeber, die Schule o. Ä., dass jemand oder man selbst krank ist	Substantiv / Nomen Nom Gen Dat Akk die der der die Krank|mel|dung	اطلاع رسانی درمورد یک بیماری sick call, notification of

Nr Verb-Nr	Artikel	Deutsch Bedeutungen, Beispiele	Wortart Worttrennung, Grammatik	Persisch Englisch
				sickness
1257	das	Sprechzimmer, *Plural:* – die Zimmer - Raum, in dem, besonders beim Arzt, Sprechstunden abgehalten werden	Substantiv / Nomen Nom Gen Dat Akk das des dem das *Worttrennung:* Sprech|zim|mer	اتاق مشاوره treatment room
1258	das	Medikament, *Plural:* - e die Medikament*E* Mittel, das in bestimmter Dosierung der Heilung von Krankheiten, der Vorbeugung oder der Diagnose dient; Arzneimittel Herkunft: lateinisch medicamentum, zu: medicari = heilen	Substantiv / Nomen Nom Gen Dat Akk das des dem das *Worttrennung:* Me|di|ka|ment	دارو medicine, medication
1259	der	*Verband, Plural:* "- e die Verbänd*E, Umlaut im Plural*	Substantiv / Nomen Nom Gen Dat Akk der des dem den Ver|band	بانداژ bandage
1260	die	Überweisung, *Plural:* - en die Weisung*EN* 1a. das Überweisen, Überweisenlassen; 1b. überwiesener Geldbetrag; 1c. [Formular mit einem] Überweisungsauftrag	Substantiv / Nomen Nom Gen Dat Akk die der der die Über|wei|sung	انتقال پزشکی medical transfer
1261 28		*dürfen* *darf, durfTE, habe gedurfT* 1. die Erlaubnis haben - »Darf ich heute schwimmen gehen?« 2. (in höflicher Ausdrucksweise, in Form einer Frage) darf ich Sie bitten, das Formular auszufüllen? 3. drückt einen Wunsch, eine Bitte, eine Aufforderung aus (oft verneint) - du darfst jetzt nicht aufgeben!	*Verb trennbar* *Rechtschreibung* Worttrennung: dür|fen *Grammatik* Stammvokalwechsel	مجاز بودن به to be allowed to
1262 4 e, te, t		*röntgen* *röntgE, röntgTE, habe geröngT* nach dem Entdecker der Röntgenstrahlen, dem deutschen Physiker W. C. Röntgen (1845–1923);	*Verb* *Rechtschreibung* Worttrennung: rönt|gen	اشعه ايكس to X-ray
1263	die	Salb*e, Plural:* - n die Salbe*N* Präparat zum Auftragen auf die Haut, bei dem die wirksamen Substanzen mit einer [fettigen] Masse vermengt sind	Substantiv / Nomen Nom Gen Dat Akk die der der die Sal|be	پماد ointment
1264 24 ei-ie-ie		*krankschreiben* *er schreibt krank, er schrieb krank,* *er hat krankgeschriebEN* (als Arzt) schriftlich bestätigen, dass jemand aufgrund einer Krankheit vorübergehend arbeitsunfähig ist	*Verb* *Worttrennung:* krank|schrei|ben *Grammatik* Stammvokalwechsel	مرخصی استعلاجی to give s.o. a sick note
1265	die WRS	Mahlzeit, *Plural:* - en die Zeit*EN* - (regelmäßig, zu bestimmten Zeiten des Tages eingenommenes) Essen, das aus verschiedenen kalten oder warmen Speisen zusammengestellt ist - [gemeinschaftliches] Einnehmen der Mahlzeit	Substantiv / Nomen Nom Gen Dat Akk die der der die Mahl|zeit	غذا meal
1266 37 e-i-a		*spazieren gehen* *gehE spazieren, ging spazieren,* *bin spazieren gegangEN* - einen Spaziergang machen; an die [frische] Luft gehen, sich die Füße vertreten, einen [Spazier]gang machen, frische Luft schnappen;	*Verb* *Worttrennung:* spa|zie|ren geh|en *Grammatik:* Stammvokalwechsel	پیاده روی رفتن to go for a walk
1267 85 u-a-a sichD		*weh.tun* *tuE, tat, habe getan* Das hat *wehgetan* oder weh getan	*Verb trennbar* *Grammatik* Stammvokalwechsel	آسیب زدن to hurt
1268	WRS	vorgestern vor zwei Tagen; an dem Tag, der zwei Tage vor dem heutigen Tag liegt; Wer *rief* vorgestern *an*?	Adverb vor|ges|tern	پئی روز day before yesterday
1269		nichts	Indefinitpronomen	هیچ چیز

Nr	Artikel / Verb-Nr	Deutsch / Bedeutungen, Beispiele	Wortart / Worttrennung, Grammatik	Persisch / Englisch
		bringt die vollständige Abwesenheit, das absolute Nichtvorhandensein von etwas zum Ausdruck; nicht das Mindeste, Geringste; in keiner Weise etwas - nichts sagen; nichts hören können; alles oder nichts; nichts wollen; (verstärkt) überhaupt nichts; kein Ding, keine Sache - es gibt nichts Neues; nichts dergleichen; nichts weiter		nothing
1270	der	Fall *Plural:* "- e die Fäll*E*, *Umlaut im Plural* *Synonyme*: Abrutschen, Absturz, Ausgleiten; (umgangssprachlich) Ausrutscher, Abstieg, Untergang, Verfall, Zusammenbruch; (gehoben) Niedergang, Frage, Angelegenheit, Problem, Sache, Sachverhalt; (gehoben) Begebenheit; (umgangssprachlich) Geschichte Rechtsangelegenheit, Rechtsfrage, [Rechts]sache, Streitfall, Untersuchungsgegenstand, Verhandlung (Sprachwissenschaft) Kasus	Substantiv / Nomen Nom Gen Dat Akk *der des dem den* *Rechtschreibung* *Worttrennung:* Fall	موقعیت case, circumstance
1271	4 e, te, t	*rauchen* *rauchE, rauchTE, habe gerauchT*	*Verb* *Worttrennung:* rau|chen	سیگار کشیدن to smoke
1272	der WRS	Tropfen, *Plural:* – die Tropfen 1.a. kleine Flüssigkeitsmenge von kugeliger oder länglich runder Form - die ersten Tropfen fallen *(es fängt an zu regnen)* 1.b. sehr kleine Menge einer Flüssigkeit - ein paar Tropfen Parfüm 2. Medizin, die in Tropfen eingenommen wird - Tropfen [ein]nehmen	Substantiv / Nomen Nom Gen Dat Akk *der des dem den* Trop|fen	افتادن drop
1273	4 e, te, t + *sichA*	*aus.ruhen* *ruhE aus, ruhTE aus, habe ausgeruhT* sich ausruhen	*Verb trennbar* *Worttrennung:* aus|ru|hen	استراحت کردن to rest
1274		krank, kränker, am kränksten - ein kranker Mensch	Adjektiv krän|ker, kränks|te	بیمار sick, ill
1275		erkältet ohne Steigerungsform *Bist* du erkältet? an einer Erkältung leidend Synonyme: verschnupft	Adjektiv attributiv *Rechtschreibung* *Worttrennung:* er	käl	tet	سرما خوردن to have a cold
1276	das *Sg.*	*Fieber* 	Substantiv / Nomen Nom Gen Dat Akk *das des dem das* *Rechtschreibung* *Worttrennung:* Fie|ber	تب fever
1277	der *Sg.*	Husten Erkältungs]krankheit, bei der man oft und stark husten muss	Substantiv / Nomen Nom Gen Dat Akk *der des dem den* *Worttrennung:* Hus|ten	سرفه cough
1278	der Sg.	Schnupfen mit der Absonderung von Schleim, der oft das Atmen durch die Nase stark behindert, verbundene Entzündung der Nasenschleimhäute	Substantiv / Nomen Nom Gen Dat Akk *der des dem den* *Worttrennung:* Schnup|fen	سرماخوردگی cold
1279	die	Medizin, *Plural:* - en die Medizin*EN* Arznei; Medikament - Wissenschaft vom gesunden und kranken Organismus des Menschen, von seinen Krankheiten, ihrer Verhütung und Heilung	Substantiv / Nomen Nom Gen Dat Akk *die der der die* *Worttrennung:* Me|di|zin	دارو medication, medicine

Nr / Verb-Nr	Artikel	Deutsch / Bedeutungen, Beispiele	Wortart / Worttrennung, Grammatik	Persisch / Englisch
		- [flüssiges] Medikament Herkunft: lateinisch (ars) medicina = Arznei(kunst), Heilkunst, zu: medicus = Arzt		
1280	das	Baby *Plural:* - s die Baby*S* Säugling, Kleinkind im ersten Lebensjahr	Substantiv / Nomen Nom Gen Dat Akk *das des dem das* *Worttrennung:* Ba|by	بچه، کودک baby
1281	die	Tochter, *Plural:* " - die Töchter, *Umlaut im Plural* Synonyme zu Tochter: Kind, Nachkomme; gehoben: Nachfahrin, sein/ihr eigen[es] Fleisch und Blut; familiär: Nachwuchs; oft scherzhaft: Juniorin; besonders Rechtssprache: Abkömmling	Substantiv / Nomen Nom Gen Dat Akk *die der der die* *Worttrennung:* Toch|ter	دختر daughter
1282	der WRS	Vater, *Plural:* " - die Väter, *Umlaut im Plural* 1. Mann, der ein oder mehrere Kinder gezeugt hat; Mann, der in der Rolle eines Vaters ein oder mehrere Kinder versorgt, erzieht; Mann, der als Beschützer, Helfer, Sorgender für andere da ist, eintritt 2. männliches Tier, das einen oder mehrere Nachkommen gezeugt hat 3. Gott, besonders im Hinblick auf seine Allmacht, Weisheit, Güte, Barmherzigkeit und auf die Gotteskindschaft der Menschen	Substantiv / Nomen Nom Gen Dat Akk *der des dem den* Va|ter	پدر father
1283	die WRS	Mutter, *Plural:* „ - die Mütter, *Umlaut im Plural* 1. Frau, die ein oder mehrere Kinder geboren hat - Verteidigungsministerin Ursula von der Leyen (CDU) ist Mutter von 7 Kindern (2014) 2. Frau, die in der Rolle einer Mutter ein oder mehrere Kinder versorgt, erzieht 3. bei bestimmten Schwesternorden [Titel der] Oberin, Vorsteherin eines Klosters, eines geistlichen Stifts o. Ä. - in der Anrede: Mutter Oberin, Mutter Donata 4. weibliches Tier, das [gerade] ein oder mehrere Junge geworfen hat Synonyme zu Mutter: Erziehungsberechtigte; familiär: Mama, Muttchen, Mutti; umgangssprachlich scherzhaft: alte Dame; salopp: Alte	Substantiv / Nomen Nom Gen Dat Akk *die der der die* Mut|ter	مادر mother
1284	der WRS	Sohn, *Plural:* " – e die Söhn*E*, *Umlaut im Plural* männliche Person im Hinblick auf ihre leibliche Abstammung von den Eltern; unmittelbarer männlicher Nachkomme	Substantiv / Nomen Nom Gen Dat Akk *der des dem den*	پسر son
1286 e-a-e	*72*	*sehen* seh*E*, sah, habe geseh*EN* - er kann wieder sehen; (ist nicht mehr blind)	*Verb* *Worttrennung:* se|hen Stammvokalwechsel	دیدن to see
1287 o-a-o ge	*48*	*bekommen* bekomm*E*, bekam, habe bekomm*EN* Sie bekommt ein Baby. Sie hat ein Baby bekommen. *Wortverbindungen:* Substantive: Geld, Kind, Gesicht, Antwort, Angst, Zuschlag, Chance, Unterstützung Adjektive: frei, spät, endlich, recht,lebenslänglich, schulfrei, kostenlos, plötzlich	*Verb* *Worttrennung:* be|kom|men *Grammatik:* ge Partizip ohne ge Stammvokalwechsel	بدست آوردن to get (here:to have: She´ll have a baby.) to get / receive (She doesn´t get any tomatoes)
1288	der	Brief, *Plural:* - e die Brief*E* - schriftliche, in einem [verschlossenen] Umschlag übersandte Mitteilung	Substantiv / Nomen Nom Gen Dat Akk *der des dem den*	نامه letter (that you send)
1289		wenigstens zumindest, immerhin; mindestens - Kannst du wenigsten kochen?	Adverb we|nigs|tens	داقل at least
1290	der Sg.	Dank Gott sei Dank!; vielen, herzlichen, tausend Dank!; hab[t] Dank!	Substantiv / Nomen Nom Gen Dat Akk *der des dem den*	ممنون thanks

Nr	Artikel Verb-Nr	Deutsch Bedeutungen, Beispiele	Wortart Worttrennung, Grammatik	Persisch Englisch
1291		Gott sei Dank! Dem Himmel *sei* Dank.	Substantiv / Nomen	شکر خدا Thank god!
1292	WRS	weg eg da! *(fort!)*; sie ist ganz weg; umgangssprachlich für *begeistert, verliebt)*; frisch von der Leber weg; umgangssprachlich für *ganz offen, ungehemmt)* reden; sie ist längst darüber weg *(hinweg)*;sie wird schon weg sein, wenn … Die Leute *sind* alle weg.	Adverb *Gleichlautendes Wort:* weg (Konjunktion)	ممکن، شدنی gone
1293	2 sein LERNEN	*weg sein* *bin weg, war weg, bin weg gewesen* Meine Brille *ist weg*!!! (nicht da)	*Verb* *Worttrennung:* *weg sein*	ممکن بودن to be gone
1294	der Sg.	Ultra*schall* 1. Schall, dessen Frequenz oberhalb der menschlichen Hörgrenze liegt 2. Kurzform für: Ultraschallbehandlung, Ultraschalluntersuchung -zum Ultraschall gehen	Substantiv / Nomen Nom Gen Dat Akk *der des dem den* Ul|tra|schall Ul|t|ra|schall	صدای اکو ultra sound, echo
1295	28 a-u-u LERNEN	mit.dürfen *darf, durfTE, habe gedurfT* mitgehen, mitkommen, mitfahren u. Ä. dürfen - *die Kinder* haben *nicht* mitgedurft	*Verb trennbar* *Rechtschreibung* *Worttrennung:* dür|fen Stammvokalwechsel	امکان چیزی با to be permitted to come along
1296	4 e, te, t	*erzählen* *erzählE, erzählTE, habe erzählT* *Wortverbindungen:* Substantive: Geschichte, Witz, Film, Märchen, Mutter Adjektive: stolz, spannend, brühwarm, ausführlich	*Verb* *Rechtschreibung* *Worttrennung:* er|zäh|len	گفتن to tell
1297	72 e-a-e sichA	*wieder.sehen* *sehE wieder, sah wieder , wiedergesehEN* - wann *sehen* wir uns *wieder*?	*Verb trennbar* *Worttrennung:* wie|der|se|hen Stammvokalwechsel	دیدن دوباره to see (s.o.) again
1298	72 e-a-e	*aus.sehen* *sehE aus, sah aus, ausgesehEN* - du *siehst* heute nicht gut *aus* *Wortverbindungen:* Substantive:Zukunft, Detail, Praxis, Sieger, Unfall Adjektive: gut, konkret, alt, schlecht, hübsch, blass, schön	*Verb trennbar* *Worttrennung:* aus|se|hen *Grammatik* Stammvokalwechsel	نگاه کردن to look
1299	der	Termin*kalender, Plural:* – die Kalender - Kalender zum Notieren von Terminen	Substantiv / Nomen Nom Gen Dat Akk *der des dem den* Ter|min|ka|len|der	دفتر خاطرات روزانه personal agenda
1300	der	An*fang, Plural:* "-e die FängE, *Umlaut im Plural* erster Teil, erstes Stadium, Ansatz erster Teil eines Zeitabschnitts, eines Alters Beginn einer räumlichen Gegebenheit	Substantiv / Nomen Nom Gen Dat Akk *der des dem den* *Rechtschreibung* *Worttrennung:* An | fang	آغاز beginning
1301	1 LERNEN	*frei.haben* *habe frei, hatte frei, habe frei gehabt* Bei Idiomen kann getrennt oder zusammen geschrieben werden: Die Kursteilnehmer *haben* heute *frei*. Ein paar Tage *freihaben oder frei haben*	*Verb trennbar* *Rechtschreibung* *Worttrennung:* frei ha|ben	مرخصی بودن to be off duty, off work
1303	der	Possessiv*artikel, Plural:* - die Possessivartikel mein, dein; besitzanzeigendes Fürwort	Substantiv / Nomen Nom Gen Dat Akk *der des dem den* Pos|ses|siv|ar|ti|kel	مضاف اليه possessive article
1304		passend Die Schuhe *sind* passend zu deiner Tasche	adjektiv pas|send	مناسب matching

Nr	Artikel Verb-Nr	Deutsch Bedeutungen, Beispiele	Wortart Worttrennung, Grammatik	Persisch Englisch
1305		Possessiv-Rap		$$$$
1306		*mitrappen* Rapmusik machen; einen Rap singen, spielen	*Verb* *Rechtschreibung* *Worttrennung:* mit|rap|pen	از بین رفته to rap with
1307	der	Kasus, - die Kasus 1. Fall; Vorkommnis; 2. vgl. Casus; 2. Fall	Substantiv / Nomen Nom Gen Dat Akk *der des dem den* *Worttrennung:* Ka|sus	مورد case (*grammar*)

	Maskulin	Feminin	Neutrum	Plural
Nominativ	der	die	das	die
Genitiv	des	der	des	der
Dativ	dem	der	dem	den
Akkusativ	den	die	das	die

Nr	Artikel Verb-Nr	Deutsch Bedeutungen, Beispiele	Wortart Worttrennung, Grammatik	Persisch Englisch
1308	4 e, te, t	*ersetzen* ersetzE, ersetzTE, habe ersetzT <u>Wortverbindungen:</u> *Substantive*: Schaden, Kopie, Maschine *Adjektive*: weitgehend, schwer, komplet, vollwertig	*Verb* *Rechtschreibung* *Worttrennung:* er|set|zen	جایگزین شدن to replace
1309		durch - durch die Tür gehen - durch den Park bummeln - durch die Post schicken - etwas durch Lautsprecher bekannt geben - 6 durch 3 = 2 die ganze Nacht durch - es ist schon 3 [Uhr] durch; wir können froh sein, dass wir hier durch sind; der 8-Uhr-Zug ist schon durch; die Gefahr ist vorbei, alle sind heil durch; Mit dem Lehrbuch bin ich jetzt durch *(habe es durchgearbeitet);* Am linken Schuh ist die Sohle durch; Der Camembert ist noch nicht durch; Das Fleisch müsste jetzt durch sein.	Präposition / Adverb + A.	با، همراه By
1310	4 e, te, t ~~ge~~	*besuchen* besuchE, besuchTE, habe besuchT - jemanden im Krankenhaus, im Gefängnis besuchen; das Restaurant war gut besucht; - in übertragener Bedeutung: besuchen Sie auch unsere Homepage im Internet (grammatikkurs.de);	*Verb* *Rechtschreibung* *Worttrennung:* be|su|chen *Grammatik*: ~~ge~~ Partizip ohne ge	ملاقات کردن to visit
1311	der	Deutschlehrer, <u>*Plural:*</u> – die Lehrer Lehrer, der deutsche Sprache und Literatur unterrichtet	Substantiv / Nomen Nom Gen Dat Akk *der des dem den* *Rechtschreibung* *Worttrennung:* Deutsch|leh|rer	معلم دستور زبان German teacher
1311	die	Deutschlehrerin <u>*Plural:*</u> - nen die LehrerinNEN *n-Verdoppelung im Plural bei Singularendung „in"* weibliche Form zu Deutschlehrer	Substantiv / Nomen Nom Gen Dat Akk *die der der die* *Worttrennung:* Deutsch|leh|re|rin	معلم آلمانی German teacher
1312	4 e, te, t ~~ge~~	*untersuchen* untersuchE, untersuchTE, habe untersuchT etwas gründlich untersuchen	*Verb* *Worttrennung:* un|ter|su|chen ~~ge~~ Partizip ohne ge	معاینه کردن to examine
1313	der	Augenarzt <u>*Plural:*</u> "- e, die ÄrztE, <u>*Umlaut im Plural*</u> Facharzt für Augenkrankheiten; Ophthalmologe	Substantiv / Nomen Nom Gen Dat Akk *der des dem den* *Worttrennung:* Au | gen | arzt	چشم پزشک oculist, eye specialist
1313	die	Augenärztin, <u>*Plural:*</u> - nen die ÄrztinNEN *n-Verdoppelung im Plural bei Singularendung „in"* weibliche Form zu Augenarzt Facharztin für Augenkrankheiten; Ophthalmologe	Substantiv / Nomen Nom Gen Dat Akk *die der der die* Au | gen | ärz | tin	چشم پزشک ها oculist, eye specialist
1314	die	Feuerwehr, <u>*Plural:*</u> - en die WehrEN	Substantiv / Nomen	اداره آتش نشانی

Nr	Artikel Verb-Nr	Deutsch Bedeutungen, Beispiele	Wortart Worttrennung, Grammatik	Persisch Englisch
		zur Abwehr von Schäden durch Brand und zur Hilfeleistung in Katastrophenfällen; Kurzform: Wehr - er fuhr wie die Feuerwehr *(sehr schnell)* Synonym:[Feuer]löschmannschaft, Löschtrupp	Nom Gen Dat Akk *die der der die* *Rechtschreibung* *Worttrennung:* Feu|er|wehr	fire brigade
1315	der	Not*dienst, Plural:* - e die Dienst*E* Bereitschaftsdienst	Substantiv / Nomen Nom Gen Dat Akk *der des dem den* Not|dienst	خدمات اورژانس emergency service
1316	der	Notfall, *Plural:* "- e die Fäll*E, Umlaut im Plural* Situation, in der dringend Hilfe benötigt wird - bei Notfällen Erste Hilfe leisten; ärztlicher Notdienst Lage, Situation, in der etwas Bestimmtes nötig ist, gebraucht oder notwendig wird - das habe ich mir für den äußersten Notfall aufgehoben - im Notfall (notfalls) kannst du bei mir übernachten	Substantiv / Nomen Nom Gen Dat Akk *der des dem den* Not|fall	اورژانس emergency
1317	die	Fitness - Um*frage, Plural:* - n die Frage*N* - [systematische] Befragung einer [größeren] Anzahl von Personen, z. B. nach ihrer Meinung zu einem bestimmten Problem Synonyme: Befragung, Demoskopie, demoskopische Untersuchung, Enquete, Erhebung, Ermittlung, Meinungsforschung, Nachforschung, Recherche, Rundfrage, Überprüfung, Untersuchung; (bildungssprachlich) Sondierung; (Soziologie) Interview	Substantiv / Nomen Nom Gen Dat Akk *die der der die* *Rechtschreibung* *Worttrennung:* Fit|ness |um|fra|ge	بررسی تناسب اندام fitness survey
1318		global, globaler, am globalsten über die ganze Erde / die Welt	Adjektiv attributiv *Worttrennung:* glo | bal	جهانی global
1319		detailliert, detaillierter, am detailliertesten ins Detail gehend, in allen Einzelheiten, sehr genau - detaillierte Angaben	Adjektiv de|tail|liert	دقیق detailed
1320	die	Skala, *Plural:* - n die Skal*EN* (aus Strichen und Zahlen bestehende) Maßeinteilung an Messinstrumenten Herkunft: italienisch scala = Treppe, Leiter < lateinisch scalae (Plural), zu: scandere	Substantiv / Nomen Nom Gen Dat Akk *die der der die* Ska|la	مقیاس scale
1321	der	Patient, *Plural:* - en die Patient*EN*	Substantiv / Nomen Nom Gen Dat Akk *der des dem den* Pa|ti|ent	بیمار patient
1321	die	Patientin, *Plural:* - nen die Patientin*NEN* *n-Verdoppelung im Plural bei Singularendung „in"* weibliche Form zu der Patient	Substantiv / Nomen Nom Gen Dat Akk *die der der die* Pa|ti|en|tin	بیماران patient
1322	die	Erkält*ung, Plural:* - en die Erkältung*EN* Erkrankung der Atemwege; Katarrh Synonyme: Atemwegserkrankung, Husten, Schnupfen; (volkstümlich) Grippe; (landschaftlich) Verkühlung; (landschaftlich derb) Rotze; (Medizin) grippaler Infekt	Substantiv / Nomen Nom Gen Dat Akk *die der der die* *Rechtschreibung* *Worttrennung:* Er|käl|tung	سرد cold
1323	das Sg.	Blut - dem Stoffwechsel dienende, im Körper des Menschen und vieler Tiere zirkulierende rote Flüssigkeit	Substantiv / Nomen Nom Gen Dat Akk *das des dem das*	خون blood
1324	61 e-a-o LERNEN	*ab.nehmen* *nehmE ab, nahm ab, habe abgenommEN* Barbara *nimmt* den Hörer *ab.* Marlene *nimmt* in der ersten Woche 2 Kilo *ab.*	*Verb trennbar* *Worttrennung:* ab|neh|men Stammvokaländerung *Antonyme*: zunehmen	گرفتن چیزی از کسی *here:* to take s. th. from s. o.
1325		Blut abnehmen Im Labor *wird* das Blut abgenommen.	Substantiv / Nomen	نمونه خون گرفتن to take a blood

Nr Verb-Nr	Artikel	Deutsch Bedeutungen, Beispiele	Wortart Worttrennung, Grammatik	Persisch Englisch
				sample
1326	der	Ultraschall*test, Plural:* - s die Test*S*	Substantiv / Nomen Nom Gen Dat Akk der des dem den Ul|tra|schall|test	معاینه سونوگرافی ultrasound exam
1327	der	Sehtest, *Plural:* - s die Test*S* - Prüfung der Sehschärfe (z. B. zur Feststellung der Verkehrstauglichkeit beim Erwerb eines Führerscheins)	Substantiv / Nomen Nom Gen Dat Akk der des dem den Seh|test	معاینه چشم vision test
1328		verboten - unmöglich, nicht erlaubt Parken verboten	Adjektiv ver|bo|ten Antonym: erlaubt	ممنوع forbidden
1329	das	Park*verbot, Plural:* - e die Verbot*E* Parken verboten	Substantiv / Nomen Nom Gen Dat Akk das des dem das *Rechtschreibung* *Worttrennung:* Park|ver|bot	محدودیت پارکینگی parking restriction
1332 WRS	der	Weg, *Plural:* - e die Wege	Substantiv / Nomen Nom Gen Dat Akk der des dem den	مسیر *here:* route
1333	die	Weg*beschreib*ung, *Plural:* - en die Beschreibung*EN*	Substantiv / Nomen Nom Gen Dat Akk die der der die Weg|be|schrei|bung	شرح مسیر route description
1334	das	Rede*mittel, Plural:* – die Mittel	Substantiv / Nomen Nom Gen Dat Akk das des dem das *Worttrennung:* Re|de|mit|tel	ابزار سخنرانی means of speech
1335	die	Sport*halle, Plural:* - n die Halle*N* - Halle zur Ausübung des Sports und für Sportveranstaltungen	Substantiv / Nomen Nom Gen Dat Akk die der der die Sport|hal|le	سالن های ورزشی gymnasium
1336	der	Imbiss, *Plural:* - e die Imbiss*E*, die Imbissbuden - kleibe, meist kalte Mahlzeit - Imbisshalle, -stand beim nächsten Imbiss essen wir etwas	Substantiv / Nomen Nom Gen Dat Akk der des dem den *Worttrennung:* Im|biss	غذای سبک snack stand
1337	der	Elektrodiscount *Plural:* - s die Discount*S* Einkaufsmöglichkeit, bei der Waren in Selbstbedienung verbilligt erworben werden können	Substantiv / Nomen Nom Gen Dat Akk der des dem den *Worttrennung:* Elek|tro|dis|count	مغازه□راجی لوازم برقی discount shop for electrical appliances
1338	die	Tennis*halle, Plural:* - n die Halle*N*	Substantiv / Nomen Nom Gen Dat Akk die der der die Ten|nis|hal|le	باشگاه تنیس tennis hall
1339	die	Touristen*information, Plural:* - en die Information*EN*	Substantiv / Nomen Nom Gen Dat Akk die der der die Tou|ris|ten| in|for|ma|ti|on	اطلاعات توریستی tourist information
1340	das	CinemaxX –*Kino, Plural:* - s die Kino*S* - Filmtheater mit mehreren Kinosälen, Kinocenter	Substantiv / Nomen Nom Gen Dat Akk das des dem das Ci|ne|max	سینما تئاتر CinemaxX movie theater
1341	die	Metzgerei, Fleischerei, *Plural:* - en die Metzgerei*EN* Fleischerei	Substantiv / Nomen Nom Gen Dat Akk die der der die	قصابی butcher shop

Nr Verb-Nr	Artikel	Deutsch Bedeutungen, Beispiele	Wortart Worttrennung, Grammatik	Persisch Englisch
			Metz|ge|rei	
1343	die	Gruppe, *Plural:* - n die GruppeN die Gruppe der starken Verben	Substantiv / Nomen Nom Gen Dat Akk *die der der die* *Worttrennung:* Grup|pe	گروه group
1344	die	Gesundheit, *Sg.* Zustand oder bestimmtes Maß körperlichen, psychischen oder geistigen Wohlbefindens; Nichtbeeinträchtigung durch Krankheit *Synonyme:* Frische, Wohlbefinden, Wohlgefühl; (gehoben) Wohlsein; (Medizin) Salubrität *Antonyme:* Krankheit	Substantiv / Nomen Nom Gen Dat Akk *die der der die* *Rechtschreibung* *Worttrennung:* Ge|sund|heit	بهداشت و درمان health
1345	die	Tätigkeit, *Plural:* - en die TätigkeitEN 1. das Tätigsein, das Sichbeschäftigen mit etwas 2. Gesamtheit derjenigen Verrichtungen, mit denen jemand in Ausübung seines Berufs zu tun hat; Arbeit	Substantiv / Nomen Nom Gen Dat Akk *die der der die* Tä|tig|keit	مشغولیت occupation
1346	die	Arbeitsanweisung *Plural:* - en die WeisungEN Anleitung, nach der eine Arbeit auszuführen ist	Substantiv / Nomen Nom Gen Dat Akk *die der der die* Ar|beits|an|wei|sung	دستورکاری work instruction
1346	die	Arbeitsbedingung *Plural:* - en die BedingungEN Umstand, unter dem Arbeit stattfindet	Substantiv / Nomen Nom Gen Dat Akk *die der der die* Ar|beits|be|din|gung	شرایط کاری working conditions
1347		gemeinsam *Lösen* sie gemeinsam eine Aufgabe	Adjektiv attributiv *Worttrennung:* ge|mein|sam	باهم together
1348	der	Satzanfang *Plural:* ”- e die AnfängE, Umlaut im Plural - Anfang eines Satzes - am Satzanfang schreibt man groß	Substantiv / Nomen Nom Gen Dat Akk *der des dem den* Satz|an|fang Antonym: Satzende	آغاز جمله beginning of the sentence
1349	der	Tagesablauf, *Plural:* ”- e die AbläufE, Umlaut im Plural - Ablauf eines Tages - ein geregelter Tagesablauf	Substantiv / Nomen Nom Gen Dat Akk *der des dem den* Ta|ges|ab|lauf	زندگی روزمره course of the day
1350	der	Marktplatz, *Plural:* ”- e die PlätzE, Umlaut im Plural	Substantiv / Nomen Nom Gen Dat Akk *der des dem den* Markt|platz	بازار market square
1351	die WRS	Tür, *Plural:* - en die TürEN 1.a. Vorrichtung in Form einer in Scharnieren hängenden, meist rechteckigen Platte zum Verschließen eines Durchgangs, eines Einstiegs o. Ä. - an die Tür klopfen	Substantiv / Nomen Nom Gen Dat Akk *die der der die*	درب door
1353	der	Test, *Plural:* - s die TestS nach einer genau durchdachten Methode vorgenommener Versuch, Prüfung zur Feststellung der Eignung, der Eigenschaften, der Leistung o. Ä. einer Person oder Sache *Herkunft:* englisch test < altfranzösisch test (> mittelhochdeutsch test) = Topf (für alchemistische Versuche) < lateinisch testum, zu: testa = Platte, Deckel; (Ton)schale, Scherbe	Substantiv / Nomen Nom Gen Dat Akk *der des dem den*	امتحان test
1354	das	W-Fragen-Spiel, *Plural:* - e die SpielE	Substantiv / Nomen *das des dem das*	کلمات پرسشی game of the w-questions
1355	der WRS	Teil, *Plural:* - e die TeilE zum Teil; der erste Teil des Romans; weite Teile des Landes sind verwüstet; ich will gern mein[en] Teil dazu	Substantiv / Nomen Nom Gen Dat Akk *der des dem den*	بخش، قسمت part (*in part, partly*)

Nr	Artikel Verb-Nr	Deutsch Bedeutungen, Beispiele	Wortart Worttrennung, Grammatik	Persisch Englisch
		beisteuern, tun; ein defektes Teil ersetzen; was hat das Teil denn gekostet?		
1356	4 e, te, t	tauschen tauschE, tauschTE, habe getauschT - Briefmarken, Plätze, Zärtlichkeiten tauschen	Verb Worttrennung: tau|schen	تعویض کردن، مبادله کردن to exchange
1357	der	Merkspruch, Plural: "- e die SprüchE, Umlaut im Plural 1. in eine einprägsame Sentenz gefasste Lebensweisheit - (bildungssprachlich) kurz und treffend formulierter, einprägsamer Ausspruch, der Allgemeingültigkeit beansprucht; Sinnspruch, Denkspruch 2. Merkhilfe in Form eines [gereimten] Spruchs Herkunft: mittelhochdeutsch sentenzie < lateinisch sententia = Meinung; Urteil; Gedanke, zu: sentire (2. Partizip: sensum) = fühlen; urteilen, denken	Substantiv / Nomen Nom Gen Dat Akk der des dem den Rechtschreibung Worttrennung: Merk|spruch	قافیه ای که کمک به □فظ مطلبی میکند rhyme that helps to remember
1358	der	Bruder Plural: " - die Brüder, Umlaut im Plural 1. Person männlichen Geschlechts im Verwandtschaftsverhältnis zu einer anderen, die von denselben Eltern abstammt	Substantiv / Nomen Nom Gen Dat Akk der des dem den Worttrennung: Bru|der	برادر brother
1359		Dr. Abkürzung für Doktor, der Doktor 1a. höchster akademischer Grad 1b. Abkürzung Dr.; 2. Arzt	Substantiv / Nomen Rechtschreibung Worttrennung: Dok | tor	مخفف دکتر Dr. (short for doctor)
1360	die	Stadtverwaltung, Plural: - en die VerwaltungEN - Magistrat, Verwaltung einer Stadt; städtische Verwaltungsbehörde, Räumlichkeiten, Gebäude der Stadtverwaltung	Substantiv / Nomen Nom Gen Dat Akk die der der die Stadt|ver|wal|tung	شورای شهری city administration
1361	der	Monat, Plural: - e die MonatE zwölfter Teil eines Jahres, Zeitraum von etwa 30 Tagen Herkunft: nach der germanischen Zeitbestimmung des Monats nach den Mondphasen	Substantiv / Nomen Nom Gen Dat Akk der des dem den Worttrennung: Mo|nat	ماه month
1362	4, 11 e, te, t	bilden bildE, bildeTE, habe gebildeT Wortverbindungen: Substantive: Grundlage, Schlange, Basis, Einheit Adjektive: gemeinsam, spontan, neu	Verb Rechtschreibung Worttrennung: bil|den	ساختن، تشکیل دادن to form (to form sentences)
1363	4 e, te, t WRS	lieben liebE, liebTE, habe geliebT 1.Liebe für jemanden empfinden und zum Ausdruck bringen; 2. mit jemandem Geschlechtsverkehr haben	Verb Rechtschreibung Worttrennung: lie|ben	دوست داشتن to love
1364	der	Hund, Plural: - e die HundE 1. (in vielen Rassen gezüchtetes) kleines bis mittelgroßes Säugetier, das besonders wegen seiner Wachsamkeit und Anhänglichkeit als Haustier gehalten wird, einen gut ausgebildeten Gehör- und Geruchssinn besitzt und beißen und bellen kann 2. männlicher Hund (im Gegensatz zur Hündin) 3. Mensch, Mann: salopp: du bist vielleicht ein sturer Hund! 4. gemeiner Mann, Lump, Schurke: salopp abwertend: du [verfluchter, gottverdammter] Hund!	Substantiv / Nomen Nom Gen Dat Akk der des dem den	سگ dog
1366		Zimmer, Küche und Bad ZKB	Substantiv / Nomen	اتاق، آشپزخانه و □مام Room, Kitchen, Bath
1368	das	Wohnzimmer, Plural: – die Zimmer	Substantiv / Nomen Nom Gen Dat Akk das des dem das Worttrennung: Wohn|zim|mer	پذیرایی living room

Nr	Artikel Verb-Nr	Deutsch Bedeutungen, Beispiele	Wortart Worttrennung, Grammatik	Persisch Englisch
1369	die	Checkliste *Plural:* - n die ListeN Kontrollliste *Herkunft*: englisch check-list, aus: check = Kontrolle und list = Liste	Substantiv / Nomen Nom Gen Dat Akk *die der der die* *Rechtschreibung* Worttrennung: Check|lis|te	چک لیست check list
1370	die Sg.	Wohnungssuche - Suche nach einer Wohnung	Substantiv / Nomen Nom Gen Dat Akk *die der der die* *Worttrennung:* Woh|nungs|su|che	دنبا☐ خانه گشتن search for accomodation
1371	die WRS	Wohnung, *Plural:* - en die WohnungEN	Substantiv / Nomen Nom Gen Dat Akk *die der der die* *Worttrennung:* Woh|nung	آپارتمان apartment
1372	das	Zimmer, *Plural:* – die Zimmer	Substantiv / Nomen Nom Gen Dat Akk *das des dem das* *Worttrennung:* Zim|mer	اتاق room
1373		ruhig Gleichlautendes Wort: ruhig (Partikel)	Adjektiv *Worttrennung:* ru|hig	آرام quiet
1374	der	Parkplatz, *Plural:* "- e die PlätzE	Substantiv / Nomen Nom Gen Dat Akk *der des dem den* *Rechtschreibung* *Worttrennung:* Park|platz	محل پارک packing spot
1375	der	Balkon *Plural:* - s / - e die BalkonE, die BalkonS	Substantiv / Nomen Nom Gen Dat Akk *der des dem den* *Rechtschreibung* Worttrennung: Bal|kon	بالکون balcony
1376	der	Garten, *Plural:* " - die Gärten, *Umlaut im Plural* begrenztes Stück Land [am, um ein Haus] zur Anpflanzung von Gemüse, Obst, Blumen o. Ä.	Substantiv / Nomen Nom Gen Dat Akk *der des dem den* *Worttrennung:* Gar|ten	☐یاط garden, yard
1377	der	Stadtrand, *Plural:* " – er die RändER, *Umlaut im Plural* - Rand, Peripherie der, einer Stadt	Substantiv / Nomen Nom Gen Dat Akk *der des dem den* *Worttrennung:* Stadt|rand	☐ومه شهر suburbia, outskirts
1378	der	Spielplatz, *Plural:* "- e die PlätzE, *Umlaut im Plural* - Substantiv, maskulin	Substantiv / Nomen Nom Gen Dat Akk *der des dem den* *Worttrennung:* Spiel|platz	محوطه بازی playground
1379	die	Sportmöglichkeit, *Plural:* - en die MöglichkeitEN	Substantiv / Nomen Nom Gen Dat Akk *die der der die* Sport|mög|lich|keit	لوازم ورزشی possibility for sports
1380	das	Schlafzimmer, *Plural:* – die Zimmer - besonders eingerichtetes Zimmer zum Schlafen; Schlafzimmereinrichtung	Substantiv / Nomen Nom Gen Dat Akk *das des dem das* *Worttrennung:* Schlaf|zim|mer	اتاق خواب bedroom
1381	der	Flur, Hausflur, *Plural:* - e die FlurE - [lang gestreckter, schmaler] Raum innerhalb einer Wohnung oder eines öffentlichen Gebäudes, an dessen Seiten sich die Türen zu den angrenzenden Räumen befinden - über, durch den Flur gehen	Substantiv / Nomen Nom Gen Dat Akk *der des dem den* *Rechtschreibung* Worttrennung: Flur	سالن hall
1382	4 e, te, t sichA	*klären* klärE, klärTE, habe geklärT	*Verb* *Rechtschreibung* *Worttrennung:*	روشن/ متوجه ساختن کسی،

Nr	Artikel Verb-Nr	Deutsch Bedeutungen, Beispiele	Wortart Worttrennung, Grammatik	Persisch Englisch
		- die Unfallursache muss noch geklärt werden; die Trainerfrage wird sich bald klären (es wird sich bald herausstellen, wer Trainer wird)	klä|ren	to make sure one understands
1383	das	Zweizimmer*appartement*, *Plural:* - s die Appartment*S* moderne Kleinwohnung (meist in einem [komfortablen] Mietshaus), Apartment Schreibung mit Ziffer: 2-Zimmer- Apartment Herkunft: [französisch appartement < italienisch appartamento = abgeteilte, abgeschlossene Wohnung, zu: appartare = abteilen, zu lateinisch a parte = abgetrennt] Zimmerflucht in einem größeren [luxuriösen] Hotel	Substantiv / Nomen Nom Gen Dat Akk das des dem das Rechtschreibung Worttrennung: Zwei|zim|mer| ap|par|te|ment	آپارتمان تک خوابه one-bedroom-apartment
1384	die Pl.	*Neben*kosten zusätzlich anfallende Kosten; Abkürzung NK Pluralwort / Pluraletantum *Grammatik*: Substantiv, das nur als Plural vorkommt	Substantiv / Nomen Nom Gen Dat Akk die der der die Worttrennung: Ne|ben|kos|ten	پرداخت ابزار utility payments
1385	die	Heiz*ung*, *Plural:* - en die Heizung*EN* Einrichtung, Anlage zum Beheizen von Räumen, Gebäuden o. Ä.; Zentralheizung Synonyme: Heizapparat, Heizgerät, Heizkörper,	Substantiv / Nomen Nom Gen Dat Akk die der der die Worttrennung: Hei|zung	گرما heating
1387	die	Kochnische, *Plural:* -n die Kochnischen	Substantiv / Nomen Nom Gen Dat Akk die der der die Worttrennung: Koch|ni|sche	اشپزخانه کوچک kitchenette
1388		separat - als etwas Selbstständiges von etwas anderem getrennt; für sich; gesondert Herkunft: lateinisch separatus, adjektivisches 2. Partizip von: separare, separieren	Adjektiv Worttrennung: se|pa|rat	جداگانه separate
1389	der	Alt*bau* *Plural:* - ten die Bau*TEN* älteres, vor einem bestimmten Zeitpunkt fertiggestelltes Gebäude	Substantiv / Nomen Nom Gen Dat Akk der des dem den Worttrennung: Alt | bau	ساختمان قدیمی older building
1390	die	Bade*wanne* *Plural:* - n die Wanne*N* Wanne zum Baden	Substantiv / Nomen Nom Gen Dat Akk die der der die Worttrennung: Ba|de|wan|ne	وان مام bathtub
1391	die	Kaut*ion*, *Plural:* - en die Kaution*EN* 1. größere Geldsumme, die als Burgschaft , Sicherheitsleistung für die Freilassung eines [Untersuchungs]häftlings hinterlegt werden muss 2. Geldsumme, die man als Sicherheit beim Mieten einer Wohnung o. Ä. zahlen muss *Herkunft*: lateinisch cautio (Genitiv: cautionis), eigentlich = Vorsicht, zu: cavere = sich hüten; Burgschaft leisten	Substantiv / Nomen Nom Gen Dat Akk die der der die Rechtschreibung Worttrennung: Kau|ti|on	سپرده deposit (*payment*)
1392	der WRS	Wunsch, *Plural:* "- e die Wünsch*E*, Umlaut im Plural	Substantiv / Nomen Nom Gen Dat Akk der des dem den	درخواست/میل داشتن wish, request
1393	die	Miet*e*, *Plural:* - n die Miete*N* 1. (besonders von Wohnungen o. Ä.) Preis, den jemand zahlen muss: kalte Miete umgangssprachlich: Miete ohne Heizkosten	Substantiv / Nomen Nom Gen Dat Akk die der der die Worttrennung: Mie|te	اجاره rent
1394	die	Größ*e*, *Plural:* - n die Größe*N* - die Größe des Grundstücks beträgt 600 m² - die Größe einer Schulklasse - Marlene braucht Schuhe Größe 37	Substantiv / Nomen Nom Gen Dat Akk die der der die Worttrennung: Grö|ße	سایز size
1395	der	Quadrat*meter*, *Plural:* – die Meter *Abkürzung* qm und m	Substantiv / Nomen Nom Gen Dat Akk	متر مربع square meter

Nr / Verb-Nr	Artikel	Deutsch / Bedeutungen, Beispiele	Wortart / Worttrennung, Grammatik	Persisch / Englisch
		der Fläche eines Quadrats mit der Seitenlänge 1 m entsprechende Maßeinheit der Fläche	*der des dem den* Qua|drat|me|ter	
1396	das	Praktik*um*, *Plural:* die Praktik*A* - im Rahmen einer Ausbildung außerhalb der [Hoch]schule abzuleistende praktische Tätigkeit - zur praktischen Anwendung des Erlernten eingerichtete Übung(sstunde) (besonders an naturwissenschaftlichen Fakultäten einer Hochschule)	Substantiv / Nomen Nom Gen Dat Akk *das des dem das* Rechtschreibung *Worttrennung:* Prak|ti|kum	آموزش عملی، کارآموزی practical training, traineeship, internship
1397	der	Toningenieur, *Plural:* - e die Ingenieur*E* - für die Tonaufnahmen und ihre Wiedergabe verantwortlicher Techniker	Substantiv / Nomen Nom Gen Dat Akk *der des dem den*	مهندس صدا sound engineer
1397	die	Toningenieurin, *Plural:* - nen die Ingenieurin*NEN* *n-Verdoppelung im Plural bei Singularendung „in"* weibliche Form zu der Toningenieur	Substantiv / Nomen Nom Gen Dat Akk *die der der die* Ton|in|ge|ni|eu|rin	مهندسین صدا sound engineer
1398	das	Stipendium, *Plural:* die Stipendi*EN* Studierenden, jungen Wissenschaftler[inne]n, Künstler[inne]n vom Staat, von Stiftungen, der Kirche o. Ä. gewährte Unterstützung zur Finanzierung von Studium, Forschung, künstlerischen Arbeiten	Substantiv / Nomen Nom Gen Dat Akk *das des dem das* *Worttrennung:* Sti|pen|di|um	دستمزد، کمک هزینه تحصیلی stipend, scholarship
1399		monatlich in jedem Monat geschehend, erfolgend, fällig - wir *zahlen* monatlich die Miete	Adjektiv *Worttrennung:* mo|nat|lich	ماهانه monthly
1400		denn - ich *glaube* dir nicht, denn du *hast* immer *gelogen*	Adverb	سپس، انگاه then([Well] then, who´s from Sweden?)
1401	4 e, te, t ~~ge~~	*betreuen* betreu*E*, betreu*TE*, habe betreu*T* *Wortverbindungen:* Substantive: Kind, Team, Erzieherin, Jahr, Kunde Adjektive: pädagogisch, seelsorgerisch, medizinisch, intensiv, psychologisch, ärztlich, individuell	*Verb* *Rechtschreibung* *Worttrennung:* be|treu|en *Grammatik:* ~~ge~~ Partizip ohne ge	دنبال چیزی گشتن to look after
1402	die	Kinder*gruppe*, *Plural:* - n die Gruppe*N* - an der Ampel wartete eine Kindergruppe - das Kind in die Kindergruppe bringen	Substantiv / Nomen Nom Gen Dat Akk *die der der die* *Worttrennung:* Kin|der|grup|pe	گروهی از بچه ها group of children
1403	der	Ingenieur, *Plural:* - e die Ingenieur*E* Berufsbezeichnung; auf einer Hoch- oder Fachschule ausgebildeter Techniker	Substantiv / Nomen Nom Gen Dat Akk *der des dem den* *Worttrennung:* In|ge|ni|eur	مهندس engineer
1403	die	Ingenieurin, *Plural:* - nen die Ingenieurin*NEN* *n-Verdoppelung im Plural bei Singularendung „in"* weibliche Form zu Ingenieur	Substantiv / Nomen Nom Gen Dat Akk *die der der die* *Worttrennung:* In|ge|ni|eu|rin	مهندسین engineer
1404	4 e, te, t ~~ge~~	*unterrichten* unterricht*E*, unterrichte*TE*, habe unterrichte*T* Frau Schachner *unterrichtet* Deutsch	*Verb* *Worttrennung:* un|ter|rich|ten ~~ge~~ Partizip ohne ge	درس دادن to teach, to instruct
1405	das	Kinder*zimmer*, *Plural:* – die Zimmer entsprechendes Zimmer für das Kind, die Kinder einer Familie	Substantiv / Nomen Nom Gen Dat Akk *das des dem das* *Worttrennung:* Kin|der|zim|mer	اتاق کودک children´s room
1406		ideal den höchsten Vorstellungen entsprechend; von der Art, wie etwas (für bestimmte Zwecke) nicht besser vorstellbar, auszudenken ist	Adjektiv *Rechtschreibung* *Worttrennung:* ide|al	ایده آ ideal

Nr / Verb-Nr	Artikel	Deutsch / Bedeutungen, Beispiele	Wortart / Worttrennung, Grammatik	Persisch / Englisch
1407	die	Ofenheizung, *Plural:* - en die HeizungEN Heizung, die mit einem Ofen betrieben wird	Substantiv / Nomen Nom Gen Dat Akk *die der der die* *Worttrennung:* Ofen|hei|zung	تختا stove heating
1408 e, te, t	4	zusammen.passen *es passTzusammen, es passTE zusammen,* *hat zusammen gepassT* *- das hat gut zusammengepasst*	Verb trennbar Rechtschreibung *Worttrennung:* zu|sam|men|pas|sen	مسابقه دادن to match
1409	die	2-Zimmer- Wohnung, *Plural:* -en die WohnungEN meist aus mehreren Räumen bestehender, nach außen abgeschlossener Bereich in einem Wohnhaus	Substantiv / Nomen Nom Gen Dat Akk *die der der die* *Worttrennung:* Woh | nung	آپارتمان تک خوابه one-bedroom- apartment
1410		möbliert mit Möbeln ausgestattet: Die Wohnung *ist* möbliert	Adjektiv *Worttrennung:* mö|b|liert	مبله furnished
1412		maximal bis zum Höchstmöglichen, aufs Äußerste steigern - was *kannst* du maximal für die Wohnung *bezahlen?*	Adjektiv *Worttrennung:* ma|xi|mal	بیشترین at the most
1413		plötzlich unerwartet, unvermittelt, überraschend	Adjektiv *Worttrennung:* plötz|lich	ناگهانی، فورا suddenly
1414	der WRS	Spiegel, *Plural:* – die Spiegel - Gegenstand aus Glas oder Metall, dessen glatte Fläche das, was sich vor ihr befindet, als Spiegelbild zeigt	Substantiv / Nomen Nom Gen Dat Akk *der des dem den* *Worttrennung:* Spie|gel	آینه mirror
1415 e, te, t WRS	4	schenken *schenkE, schenkTE,habe geschenkT* Ich *schenke* meiner Mutter einen Blumenstrauß	Verb Dativ *Worttrennung:* schen|ken	دادن to give (*as a* *present*)
1416	der	Umzug, *Plural:* "- e die ZügE, *Umlaut im Plural* - jemandem beim Umzug helfen - aus bestimmtem Anlass veranstalteter gemeinsamer Gang, Marsch einer Menschenmenge durch die Straßen; - ein festlicher Umzug der Trachtenvereine	Substantiv / Nomen Nom Gen Dat Akk *der des dem den* *Worttrennung:* Um|zug	تکان دادن move
1417	der WRS	Karton, *Plural:* - s die KartonS 1. dünne Pappe; steifes Papier Herkunft: französisch carton < italienisch cartone, Vergrößerungsform von: carta, ↑Karte	Substantiv / Nomen Nom Gen Dat Akk *der des dem den* *Worttrennung:* Kar|ton	جعبه مقوایی cardboard box
1418 e, te, t	4	packen *packE, packTE, habe gepackT* - wir *packen* die Reisetasche	Verb *Worttrennung:* pa|cken	بسته بندی کردن to pack
1419	das WRS	*Möbel, Plural:* – die Möbel Einrichtungsgegenstand, mit dem ein Raum ausgestattet ist, damit er benutzt und bewohnt werden kann, der zum Sitzen, Liegen, Aufbewahren von Kleidung, Wäsche, Hausrat dient	Substantiv / Nomen Nom Gen Dat Akk *das des dem das* *Worttrennung:* Mö|bel	لوازم خانه (*piece of*) furniture
1420	die	Hilfe, *Plural:* - n die HilfeN - das Helfen - das Tätigwerden zu Unterstützung	Substantiv / Nomen Nom Gen Dat Akk *die der der die* *Worttrennung:* Hil|fe	کمک Help
1421		Hilfe! Wer hilft mir?	Substantiv / Nomen Nom Gen Dat Akk *die der der die*	کمک Help
1422	die	Zeichnung, *Plural:* - en die ZeichnungEN Synonyme zu Zeichnung: Abbildung, Bild, Darstellung, Grafik, Skizze; bildungssprachlich: Illustration	Substantiv / Nomen Nom Gen Dat Akk *die der der die* *Worttrennung:* Zeich|nung	کشیدن drawing
1423		usw. = und so weiter	Konjunktion	و غیره and so forth
1424	der	Mieter, *Plural:* – die Mieter - jemand, der etwas gemietet hat	Substantiv / Nomen Nom Gen Dat Akk *der des dem den*	مستاجر tenant, lesee, renter

Nr	Artikel / Verb-Nr	Deutsch / Bedeutungen, Beispiele	Wortart / Worttrennung, Grammatik	Persisch / Englisch
1424	die	Mieterin, *Plural:* - nen MieterinNEN *n-Verdoppelung im Plural bei Singularendung „in"* weibliche Form zu der Mieter	*Worttrennung:* Mie|ter Substantiv / Nomen Nom Gen Dat Akk *die der der die* *Worttrennung:* Mie|te|rin	مستاجران tenant, lesee, renter
1425	*4* *e, te, t*	*kündigen* *kündigE, kündigTE, habe gekündigT* (eine vertragliche Vereinbarung in Bezug auf etwas) zu einem bestimmten Termin für beendet erklären	*Verb* *Rechtschreibung* *Worttrennung:* kün|di|gen	خاتمه دادن to give notice, to recall or cancel s.th
1426		aber Aber warum *weinst* du? Heute *ist* das Wetter schön, aber morgen *wird* es regnen.	Konjunktion Adverb	اما but, *here:* Today the weather is nice, but tomorrow it will rain
1427	das *Sg.*	Glück Glücksymbole: Schwein, Kleeblatt, Hufeisen, Schornsteinfeger	Substantiv / Nomen Nom Gen Dat Akk *das des dem das*	شانس luck, fortune
1428		wie		همچو as
1429		Und wie! *Freust* du dich? Und wie!	Konjunktion	چطورید! and how!
1430	*50* *a-u-a*	*ein.laden* *ladE ein, lud ein, eingeladEN* *Wortverbindungen:* *Substantive:* Essen, Party, Freunde, Abendessen *Adjektive:* offiziell, schriftlich, mündlich	*Verb trennbar* *Rechtschreibung* *Worttrennung:* ein|la|den *Grammatik* Stammvokalwechsel	دعوت کردن to invite
1431	der	Miet*vertrag*, *Plural:* "- e die VerträgE, *Umlaut im Plural* Vertrag zwischen Mietpartei und Vermieter über die Bedingungen der Vermietung	Substantiv / Nomen Nom Gen Dat Akk *der des dem den* *Worttrennung:* Miet|ver|trag	اجاره دادن lease
1432	*24* *ei-ie-ie* ~~ge~~	*unterschreiben* *unterschreibE, unterschrieb, habe unterschriebEN* - den Namen in einem Vertrag schreiben; hier *unterschreiben;* etwas blind *(ohne es zu lesen),* einen Scheck blanko unterschreiben	*Verb* *Worttrennung:* un|ter|schrei|ben *Grammatik* ~~ge~~ Partizip ohne ge Stammvokalwechsel	امضا کردن to sign
1433	der	VW, *Plural:* - s die VWS	Substantiv / Nomen Nom Gen Dat Akk *der des dem den*	ماشین فولکس VolksWagen car
1434	*54* *ei-ie-ie* *sichA* *etw.*	*leihen* *leihE, lieh, geliehEN* (gegen das Versprechen der Rückgabe) vorübergehend aus seinem Besitz zur Verfügung stellen; ausleihen	*Verb* *Worttrennung:* lei|hen *Grammatik* Stammvokalwechsel	اجاره کردن to rent (*from s.o.*)
1435	der	Junge, *Plural:* - n die JungeN, die JungS - besonders norddeutsch: Kind männlichen Geschlechts; Knabe - umgangssprachlich: [junger] Mann	Substantiv / Nomen Nom Gen Dat Akk *der des dem den* *Worttrennung:* Jun|ge	پسر boy
1436	*82* *a-u-a*	*hoch.tragen* *tragE hoch, trug hoch, habe hochgetragEN* nach oben *tragen; hinauf.tragen;* (in den 3. Stock)	*Verb trennbar* *Worttrennung:* hoch|tra|gen Stammvokalwechsel	حمل کردن to carry up
1437	die	Perfekt*form*, *Plural:* - en die FormEN	Substantiv / Nomen Nom Gen Dat Akk *die der der die* *Worttrennung:* Per|fekt|form	زمان کامل perfect from
1438	das	Partizip, *Plural:* die Partizipien	Substantiv / Nomen	وجه وصفی

Nr	Artikel Verb-Nr	Deutsch Bedeutungen, Beispiele	Wortart Worttrennung, Grammatik	Persisch Englisch
		Verbform, die eine Mittelstellung zwischen Verb und Adjektiv einnimmt; Mittelwort *Grammatik:* Partizip I (Partizip Präsens, Mittelwort der Gegenwart, z. B. „sehend"); Partizip II (Partizip Perfekt, Mittelwort der Vergangenheit, z. B. „gesehen")	Nom Gen Dat Akk *die der der die*	participle
1439	*4* *e, te, t* WRS	*ein.packen* *packE ein, packTE ein, habe eingepackT* - die Kleider in den Koffer einpacken	*Verb trennbar* *Worttrennung:* ein|pa|cken *Antonyme:* aus|pa|cken	جمع کردن، بسته بندی کردن to pack (up), to wrap
1440	der	Sessel, *Plural:* – die Sessel mit Rückenlehne, gewöhnlich auch mit Armlehnen versehenes, meist weich gepolstertes, bequemes Sitzmöbel (für eine Person); Polstersessel	Substantiv / Nomen Nom Gen Dat Akk *der des dem den* *Worttrennung:* Ses|sel	صندلی راحتی armchair
1441	das	Bett, *Plural:* - en die BettEN Möbelstück zum Schlafen, Ausruhen	Substantiv / Nomen Nom Gen Dat Akk *das des dem das*	تختخواب bed
1442		daraufhin Wir *haben* daraufhin unsere Pläne *geändert* - aus diesem Grund, Anlass; infolgedessen;	Adverb unflektierbare Wortart *Worttrennung:* da | rauf | hin	بعد از after that
1443		schließlich Tarek *wohnte* in Homs und schließlich in Darmstadt.	Adverb *Worttrennung:* schließ|lich	سرانجام finally
1444	WRS	zuletzt Wer *kam* zuletzt?	Adverb *Worttrennung:* zu|letzt	داقل at last
1445	der	Vermieter, *Plural:* – die Vermieter - jemand, der etwas vermietet, Hauswirt	Substantiv / Nomen Nom Gen Dat Akk *der des dem den* *Worttrennung:* Ver|mie|ter	صاحبخانه landlord
1445	die	Vermieterin, *Plural:* - nen, die VermieterinNEN *n-Verdoppelung im Plural bei Singularendung „in"* weibliche Form zu der Vermieter	Substantiv / Nomen Nom Gen Dat Akk *die der der die* *Worttrennung:* Ver|mie|te|rin	صاحبخانه ها landlady
1446	das	Fest *Plural:* - e die FestE	Substantiv / Nomen Nom Gen Dat Akk *das des dem das*	پارتی party
1447	*85* *u-a-a* LERNEN	*tun* *tuE, tat, habe getan* -- was tust du hier? *(was willst du hier, warum bist du hier?)*	*Verb* *Rechtschreibung* *Worttrennung:* tun Stammvokalwechsel	انجام دادن to do
1448		kompliziert schwierig; verwickelt; [aus vielen Einzelheiten bestehend und daher] schwer zu durchschauen und zu handhaben: die Übung *ist* kompliziert	Adjektiv *Worttrennung:* kom|pli|ziert	پیچیده complicated
1449	*4* *e-te-t* ~~ge~~	*vermieten* *vermietE, vermietete, habe vermieteT*	*Verb* *Worttrennung:* ver|mie|ten ~~ge~~ Partizip ohne ge	اجاره کردن to rent (to s.o.:car, apartment, etc)
1450	WRS	sauber, sauberer, saubrer, am saubersten, sauberste Die Wohnung ist sehr sauber	Adjektiv *Worttrennung:* sau|ber, sau|be|rer, saub|rer, sau|bers|te	تمیز clean
1451	*4* *e, te, t*	*sausen* *sausE, sausTE, habe gesausT* sausen lassen oder sausenlassen (umgangssprachlich für aufgeben)	Verb *Rechtschreibung* *Worttrennung:* sau|sen	عجله کردن to rush, to dash
1452	WRS	hoch, höher, am höchsten Steigerung mit Umlaut *Grammatik:* intensivierend bei Adjektiven und Verben - jemanden hoch achten, schätzen, verehren	Adjektiv unflektiert und attributiv	بالا high
1453	der	ISDN-*Anschluss*	Substantiv / Nomen	اتصا ISDN

Nr Artikel Verb-Nr	Deutsch Bedeutungen, Beispiele	Wortart Worttrennung, Grammatik	Persisch Englisch
	Plural: "- e die AnschlüssE, *Umlaut im Plural* Anschluss an das ISDN	Nom Gen Dat Akk *der des dem den* *Rechtschreibung* *Worttrennung:* ISDN-An|schluss	ISDN connection
1454 die Sg. WRS	Wäsche Synonyme zu Wäsche: Textilien, Dessous, Leibwäsche, Unterwäsche,	Substantiv / Nomen Nom Gen Dat Akk *die der der die* *Worttrennung:* Wä|sche	خشکشویی laundry
1455 4 e, te, t	*trocknen* trocknE, trockneTE, habe getrockneT - die Wäsche *trocknet* auf der Leine	*Verb haben + sein* *Worttrennung:* trock|nen	خشک کردن to dry
1456 4 e, te, t	*ab.stellen* stellE ab, stellTE ab, habe abgestellT *Wortverbindungen:* *Substantive:* Strom, Parkplatz, Mangel, Auto, *Adjektive:* kurz, eben, einfach,schnell, kostenlos,	*Verb trennbar* *Rechtschreibung* *Worttrennung:* ab|stell|len *Antonymen:* anstellen	پارک کردن، ذخیره کردن to park, to store
1457 WRS	weit weit geöffnete Fenster	Adjektiv *Antonyme:* eng	دور far
1459	*Was ist passiert?* Was *ist* los?	Indefinitpronomen	چه اتفاقی افتاده است؟ What has happend?
1461 das	Rock-*Konzert, Plural:* - e die KonzertE	Substantiv / Nomen Nom Gen Dat Akk *das des dem das*	کنسرت راک rock concert
1462 die	Leiter, *Plural:* - n die LeiterN	Substantiv / Nomen Nom Gen Dat Akk *die der der die* *Worttrennung:* Lei|ter	نردبان ladder
1463 das	Riesen*rad, Plural:* "- er die RädER, *Umlaut im Plural* auf Jahrmärkten, bei Volksfesten o. Ä. aufgebaute, elektrisch betriebene Anlage in Form eines sehr großen, sich in vertikaler Richtung drehenden Rades	Substantiv / Nomen Nom Gen Dat Akk *das des dem das* *Worttrennung:* Rie|sen|rad	چرخ فلک ferris wheel
1464 das	Beisl, Beisel, *Plural:* -/-n die BeiselN kleines Weinlokal	Substantiv / Nomen Nom Gen Dat Akk *das des dem das*	میخانه شراب (*a special*) wine pub
1465 das	Wein*lokal, Plural:* - e die LokalE Lokal, das eine reichhaltige Auswahl an Weinen anbietet und in dem vor allem Wein ausgeschenkt wird	Substantiv / Nomen Nom Gen Dat Akk *das des dem das* *Worttrennung:* Wein|lo|kal	میخانه شراب wine pub
1466 die	Kultur, *Plural:* - en die KulturEN - Gesamtheit der geistigen, künstlerischen, gestaltenden Leistungen einer Gemeinschaft als Ausdruck menschlicher Höherentwicklung; Bildung, Zivilisation	Substantiv / Nomen Nom Gen Dat Akk *die der der die* *Worttrennung:* Kul|tur	فرهنگ culture
1467 das	kunsthistorische Museum berühmtes Museum in Wien - Institut, in dem Kunstwerke sowie kunstgewerbliche, wissenschaftliche, technische Sammlungen aufbewahrt und ausgestellt werden *Synonyme zu Museum:* Galerie, Gemäldegalerie, [Kunst]sammlung; bildungssprachlich: Pinakothek; Kunsthalle Herkunft: lateinisch museum = Ort für gelehrte Beschäftigung < griechisch moũseĩon = Musensitz, - tempel, zu: moũsa, ↑Muse	Adjektiv + Nomen Nom Gen Dat Akk *das des dem das* *Rechtschreibung* *Worttrennung:* kunst|his|to|ri|sches Mu|se|um	موزه هنر و تاریخ art-history museum (*a famous museum in Vienna*9
1468 das WRS	Schloss, *Plural:* "- er die SchlössER, *Umlaut im Plural*	Substantiv / Nomen Nom Gen Dat Akk *das des dem das*	قلعه castle

Nr	Artikel Verb-Nr	Deutsch Bedeutungen, Beispiele	Wortart Worttrennung, Grammatik	Persisch Englisch
1469		Bis bald! Tschüss und bis bald!	Präposition + Adverb	تا دیدار بعد See you soon!
1470	der WRS	Gruß, *Plural:* "- e die Grüße, _Umlaut im Plural_ Worte (häufig als formelhafte Wortverbindung), Gebärden als Höflichkeits- oder Ehrerbietungsbezeigung zwischen Personen beim Zusammentreffen, Sichbegegnen, bei einer Verabschiedung	Substantiv / Nomen Nom Gen Dat Akk *der des dem den*	احوالپرسی greeting salutation
1471		PS - e die Postskripte, = das Postskript Gleichlautendes Wort: PS (Substantiv, Neutrum)	Substantiv / Nomen	پانویس ps, postcriptum
1472		weiter		بیشتر further
1473	das Sg.	Perfekt 1. Zeitform, mit der ein verbales Geschehen oder Sein aus der Sicht des bzw. der Sprechenden als vollendet charakterisiert wird; Vorgegenwart; vollendete Gegenwart; Präsensperfekt 2. Verbform im Perfekt ich *habe* den ganzen Tag *gearbeitet* ich *bin* mit der Strassenbahn *gefahren* Herkunft: lateinisch perfectum (tempus) = vollendet(e Zeit)	Substantiv / Nomen Nom Gen Dat Akk *das des dem das* Rechtschreibung Worttrennung: Per|fekt	زمان کامل perfect tense
1474	die	Rock-*Band*, *Plural:* - s die Rockband*S*	Substantiv / Nomen Nom Gen Dat Akk *die der der die*	گروه/ باند راک rock band
1475	das Sg.	Fenster*putzen*	Substantiv / Nomen Nom Gen Dat Akk *das des dem das* Worttrennung: Fens|ter|put|zen	تمیز کردن پنجره the cleaning of windows
1476	der	Geburts*tag*, *Plural:* - e die Tag*E* Synonyme: (gehoben) Ehrentag, Wiegenfest Datum / Tag der Geburt, Geburtsdatum	Substantiv / Nomen Nom Gen Dat Akk *der des dem den* Worttrennung: Ge|burts|tag	تولد birthday
1477		zu spät	Adjektiv	خیلی دیر too late
1478	die	Straßenbahnhalte*stelle*, *Plural:* - n die Stelle*N* - Haltestelle für Straßenbahnen	Substantiv / Nomen Nom Gen Dat Akk *die der der die* Stra|ßen|bahn|hal|te|stel|le	ایستگاه تراموا streetcar / tram stop
1479		zeitlich, zeitlicher, am zeitlichsten 1. die Zeit betreffend; 2. vergänglich, irdisch das Zeitliche segnen (für *sterben*)	Adjektiv Worttrennung: zeit|lich	تسلسل تاریخی chronological
1480	*26* i-a-a	*weg.bringen* bring*E* weg, brach*TE* weg, habe weg*ge*brach*T* - den Müll *wegbringen*	*Verb trennbar* Worttrennung: weg|brin|gen Stammvokalwechsel	بردن، دور کردن to carry / to take away
1481	*87* a-u-a	*ab.waschen* wasch*E* ab, wusch ab, habe abge*waschEN* - mit Wasser (und Seife, Reinigungsmittel o. Ä.) abwaschen, reinigen;	*Verb trennbar* Worttrennung: ab|wa|schen *Grammatik* Stammvokalwechsel	ظرف شستن to wash dishes
1482	die	Mama, *Plural:* - s die Mama*S* - Mutter - Lallwort: Wort aus der Lallperiode (z. B. Mama) Synonyme: Mutter; (salopp) Alte; (familiär) Mutti; (umgangssprachlich scherzhaft) alte Dame	Substantiv / Nomen Nom Gen Dat Akk *die der der die* Worttrennung: Ma|ma	مادر mum
1483	*72* e-a-e	*fern.sehen* seh*E* fern, sah fern, fernge*sehEN* _Wortverbindungen:_ *Substantive:* Fernseher, Abend, Magazin, Sendung *Adjektive:* gemeinsam, lang, gut,	*Verb trennbar* Partizip I: fernsehend Partizip II: ferngesehen Infinitive mit zu: fernzusehen Worttrennung: fern|se|hen Stammvokalwechsel	تلویزیون تماشا کردن to watch TV

Nr	Artikel Verb-Nr	Deutsch / Bedeutungen, Beispiele	Wortart / Worttrennung, Grammatik	Persisch / Englisch
1484	65 u-ie-u	*rufen* *rufe, rief, habe gerufen* - die Mutter ruft die Kinder	*Verb* ru|fen Stammvokalwechsel	تماس گرفتن to call
1485	der	Kranken*wagen*, *Plural:* – die Wagen - speziell für den Krankentransport ausgestattetes Auto; Ambulanz	Substantiv / Nomen Nom Gen Dat Akk *der des dem den* *Rechtschreibung* *Worttrennung:* Kran|ken|wa|gen	آمبولانس ambulance
1486	4, 14 e, te, t ~~ge~~	*benutzen* *benutzE, benutzTE, habe benutzT* *Wortverbindungen:* Substantive: Toilette, Wort, Wekzeug, Waffe, Begriff Adjektive: selten, regälmäßig, gelegentlich, täglich	*Verb* *Worttrennung:* be|nut|zen, be|nüt|zen *Grammatik:* ~~ge~~-Partizip ohne ge	استفاده کردن to use
1487	68 a-ie-a sein	*ein.schlafen* *schlafE ein, schlief ein, bin eingeschlafEN* *Wortverbindungen:* Substantive: Steuer, Bett, Zigarette Adjektive: endlich, kurz, sanft, fest, lang	*Verb* *Rechtschreibung* *Worttrennung:* ein|schla|fen *Antonyme:* auf|wa|chen Stammvokalwechsel	خوابیدن to fall asleep
1488	die	Beweg*ung* *Plural:* - en die Bewegung*EN* - der Arzt verordnete ihm viel Bewegung in frischer Luft	Substantiv / Nomen Nom Gen Dat Akk *die der der die* *Worttrennung:* Be|we|gung	رکت movement
1489	24 ei-ie-ie	*ein.steigen* *steigE ein, stieg ein, bin eingestiegEN* *Wortverbindungen:* Substantive: Berufsleben, Auto, Bus Adjektive: neu, problemlos, finanziell, einfach	*Verb trennbar* *Rechtschreibung* *Worttrennung:* ein|stei|gen *Antonyme:* aus|stei|gen Stammvokalwechsel	وارد شدن to give in / on
1490	die	Zustands*veränderung* *Plural:* - en die Veränderung*EN*	Substantiv / Nomen Nom Gen Dat Akk *die der der die* *Rechtschreibung* *Worttrennung:* Zu|stands|ver|än|de|rung	تغییر دولت change of state
1491		unbetont unbetonte Wörter, nicht betont	Adjektiv *Rechtschreibung* *Worttrennung:* un|be|tont	بدون تنش unstressed, not stressed
1492	die	Post*karte*, *Plural:* - n die Karte*N* Ansichtskarte, Karte	Substantiv / Nomen Nom Gen Dat Akk *die der der die* *Worttrennung:* Post|kar|te	کارت پستا postcard
1493	das	Foto*album* *Plural:* die Alb*EN* Album für Fotografien	Substantiv / Nomen Nom Gen Dat Akk *das des dem das* *Worttrennung:* Fo|to|al|bum	آلبوم عکس photo album
1494	die	Vermut*ung*, *Plural:* - en die Vermutung*EN* - das Vermuten; Annahme	Substantiv / Nomen Nom Gen Dat Akk *die der der die* *Worttrennung:* Ver|mu|tung	فرضیه assumption
1495	das	Foto *Plural:* - s die Foto*S* Fotografie	Substantiv / Nomen Nom Gen Dat Akk *das des dem das* *Worttrennung:* Fo|to	عکاس the photograph
1496	der	Straßenbahn*fahrer*, *Plural:* – die Fahrer	Substantiv / Nomen Nom Gen Dat Akk *der des dem den* Stra|ßen|bahn|fah|rer	راننده تراموا streetcar / tram driver
1496	die	Straßenbahn*fahrerin*, *Plural:* - nen die Fahrerin*NEN* *n-Verdoppelung im Plural bei Singularendung „in"* weibliche Form zu Straßenbahn*fahrer*	Substantiv / Nomen Nom Gen Dat Akk *die der der die*	رانندگان تراموا

Nr	Artikel Verb-Nr	Deutsch Bedeutungen, Beispiele	Wortart Worttrennung, Grammatik	Persisch Englisch
			Stra|ßen|bahn|fah|re|rin	streetcar / tram driver
1497	die	Familien*feier* *Plural:* - n die Feier*N* Feier aus familiärem Anlass	Substantiv / Nomen Nom Gen Dat Akk *die der der die* Fa|mi|li|en|fei|er	مراسم خانوادگی family reunion
1498	die	Weihnachts*feier, Plural:* -n die Feier*N* - anlässlich des [bevorstehenden] Weihnachtsfests veranstaltete Feier	Substantiv / Nomen Nom Gen Dat Akk *die der der die* *Worttrennung:* Weih|nachts|fei|er	جشن کریسمس Christmas party
1499	91 ie-o-o h>g sichA LERNEN	um.ziehen *zieh*E, *z*og, habe gez*og*EN - wann *ziehst* du in die neue Wohnung *um*? - ich *ziehe* in die neue Wohnung *um* - ich *ziehe* mich schnell *um* (Kleider) - das Kleid *umziehen*	*Verb trennbar* *haben + sein* *Worttrennung:* um|zie|hen *Grammatik* Stammvokalwechsel	حرکت کردن to move
1500	der	*Lebens*lauf, *Plural:* "- e die Läuf*E, Umlaut im Plural* schriftliche Darstellung, Zusammenfassung der (besonders für die Berufslaufbahn) wichtigsten Daten und Ereignisse des eigenen Lebens	Substantiv / Nomen Nom Gen Dat Akk *der des dem den* Worttrennung: Le|bens|lauf	رزومه، CV curriculum vitae, CV
1501	4 e, te, t sein	aus.reisen reis*E* aus, reis*TE* aus, bin ausgereis*T* - *das Land verlassen, die Grenze passieren, die Landesgrenze überschreiten, ins Ausland abwandern*	*Verb trennbar* *Worttrennung:* aus|rei|sen *Antonyme:* einreisen	عزیمت کردن to leave the country
1502		zunächst *Gleichlautendes Wort:* zunächst (Präposition)	Adverb *Worttrennung:* zu|nächst	اولین first
1503		...-monatig ...zweimonatig (zwei Monate *dauernd*) *Synoyme:* in jedem Monat, jeden Monat [fällig	Adjektiv *Rechtschreibung* *Worttrennung:* ...mo | na | tig	ماهانه month long (*an 8-months long training*)
1504	der	Lehr*gang, Plural:* "- e die Gäng*E, Umlaut im Plural*	Substantiv / Nomen Nom Gen Dat Akk *der des dem den* Worttrennung: Lehr|gang	آموزش training
1505	der Sg.	Handel das Kaufen und Verkaufen, Handeln mit Waren, Wirtschaftsgütern	Substantiv / Nomen Nom Gen Dat Akk *der des dem den* Worttrennung: Han|del	تجارت trade
1506	der Sg.	Versand - das Versenden von Gegenständen, besonders von Waren - Versandhaus	Substantiv / Nomen Nom Gen Dat Akk *der des dem den* Worttrennung: Ver|sand	حمل ونقل کردن shipping, dispatch
1507	das	Bau*unternehmen, Plural:* – die Unternehmen 1. größere Baufirma 2. größeres Bauvorhaben	Substantiv / Nomen Nom Gen Dat Akk *das des dem das* Bau|un|ter|neh|men	سازنده، پیمانکاران ساختمان builder, building contractors
1508	die	Stift*ung, Plural:* - en die Stiftung*EN* - Schenkung, die an einen bestimmten Zweck gebunden ist, durch die etwas gegründet, gefördert wird	Substantiv / Nomen Nom Gen Dat Akk *die der der die* Worttrennung: Stif|tung	پایه foundation
1509	die	Schulaus*bild*ung, *Plural:* - en die Bildung*EN*	Substantiv / Nomen Nom Gen Dat Akk *die der der die* Schul|aus|bil|dung	آموزش و پرورش schooling, school education
1510	91 ie-o-o-haben + sein	ziehen *zieh*E, *z*og, habe gez*og*EN - Schach: den Springer auf ein anderes Feld *ziehen*	*Verb* *Rechtsschreibung* Worttrennung: zie|hen *Grammatik*	حرکت کردن to move (*In 1981, I moved to Darmstadt*)

Nr	Artikel Verb-Nr	Deutsch Bedeutungen, Beispiele	Wortart Worttrennung, Grammatik	Persisch Englisch
	LERNEN	- Kartenspiel: auch ohne Akkusativ-Objekt: du *musst ziehen*!; sie sind nach Darmstadt *gezogen*	Stammvokalwechsel	
1511	die	Berufsaus*bildung* *Plural:* - en die Bildung*EN* Ausbildung für einen bestimmten Beruf	Substantiv / Nomen Nom Gen Dat Akk *die der der die* Be|rufs|aus|bil|dung	آموزش□رفه ای professional training
1512	die	Handels*schule, Plural:* - n die Schule*N* auf einen kaufmännischen Beruf vorbereitende Fachschule	Substantiv / Nomen Nom Gen Dat Akk *die der der die* Han|dels|schu|le	دانشکده بازرگانی trade / business school
1513	der Sg.	Einzel*handel* Bereich des Handels, der [in Ladengeschäften] Endverbrauchern Waren anbietet; Gesamtheit der Einzelhandelsgeschäfte	Substantiv / Nomen Nom Gen Dat Akk *der des dem den* *Worttrennung:* Ein|zel|han|del	خرده فروشی retail buisiness
1514	2 sein LERNEN	*geboren sein* *ist geboren, war geboren, ist geboren gewesen* - auf die Welt kommen, zur Welt kommen – gehoben: das Licht der Welt erblicken	*Verb* *Rechtschreibung* *Worttrennung:* ge|bo|ren sein	متولد شدن to be born
1515	das	Geschwister – nur *Pl.* üblich (männliche wie weibliche) Kinder gleicher Eltern; Brüder, Bruder und Schwester, Brüder und Schwestern, Schwestern	Substantiv / Nomen Nom Gen Dat Akk *das des dem das* *Worttrennung:* Ge|schwis|ter	خواهر و برادر siblings
1516	die	Schwester, *Plural:* - n die Schwester*N* 1. Person weiblichen Geschlechts im Verwandtschaftsverhältnis zu einer anderen Person, die von denselben Eltern abstammt 2. Nonne, Ordensschwester	Substantiv / Nomen Nom Gen Dat Akk *die der der die* *Worttrennung:* Schwes|ter	خواهر sister
1518	die	*Um*schul*ung, Plural:* - en die Schulung*EN*	Substantiv / Nomen Nom Gen Dat Akk *die der der die*	بازآموزی retraining
1519	die	Industriekauf*frau, Plural:* die Industriekauf*leute* weibliche Form zu Industriekauf*mann* weibliche Person, die über eine kaufmänische Ausbildung verfügt und in einem Industrieunternehmen als Buchhalterin, im Verkauf, in der Personalabteilung o. Ä. tätig ist	Substantiv / Nomen Nom Gen Dat Akk *die der der die* *Worttrennung:* In|dus|trie|kauf|frau In|dus|t|rie|kauf|frau	کارمند صنعتی industrial clerk
1519	der	Industriekauf*mann, Plural:* die Industriekauf*leute* männliche Person, die über eine kaufmänische Ausbildung verfügt und in einem Industrieunternehmen als Buchhalterin, im Verkauf, in der Personalabteilung o. Ä. tätig ist	Substantiv / Nomen Nom Gen Dat Akk *der des dem den* *Worttrennung:* In|dus|trie|kauf|mann	کارمندان صنعتی industrial clerk
1520	Pl. WRS	Eltern *Plural:* Pluralwort + Vater und Mutter *Grammatik:* Substantiv, das nur als Plural vorkommt	Substantiv / Nomen *Rechtschreibung* *Worttrennung:* El | tern	پدر و مادر parents
1521	die	Aus*reise, Plural:* - n die Reise*N* das Verlassen eines Landes [mit einem Verkehrsmittel]	Substantiv / Nomen Nom Gen Dat Akk *die der der die* *Worttrennung:* Aus|rei|se	خروج exit / departure from a country
1522	die	Arbeits*stelle, Plural:* - n die Stelle*N* Arbeitsstätte, Arbeitsplatz	Substantiv / Nomen Nom Gen Dat Akk *die der der die* *Worttrennung:* Ar|beits|stel|le	موقعیت کاری، شغل work position, job
1523	der	Onkel, *Plural:* – die Onkel - Bruder oder Schwager der Mutter oder des Vaters - Kindersprache: [bekannter] männlicher Erwachsener; zum Onkel Doktor gehen Herkunft: französisch oncle < lateinisch avunculus = Bruder der Mutter	Substantiv / Nomen Nom Gen Dat Akk *der des dem den* *Worttrennung:* On|kel	عمو/دایی uncle

Nr	Artikel Verb-Nr	Deutsch Bedeutungen, Beispiele	Wortart Worttrennung, Grammatik	Persisch Englisch
1524	die	Tante, _Plural:_ - n die Tanten - Schwester oder Schwägerin der Mutter oder des Vaters	Substantiv / Nomen Nom Gen Dat Akk die der der die _Worttrennung:_ Tan|te	خاله/عمه aunt
1525	die	Großmutter _Plural:_ " - die Mütter, _Umlaut im Plural_ - Mutter des Vaters oder der Mutter umgangssprachlich: alte Frau	Substantiv / Nomen Nom Gen Dat Akk die der der die _Worttrennung:_ Groß|mut|ter	مادربزرگ grandmother
1526	der	Großvater, _Plural:_ " - die Väter, _Umlaut im Plural_ Vater des Vaters oder der Mutter umgangssprachlich: alter Mann	Substantiv / Nomen Nom Gen Dat Akk der des dem den _Worttrennung:_ Groß|va|ter	پدر بزرگ grandfather
1527		verheiratet - in einer Ehe lebend Abk. verh.; Bist _du_ verheiratet? Synonyme zu verheiratet: (umgangssprachlich scherzhaft) nicht mehr zu haben, unter der Haube	Adjektiv _Worttrennung:_ ver|hei|ra|tet	متاهل married
1528	4 e, te, t	auf.räumen räumE auf, räumTE auf, habe aufgeräumT _Wortverbindungen:_ Substantive: Zimmer, Wohnung, Vorurteil, Klischee, Schreibtisch, Mythos, Saustall, Küche, Handtasche Adjektive: endlich, ordentlich, rigoros, penibel, blitzblank, sauber	_Verb trennbar_ Präsens E Präteritum TE Perfekt T Rechtschreibung _Worttrennung:_ auf|räu|men	تمیز کردن، مرتب کردن to clean up / tidy up
1529	der	Zeitpunkt, _Plural:_ - e die PunktE - kurze Zeitspanne (in Bezug auf ihre Stelle im Zeitablauf); Augenblick, Moment	Substantiv / Nomen Nom Gen Dat Akk der des dem den _Worttrennung:_ Zeit|punkt	زمان تعیین شده point in time
1530	der	Geburtsort, _Plural:_ - e die OrtE Ortschaft, in der jemand geboren worden ist Synonyme: Heimat, Heimatort	Substantiv / Nomen Nom Gen Dat Akk der des dem den _Worttrennung:_ Ge|burts|ort	زادگاه place of birth
1531	4 e, te, t ge	studieren studierE, studierTE, habe studierT - Mohamad _studierte_ 2 Jahre in London Englisch	_Verb_ WRS _Worttrennung:_ stu|die|ren ge Partizip ohne ge	مطالعه کردن to study (_university_)
1533		Das _steht_ dir gut! sich vorteilhaft kleiden Die Bluse _passt_ gut zu deinem Rock.	Artikel + Adjektiv + Verb	□اهرا به تو می آید! It looks good on you!
1535	der	Anzug _Plural:_ "- e die AnzügE, _Umlaut im Plural_ aus Hose und Jacke bestehendes Kleidungsstück (für Männer)	Substantiv / Nomen Nom Gen Dat Akk der des dem den _Worttrennung:_ An | zug	کت و شلوار suit
1536	der WRS	Rock, _Plural:_ "- e die RöckE, _Umlaut im Plural_ 1. Kleidungsstück für Frauen und Mädchen, das von der Taille an abwärts (in unterschiedlicher Länge) den Körper _Gleichlautende Wörter:_ Rock (Substantiv, maskulin) 2. Kurzwort für: Rockmusik, Rock 'n' Roll	Substantiv / Nomen Nom Gen Dat Akk der des dem den	دامن skirt
1537	das	Kleid, _Plural:_ - er die KleidER 1. zur Oberbekleidung von Frauen und Mädchen gehörendes, einteiliges Kleidungsstück, das den Ober- und Unterkörper [sowie die Arme] und die Beine (in unterschiedlicher Länge) bedeckt	Substantiv / Nomen Nom Gen Dat Akk das des dem das	لباس dress
1538	das	T-Shirt, _Plural:_ - s die ShirtS Hemd, besonders [kurzärmeliges] Baumwollhemd, Herkunft: englisch shirt, verwandt mit Schürze	Substantiv / Nomen Nom Gen Dat Akk das des dem das	تی شرت T-shirt
1539	das	Hemd _Plural:_ - en HemdEN	Substantiv / Nomen Nom Gen Dat Akk das des dem das	پیراهن shirt
1540	der	Anorak	Substantiv / Nomen Nom	کاپشن، ژاکت

Nr	Artikel Verb-Nr	Deutsch Bedeutungen, Beispiele	Wortart Worttrenung, Grammatik	Persisch Englisch
		Plural: -s die AnorakS Windjacke mit Kapuze 	Gen Dat Akk _der des dem den_ _Worttrennung:_ Ano | rak	anorak, windbreaker
1541	die	Jeans, _Plural:_ – die Jeans, auch: Jeans Pl. _Hose aus festem Baumwollgewebe von [verwaschener] blauer oder anderer Farbe; Kurzform: Jeans_ _wissenswert:_ Dieses Wort stand 1961 erstmals im Rechtschreibduden. Herkunft: englisch blue jeans, aus: blue = blau und dem Plural von: jean = Baumwolle, vielleicht zu älter englisch Jeane, Geane = (aus) Genua _Herkunft der Bezeichnung „Jeans"_ Der Ursprung waren Hosen aus Baumwolle, die aus der Gegend um die italienische Stadt Genua in die USA kamen. Aus der französischen Form des Städtenamens „Gêne" machte die amerikanische Umgangssprache den Begriff „Jeans". Levi Strauss, der in Franken geboren wurde und als Auswanderer 1847 nach San Francisco ging, fertigte für Goldgräber robuste Arbeitsbekleidung, die „Gênes" aus dem Stoff „Serge de Nîmes" (Gewebe aus der Stadt Nîmes), kurz Denim Jeans. Der Stoffhändler Levi Strauss schneiderte Hosen für die Goldgräber in San Francisco aus braunem aus Hanffaser hergestellten Segeltuch. Die Idee, die Nähte mit Nieten zu verstärken, hatte der Schneider Jacob Davis. Da er nicht das Geld hatte, um ein Patent anzumelden, wandte er sich an Levi Strauss. Etwa zur gleichen Zeit begann dieser, seine Hosen aus blauem Denimstoff zu fertigen. 1872 wurden zum ersten Mal die Ecken der Hosentaschen mit Nieten verstärkt. Patentiert wurde die Hose am 20. Mai 1873 (Patentnummer 139.121). Inhaber des Patents waren Strauss und Davis gemeinsam. Später wurde auch das braune Segeltuch durch den mit Indigo gefärbten blauen Baumwollstoff Denim abgelöst und die Jeans mit orangefarbenen Nähten und Nieten zur Verstärkung verziert. Schon sehr früh wurde auch von der ursprünglichen Canvas Webart auf die sogenannte Köperbindung gewechselt, was heute als Standard für die meisten Denimstoffe zum Einsatz gelangt. Um 1920 kam der Begriff _Blue Jeans_ (durch die Indigofärbung) auf. In den 1930er Jahren wurde der Hosenträger vom Gürtel abgelöst. In den 1950er Jahren entdeckten Jugendliche die Jeans als Symbol des Protests gegen Tradition und Autorität. Jeans (in Deutschland damals auch _Texashose_ genannt) galten als „Symbole gewalttätiger Unreife und mutwilliger Herausforderung der Konventionen". Amerikanische Soldaten brachten sie nach dem Zweiten Weltkrieg nach Europa. Durch Filmstars wie James Dean und Marlon Brando wurde ihr Bekanntheitsgrad weiter gesteigert. Etablierte Kreise in Deutschland wetterten gegen „Nieten in Nietenhosen". In der DDR war das Tragen von „Niethosen" in der Schule oder auf öffentlichen Tanzveranstaltungen unter bestimmten Umständen zeitweise verboten. 1948 wurden Jeans erstmals in Europa hergestellt und	Substantiv / Nomen Nom Gen Dat Akk _die der der die_ _Rechtschreibung_ _Worttrennung:_ Blue|jeans	شلوار جین jeans

Nr Artikel Verb-Nr	Deutsch Bedeutungen, Beispiele	Wortart Worttrennung, Grammatik	Persisch Englisch
	zwar von der 1932 gegründeten *L. Hermann Kleiderfabrik* in Künzelsau. 1953 wurden erste Jeans für Frauen in Europa hergestellt. Sie hießen *Girls-Camping-Hose* und hatten den Reißverschluss an der Seite. 1958 firmierte die *L. Hermann Kleiderfabrik* in Mustang um. Bekannte Jeansmarken sind unter anderem Snake Jeans, Levi's, Lee, Wrangler, Mustang, JOKER Jeans, H.I.S Jeans, MAC Jeans, Diesel, Pioneer, Replay, G-Star, Freeman T. Porter, Mogul (Jeans), Energie, Edwin (heute Blue One), 7 for all mankind, Miss Sixty, Mavi Jeans, Pepe Jeans London, Meltin Pot, ONLY, Paddocks, US Top, Nudie, B-US Jeans, Sugarcane und Evisu. Außerdem werden von vielen Designermarken wie Armani oder Joop teure Designerjeans angeboten. Als zeitloser Klassiker gilt die „Five-o-one", die Levi's 501 mit Nieten-Knöpfen. In den 1990er Jahren kamen traditionsreiche Jeanshersteller wie Levi's in eine schwere Krise, da die Jugendmode sich eher auf sackartige Skaterhosen, die Baggy Pants, konzentrierte. Viele Jeanshersteller gründeten Zweitlabel, um an diesem Trend teilzunehmen. Das Sandstrahlen der Hosen für eine „gebrauchte Optik" scheint die Schädlichste von allen Bearbeitungsmethoden in der Produktion zu sein. Als die Silikose, eigentlich eine Bergbau-Lungenkrankheit, bei Arbeitern von Jeans-Fabriken entdeckt wurde, wurde die Technik mit mittlerweile 54 dokumentierten Todesfällen in der Türkei verboten. Seither wird die Technik in weniger entwickelten und kontrollierten Ländern weiter geführt.		
1542 der	Schuh, *Plural:* - e die Schuh*E* Fußbekleidung aus einer festen, aber biegsamen, glatten oder mit Profil versehenen Sohle mit Absatz und einem Oberteil meist aus weicherem Leder	Substantiv / Nomen Nom Gen Dat Akk *der des dem den*	کفش shoe
1543 der	Sportschuh, *Plural:* - e die Schuh*E* - sportlicher Schuh; Turnschuh	Substantiv / Nomen Nom Gen Dat Akk *der des dem den* *Worttrennung:* Sport|schuh	کفش ورزشی sports shoe
1544 der	Schutzhelm, *Plural:* - e die Helm*E* (von Motorradfahrern u. a. getragene) über Ohren und Nacken reichende, gepolsterte, helmartige Kopfbedeckung aus Kunststoff oder Leichtmetall, die bei einem Sturz Kopf und Genick schützen soll	Substantiv / Nomen Nom Gen Dat Akk *der des dem den* *Worttrennung:* Sturz|helm Helm	کلاه محافظ protective helmet
1545 der	Mantel, *Plural:* " - die Mäntel, *Umlaut im Plural* längeres Kleidungsstück mit langen Ärmeln, das [zum Schutz gegen die Witterung] über der sonstigen Kleidung getragen wird	Substantiv / Nomen Nom Gen Dat Akk *der des dem den* *Worttrennung:* Man|tel	کت coat
1546 der WRS	Stiefel, *Plural:* – die Stiefel - Schuh mit hohem Schaft, der meist bis zu den Knien reicht	Substantiv / Nomen Nom Gen Dat Akk *der des dem den* *Worttrennung:* Stie|fel	بوت boot
1547 die	Krawatte, *Plural:* - n die Krawatte*N* Herkunft: französisch cravate, zu deutsch (mundartlich) Krawat = Kroate; also eigentlich = die Kroatische (Halsbinde); ursprüngliche Bezeichnung für die Halsbinde, wie sie die kroatischen Reiter im Dreißigjährigen Krieg trugen	Substantiv / Nomen Nom Gen Dat Akk *die der der die* *Rechtschreibung* *Worttrennung:* Kra|wat|te	کروات tie

Nr	Artikel Verb-Nr	Deutsch Bedeutungen, Beispiele	Wortart Worttrennung, Grammatik	Persisch Englisch
1548	der	Gürtel, _Plural:_ – die Gürtel	Substantiv / Nomen Nom Gen Dat Akk _der des dem den_ _Worttrennung:_ Gür|tel	کمربند belt
1549	die	Armband_uhr_ _Plural:_ - en die Uhr_EN_ über dem Handgelenk an einem Armband zu tragende Uhr	Substantiv / Nomen Nom Gen Dat Akk _die der der die_ _Worttrennung:_ Arm|band|uhr	ساعت مچی watch
1550	der	Hand_schuh, Plural:_ - e die Schuh_E_ - die Hand [und die Finger einzeln] umschließendes Kleidungsstück Handschuhehe: (besonders in Südamerika geübte Praxis der) Heirat, bei der die Beteiligten bei der Zeremonie der Trauung nicht anwesend zu sein brauchen	Substantiv / Nomen Nom Gen Dat Akk _der des dem den_ _Rechtschreibung_ _Worttrennung:_ Hand|schuh	دستکش glove
1551	die	Blus_e, Plural:_ - n die Bluse_N_ - (besonders von Frauen) zu Rock oder Hose getragenes Kleidungsstück, das den Oberkörper bedeckt	Substantiv / Nomen Nom Gen Dat Akk _die der der die_ _Worttrennung:_ Blu|se	بلوز blouse
1552	die WRS	Jacke, _Plural:_ - n die Jacke_N_ den Oberkörper bedeckender, bis an oder über die Hüfte reichender, meist langärmeliger Teil der Oberbekleidung	Substantiv / Nomen Nom Gen Dat Akk _die der der die_ _Worttrennung:_ Ja|cke	ژاکت، کت jacket, coat
1553	der	Pullover, _Plural:_ – die Pullover - meist gestricktes oder gewirktes Kleidungsstück für den Oberkörper, das über den Kopf gezogen wird	Substantiv / Nomen Nom Gen Dat Akk _der des dem den_ _Worttrennung:_ Pul|lo|ver	لباس پشمی sweater, pullover
1554	die WRS	Sock_e, Plural:_ - n die Socke_N_ - kurzer, bis an die Wade oder in die Mitte der Wade reichender Strumpf	Substantiv / Nomen Nom Gen Dat Akk _die der der die_ _Worttrennung:_ So|cke	جوراب sock
1555	der	Trainings_anzug, Plural:_ "- e die Anzüg_E,_ _Umlaut im Plural_ - aus langärmeligem Blouson und langer Hose bestehender Sportanzug aus speziellem Material zum Warmhalten des Körpers	Substantiv / Nomen Nom Gen Dat Akk _der des dem den_ _Worttrennung:_ Trai|nings|an|zug	دست لباس ورزشی sweat / gym suit
1556	die	Hals_kette, Plural:_ - n die Kette_N_ Substantiv, feminin - Kette, die als Schmuck um den Hals getragen wir	Substantiv / Nomen Nom Gen Dat Akk _die der der die_ _Worttrennung:_ Hals|ket|te	گردن بند necklace
1557	der	BH _Plural:_ - s die BH_S_ = Büstenhalter Teil der Unterkleidung, der der weiblichen Brust Form und Halt geben soll	Substantiv / Nomen Nom Gen Dat Akk _der des dem den_ _Worttrennung:_ Büs|ten|hal|ter	سینه بند bra
1558	der	Büsten_halter, Plural:_ – die Halter _Abkürzung_ BH - Teil der Unterkleidung, der der weiblichen Brust Form und Halt geben soll	Substantiv / Nomen Nom Gen Dat Akk _der des dem den_ _Worttrennung:_ Büs|ten|hal|ter	سینه بند brassiere
1559	der	Slip, _Plural:_ - s die Slip_S_ kleinerer Schlüpfer für Damen, Herren und Kinder, der eng anliegt und dessen Beinteil in der Beuge des Schenkels endet	Substantiv / Nomen Nom Gen Dat Akk _der des dem den_	شلوار کوتاه panties
1560	die	Unter_hose, Plural:_ - n die Hose_N_ Hose, die unter der Oberbekleidung unmittelbar auf dem Körper getragen wird	Substantiv / Nomen Nom Gen Dat Akk _die der der die_ _Worttrennung:_ Un|ter|ho|se	زیر شلواری underpants
1561	die	Strumpf_hose, Plural:_ - n die Hose_N_ eng an Fuß, Bein und Unterleib anliegende, gewirkte oder gestrickte Hose (besonders für Frauen und	Substantiv / Nomen Nom Gen Dat Akk _die der der die_	لباس تنگ، جوراب شلواری tights, pantyhose

Nr	Artikel Verb-Nr	Deutsch Bedeutungen, Beispiele	Wortart Worttrennung, Grammatik	Persisch Englisch
		Kinder), die wie ein Strumpf angezogen wird	*Worttrennung:* Strumpf|ho|se	
1562	der	Strumpf, *Plural:* "- e die Strümpf*E*, *Umlaut im Plural* - gewirkter oder gestrickter Teil der Kleidung, der den Fuß und das [ganze] Bein bedeckt	Substantiv / Nomen Nom Gen Dat Akk *der des dem den*	جوراب زنانه ساقه بلند stocking
1563	die	Brill*e*, *Plural:* - n die Brille*N* - vor den Augen getragenes Gestell mit Bügeln und zwei geschliffenen oder gefärbten, der Verbesserung der Sehschärfe oder dem Schutz der Augen dienenden Gläsern	Substantiv / Nomen Nom Gen Dat Akk *die der der die* *Worttrennung:* Bril|le	عینک glasses
1564	die WRS	Mütze , *Plural:* - n die Mütze*N* in verschiedenen Formen gefertigte, überwiegend aus weichem Material bestehende Kopfbedeckung mit oder ohne Schirm	Substantiv / Nomen Nom Gen Dat Akk *die der der die* *Worttrennung:* Müt|ze	کلاه cap
1565	der	Schal, *Plural:* - s die Schal*S* (zum Schutz oder als nur schmückendes Zubehör getragenes) langes, schmales Tuch, das um den Hals gelegt oder geschlungen wird Herkunft: (englisch shawl <) persisch šāl	Substantiv / Nomen Nom Gen Dat Akk *der des dem den*	روسری scart
1566	die Sg.	*Kleid*ung *Gesamtheit der Kleider*	Substantiv / Nomen Nom Gen Dat Akk *die der der die* *Worttrennung:* Klei|dung	لباس، پوشاک clothes, clothing
1567	das	Wörter*training*, *Plural:* - s die Training*S*	Substantiv / Nomen Nom Gen Dat Akk *das des dem das* *Worttrennung:* Wör|ter|trai|ning	آموزش کلمات word training
1568	das	Kleidungsstück, *Plural:* - e die Stücke zur Kleidung gehörendes Teil	Substantiv / Nomen Nom Gen Dat Akk *das des dem das* *Worttrennung:* Klei|dungs|stück	دست باس pieces of clothing
1569	82 a-u-a	*tragen* *trag*E, *trug, habe getrag*EN - Kopftuch, ein Kind auf dem Arm *tragen*	*Verb* *Worttrennung:* tra|gen Stammvokalwechsel	پوشیدن to wear
1570	die	Hos*e*, *Plural:* - n die Hose*N* - Kleidungsstück, das den Körper von der Taille an abwärts und jedes der Beine ganz oder teilweise bedeckt: Schlüpfer, Unterhose	Substantiv / Nomen Nom Gen Dat Akk *die der der die* *Worttrennung:* Ho|se	شلوار pants, trousers
1571	die	Frei*zeit* Zeit, in der jemand nicht zu arbeiten braucht, keine besonderen Verpflichtungen hat; für Hobbys oder Erholung frei verfügbare Zeit	Substantiv / Nomen Nom Gen Dat Akk *die der der die* *Worttrennung:* Frei|zeit	فعالیت اوقات فراغت leisure activity
1572	der	Strand, *Plural:* "- e die Strände, *Umlaut im Plural* flacher, sandiger oder kiesiger Rand eines Gewässers, besonders des Meeres	Substantiv / Nomen Nom Gen Dat Akk *der des dem den*	ساحل beach
1573	das Sg.	Wandern - eine Wanderung machen, marschieren, spazieren gehen	Substantiv / Nomen Nom Gen Dat Akk *das des dem das* *Worttrennung:* Wan|dern	هاکی رفتن hiking
1573	4, 15 e, te, t sein	*wandern* *wander*E, *wander*TE, *habe gewander*T eine Wanderung *machen, spazieren gehen*	*Verb* *Rechtschreibung* *Worttrennung:* wan|dern	راه/هاکی رفتن to hike, hiking
1574		selten, seltener, seltenste in kleiner Zahl [vorkommend, vorhanden]; nicht oft, nicht häufig	Adjektiv *Worttrennung:* sel|ten, seltens|te *Antonyme:* oft	به ندرت seldom
1575	die	Orientier*ung*, *Plural:* - en die Orientierung*EN*	Substantiv / Nomen Nom Gen Dat Akk *die der der die* *Worttrennung:*	گرایش orientation

Nr	Artikel Verb-Nr	Deutsch Bedeutungen, Beispiele	Wortart Worttrennung, Grammatik	Persisch Englisch
			Ori|en|tie|rung	
1576	der	*Weg*weiser, _Plural:_ – die Weiser - [pfeilförmiges] Schild, das angibt, welcher Weg, welche Straße zu einem bestimmten Ziel führt	Substantiv / Nomen Nom Gen Dat Akk *der des dem den* Worttrennung: Weg|wei|ser	راهنمایی directory, information board
1577	das	Ober*geschoss*, _Plural:_ - e die Geschoss*E* Verwandte Form: Obergeschoß Stockwerk, das höher als das Erdgeschoss liegt	Substantiv / Nomen Nom Gen Dat Akk *das des dem das* Ober|ge|schoss	طبقه بالا upper floor
1578	die	Kinder*abteilung*, _Plural:_ - en die Abteilung*EN*	Substantiv / Nomen Nom Gen Dat Akk *die der der die* Kin|der|ab|tei|lung	دپارتمان کودکان children´s department
1579	der	*Herren*mantel, _Plural:_ ”- die Mäntel, _Umlaut im Plural_ Mantel für Herren	Substantiv / Nomen Nom Gen Dat Akk *der des dem den* Worttrennung: Her|ren|man|tel	کت مردانه men´s coat
1580		nun 1. Konjunktion: nachdem, da; als 2. Partikel: - inzwischen hat sich nun herausgestellt, dass …; Adverb: ich muss nun gehen; bist du nun zufrieden? die Lage hat sich nun stabilisiert;	Adverb, Konjunktion Partikel ohne eigentl. Bedeutung	الان now
1581		einzeln - für sich allein, nicht mit anderen zusammen, gesondert, vereinzelt, einige[s], wenige[s]	Adjektiv attributiv *Rechtschreibung* Worttrennung: ein | zeln	فردی، شخصی *here:* individually
1582	4,18 e, te, t ~~ge~~	*an.probieren* probier*E* an, probier*TE* an, habe anprobier*T* - etwas anziehen, um zu sehen, ob es passt	*Verb trennbar* *Worttrennung:* an|pro|bie|ren ~~ge~~ Partizip ohne ge	پوشیدن، تست کردن to try on
1583	die	Umkleide*kabine*, _Plural:_ - n die Kabine*N* - Kabine zum Umkleiden	Substantiv / Nomen Nom Gen Dat Akk *die der der die* Um|klei|de|ka|bi|ne	عوض کردن غرفه changing booth
1584		fürs	Präposition = für das + *A.*	برای.... for the …
1585		zuständig Wer *ist* hier zuständig?	Adjektiv *Worttrennung:* zu|stän|dig	مسئول⬜ responsible
1586	der	Meter, _Plural:_ – die Meter; Zeichen: m - Maßeinheit der Länge; Maßeinheit der Länge; Herkunft: französisch mètre < lateinisch metrum < griechisch métron = (Vers)maß, Silbenmaß	Substantiv / Nomen Nom Gen Dat Akk *der des dem den* Worttrennung: Me|ter	متر meter
1587	das	Festliche Sg. ohne Artikel: Festliches	Substantiv / Nomen Nom Gen Dat Akk *das des dem das*	جشن برای چیزی s.th. festive
1588		eher Tarek *war* eher da als Mohamad _Beispiele:_ je eher *(früher)*, je lieber; je eher *(früher)*, desto besser; eher *([viel]mehr)* klein [als groß];	Adverb unflektierbare Wortart *Worttrennung:* eher	نسبت به rather
1589	27 e-a-a WRS	*denken* denk*E*, dach*TE*, habe gedach*T* - woran denkst du? *(was beschäftigt dich gerade?)* _Wortverbindungen:_ *Substantive:* Zukunft, Mensch, Traum, Familie *Adjektive:* global, ähnlich, langfristig, laut, bloß	*Verb* *Rechtschreibung* *Worttrennung:* den|ken _Grammatik_ Stammvokalwechsel	فکر کردن به to think
1590	91 ie-o-o h>g +	*an.ziehen* zieh*E*, zog, habe gezog*EN* Piotr *zieht* im Kurs die Hauschuhe *an.*	*Verb trennbar* *Worttrennung:* an|zie|hen _Antonyme:_ ausziehen _Grammatik_	جلو بردن to put on

Nr / Artikel Verb-Nr	Deutsch Bedeutungen, Beispiele	Wortart Worttrennung, Grammatik	Persisch / Englisch
sichA *LERNEN*		Stammvokalwechsel	
1591 das	Kopf*tuch*, *Plural:* "- er die Tüch*ER*, _Umlaut im Plural_ - Tuch, das um den Kopf gebunden getragen wird - aus religiösen Gründen ein Kopftuch tragende muslimische Frau	Substantiv / Nomen Nom Gen Dat Akk *das des dem das* *Worttrennung:* Kopf|tuch	مقنعه scarf
1592 *79* *e-a-o* ~~ge~~	*empfehlen* empfehl*E*, empf*a*hl, habe empf*oh*l*EN* _Wortverbindungen:_ *Substantive*: Restaurant, Geschäft, Hotel, Diskothek, Produkt, Deutschkurs, Freundin *Adjektive*: sehr gerne, freundlich,	*Verb* *Rechtschreibung* *Worttrennung:* emp|feh|len _Grammatik_: ~~ge~~ Partizip ohne ge Stammvokalwechsel	توصیه کردن to recommend
1593 *82* *a-u-a* *sein* *haben*	*ab.fahren* fahr*E* ab, f*u*hr ab, bin abgefahr*EN* _sein:_ wir fahren um 20 Uhr ab; der Zug fährt gleich ab; die Jungs fahren voll auf die junge Sängein ab / auf die Musik ab; einen steilen Hang abfahren; _haben:_ Müll, die Reifen, Film, Mehrfahrtenkarte abfahren	*Verb trennbar* *Rechtschreibung* *Worttrennung:* ab|fah|ren _Grammatik_ Stammvokalwechsel	ترک کردن، رها کردن to depart, take off
1594	extra gesondert, für sich	Adjektiv *Worttrennung:* ex|tra	اضافی extra
1595	günstig, günstiger, am günstigsten regelmäßige Steigerung Wir *kaufen* bei Aldi günstig *ein*	Adjektiv attributiv *Worttrennung:* güns | tig	معقول *here:* reasonable (*in price*)
1596 das WRS	Paar, _Plural:_ - e die Paar*E*, aber: 2 Paar Strümpfe 1. zwei zusammengehörende oder eng miteinander verbunden Menschen: Mann und Frau 2. zwei [als Männchen und Weibchen] zusammengehörende Tiere: ein Paar Wellensittiche 3. zwei zusammengehörende Dinge - ein neues Paar Schuhe	Substantiv / Nomen Nom Gen Dat Akk *das des dem das* *Achtung*: Paar (Ehepaar) paar Bücher	جفت pair
1597 die	Strumpf*abteilung*, _Plural:_ - en die Abteilungen	Substantiv / Nomen Nom Gen Dat Akk *die der der die* *Worttrennung:* Strumpf|ab|tei|lung	جوراب زنانه ساقه بلند hosiery, sock department
1598 die	An*probe* _Plural:_ - n die Probe*N* das Anprobieren eines Kleidungsstückes	Substantiv / Nomen Nom Gen Dat Akk *die der der die* *Worttrennung:* An|pro|be	متناسب fitting
1599 der	Sketch, _Plural:_ - e / - s die Sketch*E*, die Sketch*S* (besonders im Kabarett oder Varieté aufgeführte) kurze, effektvolle Szene mit meist witziger Pointierung Herkunft: englisch sketch = Skizze, Stegreifstudie < niederländisch schets = Entwurf < italienisch schizzo	Substantiv / Nomen Nom Gen Dat Akk *der des dem den*	طرح the sketch
1600 die WRS	Dam*e* _Plural:_ = -n die Dame*N* Dieses Wort gehört zum Wortschatz des Zertifikats Deutsch. gebildete, kultivierte, gepflegte Frau - die Dame schlagen, verlieren (in vielen geläufigen Kartenspielen) in der Rangfolge an dritter Stelle stehende Spielkarte - die Dame ziehen, ausspielen Brettspiel, bei dem die Spielenden versuchen, möglichst alle Spielsteine des Gegners zu schlagen oder durch Einschließen zugunfähig zu machen; Damespiel - Dame spielen	Substantiv / Nomen Nom Gen Dat Akk *die der der die* *Rechtschreibung* *Worttrennung:* Da|me _Herkunft_: französisch dame = Herrin, (Ehe)frau, Geliebte < lateinisch domina = (Haus)herrin (für den Angriff) stärkste Figur im Schachspiel; Königin _Synonyme_:	خانم Lady

Nr Verb-Nr	Artikel	Deutsch Bedeutungen, Beispiele	Wortart Worttrennung, Grammatik	Persisch Englisch
		durch Erreichen der gegnerischen Grundlinie erworbener Doppelstein beim Damespiel - eine Dame bekommen - jemandem die Dame wegnehmen	[gnädige] Frau, Lady, Königin	
1601		gelb ohne Steigerungsform	Adjektiv attributiv gelb	زرد Yellow
1602		blau, blauer, am blausten Der Himmel ist blau	Adjektiv *Worttrennung:* blau|er, blau|es|te, blaus|te	آبی blue
1603		orange ohne Steigerungsform; Die Farbe orange	Adjektiv *Worttrennung:* oran|ge	نارنجی orange
1604		lila *ohne Steigerungsform*	Adjektiv	بنفش purple
1605		braun, brauner, am braunsten nationalsozialistisch *(abwertend)* - er ist braun *(war Nationalsozialist)* Regel 58 eine braun gebrannte *oder* braungebrannte Frau Regel 56 die Sonne hat uns braun gebrannt *oder* braungebrannt	Adjektiv	قهوه ای brown
1606		grau Meine Oma *hat* graue Haare	Adjektiv	سرمه ای grey
1607		als *drückt die Vor-, Gleich- oder Nachzeitigkeit aus* - als wir das Haus erreicht hatten, [da] fing es an zu regnen; kaum hatte sie sich umgezogen, als der Besuch eintraf *in Verbindung mit einer näher erläuternden Zeitangabe* - zu der Zeit, als seine Eltern noch lebten; damals, als sie noch klein war	Konjunktion temporal; in Gliedsätzen *Rechtschreibung* *Worttrennung:* als	⬜ین؛ هنگام as, when, while
1609		eng, enger, am engsten - die Hose *ist* zu eng - eng befreundete Familien *Grammatik* oft im Komparativ und Superlativ - in die engere Wahl kommen, gezogen werden *(nach einer ersten Auswahl noch infrage kommen)* - im engeren, engsten Sinn des Wortes *Rechtschreibung* Regel 58: ein eng anliegendes Regel 75: die Bereiche sind auf das, aufs Engste *oder* auf das, aufs engste miteinander verflochten *Aber:* ein Blatt eng bedrucken; du darfst das nicht so eng sehen *(umgangssprachlich);* den Gürtel enger schnallen	Adjektiv *Antonym:* weit	تنگ tight
1610		drüben Drüben *wohnt* meine Freundin *Beispiele:* da, dort drüben; von drüben *(von jenseits der Grenze)* kommen; auf der anderen, gegenüberliegenden Seite	Adverb unflektierbare Wortart *Rechtschreibung* *Worttrennung:* drü | ben	آنجا over there
1611	die WRS	Sommerhose, *Plural:* - n die HoseN *Rechtschreibung Worttrennung:* Som|mer|ho|se	Substantiv / Nomen Nom Gen Dat Akk die der der die	شلوار تابستانی summer pants
1612	das	Sonderangebot, *Plural:* - e die AngebotE - auf eine kurze Zeitspanne beschränktes Angebot einer Ware zum Sonderpreis	Substantiv / Nomen Nom Gen Dat Akk das des dem das Son|der|an|ge|bot	تخفیف ویژه special offer
1613		*Na gut.* Na gut, wenn du *meinst.*	Interjektion + Adjektiv	خوب well, alright

Nr	Artikel Verb-Nr	Deutsch Bedeutungen, Beispiele	Wortart Worttrenung, Grammatik	Persisch Englisch
1614		ausgezeichnet, ausgezeichneter, am ausgezeichnetsten sehr gut, hervorragend, vortrefflich; exzellent	Adjektiv attributiv *Worttrennung:* aus|ge|zeich|net	عالی excellent
1615		tja Tja, so genau *weiß* ich es auch nicht.	Interjektion	به خوبی well ...
1616	das	Demonstrativ*pronomen, Plural:* – die Pronomen hinweisendes Fürwort Ein Demonstrativpronomen ist ein Pronomen, das auf einen Gegenstand, ein Abstraktum oder eine Person hinweist. Ein Demonstrativpronomen kann das Substantiv begleiten oder aber auch an dessen Stelle auftreten. Demonstrativpronomen im Deutschen sind u. a. *der / die / das, dieser / diese / dieses, jener /jene / jenes, derjenige / diejenige / dasjenige* und *derselbe /dieselbe /dasselbe.* Mein Bruder hat ausgerechnet *diejenigen* Süßigkeiten aus der Tüte aufgegessen, die ich am liebsten mag! *Jener* Mann da drüben ist	Substantiv / Nomen Nom Gen Dat Akk *das des dem das*	ضمیر نمایشی demonstrative pronoun
1617	der	Mini*dialog, Plural:* - e die Dialog*E* von zwei oder mehreren Personen abwechselnd geführte kurze Rede und Gegenrede; Zwiegespräch, Wechselrede Herkunft: französisch dialogue < lateinisch dialogus < griechisch diálogos, eigentlich = Gespräch, zu: dialégesthai, ↑Dialekt	Substantiv / Nomen Nom Gen Dat Akk *der des dem den* *Worttrennung:* Mi|ni|di|a|log *Antonyme:* Monolog	دیالوگ کوچک mini dialogue
1618	die	Hälft*e* *Plural:* - n die Hälfte*N*	Substantiv / Nomen Nom Gen Dat Akk *die der der die* *Worttrennung:* Hälf|te	یک نیمه one half
1619	der	Vergleich, *Plural:* - e die Vergleich*E*	Substantiv / Nomen Nom Gen Dat Akk *der des dem den* *Worttrennung:* Ver|gleich	مقایسه comparison
1620		genauso Ich *mag* den Tee genauso wie den Kaffee in derselben Weise, in demselben Maße	Adverb unflektierbare Wortart *Worttrennung:* ge|nau|so	دقیقا/ مشابه exactly the same
1622	*39* *e-i-i* *sichA* ~~ge~~	*vergleichen* vergl*eichE*, vergl*iech*, habe verglich*EN* - Preise *vergleichen* einen Vergleich *schließen* Gebrauch: Rechtssprache die streitenden Parteien *haben* sich *verglichen*	*Verb* zu vergleich*EN* *Worttrennung:* ver|glei|chen *Grammatik:* ~~ge~~ Partizip ohne ge Stammvokalwechsel	مقایسه کردن to compare
1623	der	Bikini, *Plural:* - s die Bikini*S* knapper, aus Ober- und Unterteil bestehender Damenbadeanzug Das *Bikini-Atoll* liegt im Pazifischen Ozean. Das Atoll wurde als Schauplatz zahlreicher Kernwaffentests der USA in den 1940er und 1950er Jahren bekannt. Der zweiteilige Bikini-Badeanzug wurde nach ihm benannt. Am 31. Juli 2010 wurde das Atoll zumUNESCO-Welterbe erklärt. Auf marshallesisch wird sie Pikinni genannt.	Substantiv / Nomen Nom Gen Dat Akk *der des dem den* *Rechtschreibung* *Worttrennung:* Bi|ki|ni	لباس شنای زنانه دوتکه bikini
1624	der	Bade*anzug* *Plural:* "- e die Anzüg*E, Umlaut im Plural* meist von Frauen beim Schwimmen getragenes einteiliges Kleidungsstück	Substantiv / Nomen Nom Gen Dat Akk *der des dem den* *Worttrennung:* Ba|de|an|zug	مایو bathing suit
1624	der	Muslima-Bade*anzug* *Plural:* "- e die Anzüg*E, Umlaut im Plural* von Frauen beim Schwimmen getragenes einteiliges Kleidungsstück weibliche Formen zu Muslim	Substantiv / Nomen Nom Gen Dat Akk *der des dem den* *Rechtschreibung*	لباس شنا bathing suit

Nr Artikel Verb-Nr	Deutsch Bedeutungen, Beispiele	Wortart Worttrennung, Grammatik	Persisch Englisch
		Worttrennung: Mus|li|ma- Ba|de|an|zug	
1625 der	Schluss*verkauf, Plural:* ”- e die VerkäufE, *Umlaut im Plural* - am Ende einer Saison stattfindender Ausverkauf	Substantiv / Nomen Nom Gen Dat Akk *der des dem den* Schluss|ver|kauf	راج آخر فصل end-of.season- sales
1626 der	Fabrik*verkauf* *Plural:* ”- e die KäufE, *Umlaut im Plural Plural:* Verkauf von Waren direkt von der Fabrik an den Verbraucher (ohne Zwischenhandel)	Substantiv / Nomen Nom Gen Dat Akk *der des dem den* Fa|b|rik|ver|kauf	فروش کارخانه ای factory sale
1627 der	Second-Hand-*Laden* *Plural:* ”- die Läden, *Umlaut im Plural*	Substantiv / Nomen Nom Gen Dat Akk *der des dem den* Se|cond-Hand- La|den	سمساری second hand / thrift shop
1628	selektiv, selektieren = auswählen Herkunft: englisch selective = zielgerichtet, zu lateinisch selectus, Selekta	Adjektiv *Rechtschreibung* *Worttrennung:* se|lek|tiv	منتخب selective
1629 die	Kleider*kiste, Plural:* - n die KisteN	Substantiv / Nomen Nom Gen Dat Akk *die der der die* *Worttrennung:* Klei|der|kis|te	جعبه لباس clothing box
1630 das Sg.	Global*verstehen* *Plural:* Sg.	Substantiv / Nomen Nom Gen Dat Akk *das des dem das* *Worttrennung:* Glo|bal|ver|ste|hen	کلی، جامع global / overall comprehension
1631 der	Ver*kauf, Plural:* ”- e die KäufE, *Umlaut im Plural* das Verkaufen; Verkaufsabteilung *Rechtschreibung Worttrennung:* Ver|kauf	Substantiv / Nomen Nom Gen Dat Akk *der des dem den*	فروش sale
1632 das Sg.	Detail*verstehen* - etwas genau verstehen *Rechtschreibung Worttrennung:* De|tail|ver|ste|hen	Substantiv / Nomen Nom Gen Dat Akk *das des dem das*	درک دقیق detail comprehension
1633 die	Superlativ*form, Plural:* - en die FormEN - zweite Steigerungsstufe in der Komparation, Höchststufe (z. B. schönste, am besten) - etwas, was zum Besten gehört und nicht zu überbieten ist	Substantiv / Nomen Nom Gen Dat Akk *die der der die* *Worttrennung:* Su|per|la|tiv|form	فرم عالی superlative form
1634 die	Ab*teilung, Plural:* - en die AbteilungEN - abgeteilte Stelle, abgeteilter Raum - relativ selbstständiger Teil einer größeren Organisationseinheit (Unternehmen, Warenhaus, Krankenhaus u. a)	Substantiv / Nomen Nom Gen Dat Akk *die der der die* *Rechtschreibung* *Worttrennung:* Ab|tei|lung	دپارتمان department
1635 die Sg.	Kinder*kleidung* - Kinderbekleidung *Rechtschreibung Worttrennung:* Kin|der|klei|dung	Substantiv / Nomen Nom Gen Dat Akk *die der der die*	لباس بچگانه children´s clothing
1636 die Sg.	Unter*wäsche* - unmittelbar auf dem Körper getragene Wäsche Synonyme zu Unter*wäsche:* Dessous, Leibwäsche, Unter[be]kleidung, Wäsche[garnitur]	Substantiv / Nomen Nom Gen Dat Akk *die der der die* *Worttrennung:* Un|ter|wä|sche	زیرپیراهنی underwear
1637 der	Herren*anzug* *Plural:* ”- e die die AnzügE, *Umlaut im Plural* *Rechtschreibung Worttrennung:* Her|ren|an|zug	Substantiv / Nomen Nom Gen Dat Akk *der des dem den*	کت و شلوار مردانه men´s suit
1638 das	Unter*geschoss, Plural:* - e die GeschossE Kellergeschoss, Souterrain, Tiefparterre *Rechtschreibung Worttrennung:* Un|ter|ge|schoss	Substantiv / Nomen Nom Gen Dat Akk *das des dem das*	زیر زمین basement, lower floor
1639 die	EC-*Karte*	Substantiv / Nomen	کارت اعتباری

Nr	Artikel Verb-Nr	Deutsch Bedeutungen, Beispiele	Wortart Worttrenung, Grammatik	Persisch Englisch
		Plural: - n die Karte*N* 	Nom Gen Dat Akk *die der der die* *Worttrennung:* EC-Kar|te	EC-credit card
1640		überhaupt nicht Ich *verstehe* überhaupt nicht.	Adverb	به هیچ وجه not at all
1644		zu zweit Sie *kommen* immer zu zweit.	Präposition + Adverb	in twos (*group of 2*)
1646	*4* *e, te, t*	*legen* *legE, legTE, habe gelegT*	*Verb sichA* *Worttrennung:* le|gen	دراز کشیدن to lay
1647	das	Feld *Plural:* - er die Feld*ER*	Substantiv / Nomen Nom Gen Dat Akk *das des dem das*	پر field
1648	*19* *i-a-o* ~~ge~~	*gewinnen* *gewinnE, gewann, habe gewonnEN* *Wortverbindungen:* *Substantive:* Wahl, Oberhand, Bedeutung, Rennen, Spiel, Preis, Eindruck, Medaille *Adjektive:* unbedingt, überlegen, überraschend, lieb	*Verb* *Worttrennung:* ge|win|nen *Grammatik:* ~~ge~~ Partizip ohne ge Stammvokalwechsel *Antonyme:* verlieren	بردن to win
1649	die	Dativ*präposition* *Plural:* - en die Position*EN* *aus, bei, mit, nach, seit, von, zu, außer, gegenüber* oder auf die Frage Wo? Woher? *an, auf, hinter, in, neben, unter, über, vor, zwischen* **auswendig lernen!!!**	Substantiv / Nomen Nom Gen Dat Akk *die der der die* *Worttrennung:* Da|tiv|prä|po|si|ti|on	☐رف اضافه مفعولی dative preposition
1650	der WRS	Spruch, *Plural:* "- e die Sprüch*E*, Umlaut im Plural - kurzer, einprägsamer, oft gereimter Satz, der eine Lebensregel, eine Lebensweisheit enthält	Substantiv / Nomen Nom Gen Dat Akk *der des dem den*	گفته، ☐رف the saying, rhyme
1651	der	Bauch*schmerz* *Plural:* - en die Schmerz*EN* *Rechtschreibung Worttrennung:* Bauch|schmerz	Substantiv / Nomen Nom Gen Dat Akk *der des dem den*	درد معده stomach ache
1652	*4, 11* *e, te, t* ~~ge~~	*bedeuten* *bedeutE, bedeuteTE, habe bedeuteT* *Wortverbindungen:* *Substantive:* Klartext, Aus, Praxis, Abkürzung *Adjektive:* nämlich, konkret, unbedingt, automatisch, eigentlich, wörtlich, zwangsläufig	*Verb* *Rechtschreibung* *Worttrennung:* be|deu|ten *Grammatik:* ~~ge~~ Partizip ohne ge	معنی دادن to mean
1653	das WRS	Ding, *Plural:* - e die Ding*E*	Substantiv / Nomen Nom Gen Dat Akk *das des dem das*	شی، چیز thing
1654		deutschsprachig ohne Steigerungsform - der deutschsprachige Raum, Gebiet *(Raum, Gebiet* *mit deutschprachiger Bevölkerung)*	Adjektiv *Rechtschreibung* *Worttrennung:* deutsch|spra|chig	آلمانی☐رف زدن German-speaking
1655	das	Möbel*stück, Plural:* - e die Stück*E* einzelnes Möbel	Substantiv / Nomen Nom Gen Dat Akk *das des dem das* *Worttrennung:* Mö|bel|stück	یک تکه لوازم خانه piece of furniture
1657	die	Krank*heit, Plural:* - en die Krankheit*EN* körperliche, geistige oder psychische Störung, die an bestimmten Symptomen erkennbar ist	Substantiv / Nomen Nom Gen Dat Akk *die der der die* *Worttrennung:* Krank|heit	بیماری $illness, sickness
1658	das WRS	Blatt, *Plural:* "-er die Blätt*ER*, 5 Blatt Papier, *Umlaut im Plural* - die Pflanze treibt neue Blätter	Substantiv / Nomen Nom Gen Dat Akk *das des dem das*	برگ کاغذ sheet of paper
1659	der	Haushalts*tag, Plural:* - e die Tag*E* - Hausarbeitstag	Substantiv / Nomen Nom Gen Dat Akk *der des dem den* *Rechtschreibung*	خانه داری کردن house-keeping day

Nr	Artikel	Deutsch	Wortart	Persisch
	Verb-Nr	Bedeutungen, Beispiele	Worttrenung, Grammatik	Englisch
			Worttrennung: Haus|halts|tag	
1660	die	End*station* *Plural:* - en die Station*EN* letzte Station, letzte Haltestelle	Substantiv / Nomen Nom Gen Dat Akk *die der der die* *Worttrennung:* End|sta|ti|on	ایستگاه مقصد station at the destination
1661		häufig		
1663	der	Zucchini*auflauf*, *Plural:* "- e die Aufläuf*E*, *Umlaut im Plural*	Substantiv / Nomen Nom Gen Dat Akk *der des dem den* Zuc|chi|ni|auf|lauf	
1664		früher ehemals; einst	Adjektiv attributiv *Worttrennung:* frü | her	زودتر earlier, formerly
1665	der	Bus*fahrer*, *Plural:* – die Fahrer Fahrer eines Busses	Substantiv / Nomen Nom Gen Dat Akk *der des dem den* *Worttrennung:* Bus|fah|rer	راننده اتوبوس bus driver
1665	die	Bus*fahrerin* *Plural:* - nen die Fahrerin*NEN* *n-Verdoppelung im Plural bei Singularendung „in"* weibliche Form zu Bus*fahrer*	Substantiv / Nomen Nom Gen Dat Akk *die der der die* *Worttrennung:* Bus|fah|re|rin	رانندگان اتوبوس bus driver
1666	die	Welt*sprache*, *Plural:* - n die Sprache*N* - international bedeutende, im internationalen Verkehr gebrauchte Sprache	Substantiv / Nomen Nom Gen Dat Akk *die der der die* *Worttrennung:* Welt|spra|che	زبان جهانی world language
1667	der	Rund*gang*, *Plural:* "- e die Gäng*E*, *Umlaut im Plural* rundherum, durch ein Gebäude oder Gebiet	Substantiv / Nomen Nom Gen Dat Akk *der des dem den* *Worttrennung:* Rund|gang	ذوب پا راه رفتن tour on foot
1668	*35 ge* *ie-o-o*	*genießen* *genieß*E*, geno*ß*, habe gen*oss*EN* Wortverbindungen: *Substantive:* Ansehen, Privileg, Freiheit, Vertrauen *Adjektive:* sichtlich, ausgiebig, pur, unbeschwert	*Verb* *Worttrennung:* ge|nie|ßen *Grammatik:* ~~ge~~ Partizip ohne ge Stammvokalwechsel	لذت بردن to enjoy

Nr	Artikel	Deutsch	Wortart	**Persisch**
	Verb-Nr	Bedeutungen, Beispiele	Worttrenung, Grammatik	Englisch

Nr	Artikel Verb-Nr	Deutsch Bedeutungen, Beispiele			Wortart Worttrennung, Grammatik	Persisch Englisch

L = LERNEN

A	a	*wie*	Anton
Ä	ae	*wie*	Ärger
B	be	*wie*	Berta
C	ce	*wie*	Cäsar
D	de	*wie*	Dora
E	e	*wie*	Emil
F	ef	*wie*	Friedrich
G	ge	*wie*	Gustav
H	ha	*wie*	Heinrich
I	i	*wie*	Ida
J	jot	*wie*	Julius
K	ka	*wie*	Kaufmann
L	el	*wie*	Ludwig
M	em	*wie*	Martha
N	en	*wie*	Nordpol
O	o	*wie*	Otto
Ö	oe	*wie*	Ökonom
P	pe	*wie*	Paula
Q	ku	*wie*	Quelle
R	er	*wie*	Richard
S	es	*wie*	Samuel
Sch		*wie*	Schule
ß	eszet	*wie*	Eszet
T	Te	*wie*	Theodor
U	U	*wie*	Ulrich
Ü	ui	*wie*	Übermut
V	fau	*wie*	Viktor
W	we	*wie*	Wilhelm
X	iks	*wie*	Xanthippe
Y	ipsilon	*wie*	Ypsilon
Z	zet	*wie*	Zaharias / Zimmermann